权威·前沿·原创

皮书系列为
"十二五""十三五""十四五"时期国家重点出版物出版专项规划项目

B

BLUE BOOK

智 库 成 果 出 版 与 传 播 平 台

河北上市公司蓝皮书

BLUE BOOK OF HEBEI LISTED COMPANIES

河北上市公司治理研究报告（2023）

RESEARCH REPORT ON LISTED COMPANY GOVERNANCE IN HEBEI (2023)

石晓飞　李桂荣　许　龙　张　静 / 著

社会科学文献出版社
SOCIAL SCIENCES ACADEMIC PRESS (CHINA)

图书在版编目（CIP）数据

河北上市公司治理研究报告. 2023／石晓飞等著
. --北京：社会科学文献出版社，2023.12
（河北上市公司蓝皮书）
ISBN 978-7-5228-3026-1

Ⅰ.①河… Ⅱ.①石… Ⅲ.①上市公司-企业管理-
研究报告-河北-2023 Ⅳ.①F279.246

中国国家版本馆 CIP 数据核字（2023）第 253588 号

河北上市公司蓝皮书
河北上市公司治理研究报告（2023）

著　　者／石晓飞　李桂荣　许　龙　张　静

出 版 人／冀祥德
责任编辑／张铭晏
文稿编辑／刘　燕
责任印制／王京美

出　　版／社会科学文献出版社·皮书出版分社（010）59367127
　　　　　　地址：北京市北三环中路甲 29 号院华龙大厦　邮编：100029
　　　　　　网址：www.ssap.com.cn
发　　行／社会科学文献出版社（010）59367028
印　　装／三河市东方印刷有限公司

规　　格／开本：787mm×1092mm　1/16
　　　　　　印张：19.5　字数：291 千字
版　　次／2023 年 12 月第 1 版　2023 年 12 月第 1 次印刷
书　　号／ISBN 978-7-5228-3026-1
定　　价／158.00 元

读者服务电话：4008918866

本报告受河北省省级科技计划软科学研究专项资助（23555305D）。

河北上市公司治理研究报告（2023）
编 委 会

编委会主任　石晓飞

编委会委员　（按姓氏笔画排列）

马连福　王元芳　卜　娜　史玉强　许　龙

李西文　李桂荣　杨胜利　沈小秀　张　杰

张　静　张成锁　张旭蕾　赵会彬　魏二宏

本 书 作 者　（按文序排列）

石晓飞　李桂荣　张　静　许　龙

作者简介

石晓飞 博士，河北经贸大学工商管理学院副院长，公司治理与企业成长研究中心主任，教授，硕士研究生导师，河北省"三三三人才工程"人选。在《南开管理评论》《中国工业经济》《预测》等 CSSCI、SSCI、SCI 等重要期刊发表论文 21 篇；出版专著 4 部、合著 4 部；近几年主持和参与完成国家级及省级、厅级课题 45 项，获得省级领导批示 8 项；曾参与多项国务院国资委主导的公司治理改革相关项目；河北省省级研究生精品课"公司治理"负责人。

李桂荣 博士，河北经贸大学工商管理学院院长，教授，硕士研究生导师。河北省经管研究生教育指导委员会委员，河北省商业经济学会常务理事，河北省会计学会理事。河北省重点学科财务会计方向带头人，主要研究领域为会计政策与公司治理。在《预测》等管理学 A 类期刊和 CSSCI、北大核心期刊发表论文 70 余篇，其中 5 篇被《人大复印报刊资料》全文转载；出版专著 3 部；主持省、部级研究项目 9 项；获省级优秀社科成果奖 2 项，入选中国专业学位教学案例中心案例库 3 篇。河北省省级精品课程、河北省精品资源共享课"中级财务会计"负责人。先后获得"河北省教学名师""河北省优秀教育工作者""河北省师德先进个人"等荣誉称号。

许 龙 博士，河北经贸大学工商管理学院副教授，硕士研究生导师。在《心理科学进展》、*PLoS One* 等 CSSCI、SCI、SSCI 等重要期刊发表论文

10 余篇，出版专著 1 部，获省级领导批示 5 项。近年来主持完成省部级及厅级课题 20 余项，国家级一流本科课程、河北省级思政示范课程"人力资源管理"主讲教师。

张　静　博士，河北经贸大学工商管理学院副教授，组织行为与人力资源开发研究中心主任，硕士研究生导师。担任中国企业管理研究会中国式管理专业委员会理事。发表 SSCI、CSSCI、北大中文核心论文 10 余篇，出版专著 1 部。担任《管理学报》《中国人力资源开发》等期刊审稿人。主持国家社科基金项目 1 项，主持河北省软科学研究项目、省级教研教改项目、省教育厅重点项目、省人社厅重点项目 4 项。

摘　要

　　30 多年来，我国资本市场历经风雨，砥砺前行，在攻坚克难、改革创新中迈向高质量发展，成绩斐然。如何提升上市公司治理水平无疑是资本市场中的热门话题，也是资本市场关注的焦点之一。《国务院关于进一步提高上市公司质量的意见》（国发〔2020〕14 号）中强调上市公司在促进国民经济发展中的作用日益凸显，提高上市公司质量是推动资本市场健康发展的内在要求，是新时代加快完善社会主义市场经济体制的重要内容。

　　上市公司的数量和质量是衡量一个地区经济发展水平和城市竞争力的关键指标，也在一定程度上体现了该地区和城市的社会经济开放程度。截至 2022 年 12 月 31 日，中国 A 股上市公司数量达 5106 家，总市值达 84.85 万亿元，位居全球第二，IPO 总规模为 4.92 万亿元。截至 2022 年 12 月 31 日，河北省共有 74 家上市公司，总市值为 12535.63 亿元，较上年同期的 14659.89 亿元，减少 2124.26 亿元，同比下降 14.49%。本书以河北上市公司为研究对象，对河北上市公司的总体发展情况、股东大会、董事会和监事会的运行，高管薪酬，社会责任，员工变动，资本效率，创新能力，数字化转型等方面的情况进行了整理和研究，剖析了河北上市公司的治理与发展现状，以期探索河北公司治理模式，规范公司治理结构，建立良好的高管层激励与约束机制，保护股东及其他利益相关者的权益，根据行业特点妥善安排数字化转型计划等。本书为河北上市公司健全公司治理机制、提升公司治理水平、降低代理成本和经营风险、提升内在价值和企业绩效提供有益的借鉴和参考，从而为促进地区经济的持续稳定增长贡献力量。

关键词： 上市公司　公司治理　河北

Abstract

Exposed to the wind and rain and forged ahead over the past three decades, China's capital market has made great achievements, while moving towards high-quality development in overcoming difficulties, reform and innovation. How to improve the governance level of listed companies is undoubtedly a hot topic in the capital market, and it is also one of the focuses of the capital market. In the opinions of the State Council on further improving the quality of listed companies (GF [2020] No. 14), it is emphasized that listed companies play an increasingly prominent role in promoting national economic development. Improving the quality of listed companies is an internal requirement to promote the healthy development of the capital market and an important content to accelerate the improvement of the socialist market economic system in the new era.

The quantity and quality of listed companies are the key indicators to measure the economic development level and urban competitiveness of a region, and also reflect the social and economic openness of the region and city to a certain extent. By December 31, 2022, the number of A-Stock listed companies in China has reached 5106, with a total market value of 84.85 trillion yuan, ranking the second in the world, and the total scale of IPO is 4.92 trillion yuan. By December 31, 2022, there were 74 listed companies in Hebei Province with a total market value of 1253.563 billion yuan, a decrease of 212.426 billion yuan, or 14.49%, compared with 1465.989 billion yuan in the same period of last year. Taking listed companies in Hebei as the research object, this book collates and studies the overall development of listed companies in Hebei, the operation of shareholders' meetings, the board of directors and the board of supervisors, executive compensation, social responsibility, employee change, capital efficiency, innovation ability, digital transformation and other aspects, and analyzes the governance and development status of listed companies in Hebei. In order to explore the corporate governance model of Hebei, standardize the corporate governance structure, establish a good incentive and restraint mechanism for the senior management, protect the rights and interests of shareholders and other stakeholders, and properly arrange the digital transformation plan according to the characteristics of the industry. This book provides useful reference for Hebei listed companies to improve the corporate governance mechanism, improve the level of corporate governance, reduce agency costs and operating risks, and improve the intrinsic value and corporate performance, so as to contribute to the sustained and stable growth of regional economy.

Keywords: Listed Companies; Corporate Governance; Hebei

目 录 ⟲

Ⅰ 总报告

Ⅱ 分报告

Ⅲ 专题篇

皮书数据库阅读**使用指南**

CONTENTS ↰

I General Report

II Topical Reports

Ⅲ　Special Reports

总 报 告
General Report

B.1

河北上市公司发展报告（2023）

石晓飞[*]

摘　要： 公司治理水平是上市公司质量的重要体现，完善公司治理是上市公司健康发展的根本保障，是企业规范化经营的内在要求，是监管机构对上市公司监督管理的重要内容。本报告通过与全国上市公司的对比以及不同板块之间的对比，从河北上市公司发展历程、基本情况、境内和境外上市公司分布情况四个部分呈现了河北上市公司治理发展现状，基于此提出了河北上市公司治理发展的若干政策建议。本报告有助于了解河北上市公司的发展和治理状况，为健全河北上市公司治理机制、提升上市公司治理水平提供参考，进而助力提升区域经济发展水平。

关键词： 上市公司　公司治理　河北

---

[*] 石晓飞，博士，河北经贸大学工商管理学院副院长、公司治理与企业成长研究中心主任，教授，硕士研究生导师，主要研究领域为公司治理。

近年来，河北经济社会发展取得巨大的成就，2022 年河北地区生产总值为 42370.4 亿元，同比增长 3.8%。① 同时，河北资本市场迅速发展，阵容逐渐壮大，实力进一步增强，但与其他较为发达的省份相比，河北上市公司的发展还存在一定差距，仍有一定的提升和完善空间。为进一步规范上市公司运作，提升上市公司治理水平，保护投资者合法权益，促进资本市场稳定健康发展，河北省委、省政府制定了一系列促进河北资本市场健康发展的相关政策。根据《中华人民共和国公司法》、《中华人民共和国证券法》、《上市公司治理准则》、《国务院批转证监会关于提高上市公司质量意见的通知》（国发〔2005〕34 号）、《国务院办公厅关于规范发展区域性股权市场的通知》（国办发〔2017〕11 号）等相关法律及文件，出台了一系列关于上市公司的政策，包括《河北省人民政府关于大力推进我省资本市场发展的意见》（冀政〔2004〕126 号）、《河北省人民政府国有资产监督管理委员会关于进一步加强省内上市公司国有股权管理和规范国有股东行为的意见》（冀国资字〔2004〕166 号）、《河北省人民政府关于提高我省上市公司质量的实施意见》（冀政〔2006〕53 号）、《河北省人民政府办公厅关于印发河北省促进股权投资基金业发展办法的通知》（冀政办字〔2016〕186 号）、《河北省人民政府办公厅关于规范发展区域性股权市场的通知》（冀政办字〔2017〕28 号）、《河北省企业上市挂牌工作考核办法》、《河北省企业挂牌上市融资奖励资金管理办法》、《河北省人民政府办公厅关于加快推进企业挂牌上市工作的通知》、《河北省人民政府关于印发扎实稳定全省经济运行的一揽子措施及配套政策的通知》（冀政字〔2022〕31 号）等，积极鼓励地区内企业上市，积极推动河北实体经济进入资本市场。

上市公司对增强地方经济活力和促进企业转型升级具有重要作用，是促进地区经济发展和产业结构优化的重要力量。上市公司的数量和质量是衡量一个地区经济发展水平和城市竞争力的关键指标，也在一定程度上体现了该

---

① 根据国家统计局数据整理。

地区和城市的社会经济开放程度，上市公司能够引领和带动整个地区创新，有助于地区经济发展水平的提升。本报告分析了河北上市公司的发展历程、全国境内上市公司基本情况以及河北省境内及境外上市公司分布情况，并对河北上市公司和全国上市公司的基本情况进行了对比，从而对河北上市公司发展状况有一个更全面的展现。

一 河北上市公司发展历程

（一）河北上市公司变动情况

1990 年 11 月 26 日上海证券交易所（简称"上交所"）上线，1991 年 12 月 16 日登陆沪市的"老八股"成为中国首批上市公司。经过 30 多年的发展，中国 A 股上市公司经历了翻天覆地的变化，截至 2022 年 12 月 31 日，中国 A 股上市公司数量从 1991 年的 8 家增长到 5106 家，规模稳居全球第二，其中，上海、深圳、北京证券交易所上市公司数量分别为 2185 家、2756 家和 165 家，总市值从最初的 23.82 亿元激增至 84.85 万亿元。[1] 河北上市公司也经历了从无到有的发展历程，截至 2022 年 12 月 31 日已有 74 家，[2] 其中，上海、深圳、北京证券交易所上市公司数量分别为 26 家、43 家和 5 家，市值累计 12535.63 亿元，其中，26 家上市公司市值超百亿元，3 家上市公司市值超千亿元，上市公司迅速发展的同时促进了河北省经济发展，带动了就业。[3]

1994 年 1 月，新奥股份（证券代码：600803）和华北制药（证券代码：

---

[1] 根据国泰安数据库、国家统计局数据整理。

[2] 1991~2022 年河北 IPO 公司共有 83 家，其中，注册地变更的有 6 家（耀华玻璃、石劝业、石炼化、金谷源、华创阳安、恒信东方）；退市的有 5 家（邯郸钢铁、太行水泥、承德钒钛、石油龙昌、华讯方舟）；2003 年华夏幸福、2010 年科融环境注册地变更为河北（证券名称自 2022 年 9 月 22 日起变更为"新动力"，公司证券代码"300152"保持不变）。因此截至 2022 年 12 月 31 日河北上市公司数量为 74 家。

[3] 根据国泰安数据库数据整理。

600812）在上海证券交易所上市，成为河北首批上市公司。1996 年冀东水泥（证券代码：000401）、金谷源（证券代码：000408）、东旭光电（证券代码：000413）等 7 家公司分别在深圳证券交易所（简称"深交所"）和上海证券交易所上市，其中，金谷源、耀华玻璃和石劝业 3 家上市公司注册地发生变更。1997 年，华讯方舟（证券代码：000687）、河钢股份（证券代码：000709）、新兴铸管（证券代码：000778）等 6 家公司在深圳证券交易所上市，其中石炼化注册地发生变更。1998 年共有 4 家公司上市，分别为冀东装备（证券代码：000856）、邯郸钢铁（证券代码：600001）、乐凯胶片（证券代码：600135）和华创阳安（证券代码：600155），其中邯郸钢铁于 2009 年 12 月 29 日退市，华创阳安于 2019 年 1 月完成注册地变更，注册地由河北省保定市变更为北京市。1999 年，河钢资源（证券代码：000923）、冀中能源（证券代码：000937）、东方能源（证券代码：000958）① 等 4 家公司分别在深圳证券交易所和上海证券交易所上市。截至 1999 年末，河北上市公司共计 23 家。

由于股市低迷，2000~2004 年仅有 11 家公司上市。2000 年，常山北明（证券代码：000158）和沧州大化（证券代码：600230）2 家公司分别在深圳证券交易所和上海证券交易所上市；2001 年仅保变电气（证券代码：600550）1 家公司在上海证券交易所上市；2002 年，承德钒钛（证券代码：600357）、太行水泥（证券代码：600553）和老白干酒（证券代码：600559）3 家公司在上海证券交易所上市，其中，承德钒钛和太行水泥分别于 2009 年和 2011 年退市；2003 年，三友化工（证券代码：600409）和凌云股份（证券代码：600480）在上海证券交易所上市；2004 年中国动力（证券代码：600482）、福成股份（证券代码：600965）和开滦股份（证券代码：600997）3 家公司在上海证券交易所上市。

2004 年，《国务院关于推进资本市场改革开放和稳定发展的若干意

---

① "东方能源"证券名称自 2022 年 5 月 13 日起变更为"电投产融"，公司证券代码"000958"保持不变。

见》中明确指出，在统筹考虑资本市场合理布局和功能定位的基础上，逐步建立满足不同类型企业融资需求的多层次资本市场体系，分步推进创业板市场建设，拓展中小企业融资渠道。为了贯彻党的十六届三中全会精神和《国务院关于推进资本市场改革开放和稳定发展的若干意见》中的相关要求，2004 年深圳证券交易所设置了中小型公司聚集板块——中小企业板。2005 年，晶源电子（证券代码：002049）[1] 在深圳证券交易所中小企业板上市，成为河北第一家中小企业板上市公司。[2] 2007 年，沧州明珠（证券代码：002108）和荣盛发展（证券代码：002146）2 家公司在深圳证券交易所中小企业板上市。2009 年，仅博深股份（证券代码：002282）1 家公司在中小企业板上市，成为河北第一家在 A 股上市的民营企业。

2009 年 10 月 30 日，中国创业板正式上市，我国首批在创业板上市的企业有 28 家。2010 年，河北共有 9 家公司上市，其中在中小企业板上市的公司有 4 家，分别为巨力索具（证券代码：002342）、龙星化工（证券代码：002442）、晶澳科技（证券代码：002459）和华斯股份（证券代码：002494）；在创业板上市的公司有 4 家，分别为恒信东方（证券代码：300081）、建新股份（证券代码：300107）、先河环保（证券代码：300137）和晨光生物（证券代码：300138），其中，恒信东方于 2019 年 1 月将注册地由河北省石家庄市变更为北京市；仅唐山港（证券代码：601000）1 家在主板上市。

2011 年，以岭药业（证券代码：002603）、常山药业（证券代码：300255）、庞大集团（证券代码：601258）、长城汽车（证券代码：601633）

---

① 2012 年 7 月 23 日，"唐山晶源裕丰电子股份有限公司"名称变更为"同方国芯电子股份有限公司"，2016 年 6 月 20 日改名为"紫光国芯股份有限公司"，2018 年 5 月 8 日改为"紫光国芯微电子股份有限公司"，证券名称为"紫光国微"，证券代码为 002049。

② 2006 年没有公司在河北 IPO 上市，但有一家〔石油龙昌（证券代码：600772）〕退市，本部分从上市角度梳理发展历程，故未在原文中写明。

4 家公司上市。2012 年，仅石中装备（证券代码：002691）① 在中小企业板上市。2014 年，汇金股份（证券代码：300368）和汇中股份（证券代码：300371）2 家公司同时在创业板上市。2015 年，河北有 3 家公司在创业板上市，分别为四通新材（证券代码：300428）②、乐凯新材（证券代码：300446）和通合科技（证券代码：300491）。

2017 年，秦港股份（证券代码：601326）、科林电气（证券代码：603050）、惠达卫浴（证券代码：603385）和三孚股份（证券代码：603938）4 家公司上市。2018 年，仅养元饮品（证券代码：603156）1 家公司上市。2019 年，青鸟消防（证券代码：002960）和新诺威（证券代码：300765）2 家公司上市。2020 年，新天绿能（证券代码：600956）、中船汉光（证券代码：300847）、康泰医学（证券代码：300869）和天秦装备（证券代码：300922）4 家公司上市。2021 年，中瓷电子（证券代码：003031）、中红医疗（证券代码：300981）、同飞股份（证券代码：300990）、财达证券（证券代码：600906）、汇通集团（证券代码：603176）、华通线缆（证券代码：605196）6 家公司上市，其中，华讯方舟（证券代码：000687）于 2022 年 6 月 16 日退市。2022 年，尚太科技（证券代码：001301）、工大科雅（证券代码：301197）、东利机械（证券代码：301298）3 家公司上市。

北京证券交易所（简称"北交所"）于 2021 年 9 月 3 日注册成立，是经国务院批准设立的我国第一家公司制证券交易所，受中国证监会监督管理。2021 年，方大股份（证券代码：838163）③、志晟信息（证券代码：832171）和润农节水（证券代码：830964）3 家公司在北京证券交易所上市。2022 年，华密新材（证券代码：836247）、海泰新能（证券代码：

---

① 2015 年 7 月 6 日，"石家庄中煤装备制造股份有限公司"名称变更为"冀凯装备制造股份有限公司"，证券名称为"冀凯股份"，证券代码为 002691。

② "四通新材"证券名称自 2021 年 6 月 3 日起变更为"立中集团"，公司证券代码"300428"保持不变。

③ "方大股份"证券名称自 2022 年 9 月 26 日起变更为"方大新材"，公司证券代码"838163"保持不变。

835985）2家公司在北京证券交易所上市。

截至2022年12月31日，河北IPO（首次公开募股）公司数为83家，占全国A股上市公司IPO数量的1.63%（见表1）。

表1　1990~2022年河北IPO公司数量及占比情况

单位：家，%

年份	IPO公司数量		河北省占比	年份	IPO公司数量		河北省占比
	全国	河北省			全国	河北省	
1990	8	0	0.00	2007	125	2	1.60
1991	4	0	0.00	2008	76	0	0.00
1992	34	0	0.00	2009	97	1	1.03
1993	101	0	0.00	2010	343	9	2.62
1994	97	2	2.06	2011	277	4	1.44
1995	21	0	0.00	2012	153	1	0.65
1996	177	7	3.95	2013	2	0	0.00
1997	186	6	3.23	2014	122	2	1.64
1998	98	4	4.08	2015	222	3	1.35
1999	90	4	4.44	2016	227	0	0.00
2000	129	2	1.55	2017	438	4	0.91
2001	79	1	1.27	2018	107	1	0.93
2002	67	3	4.48	2019	204	2	0.98
2003	64	2	3.13	2020	435	4	0.92
2004	97	3	3.09	2021	524	10	1.91
2005	14	1	7.14	2022	424	5	1.18
2006	64	0	0.00	合计	5106	83	1.63

资料来源：国泰安数据库。

（二）河北上市公司市值

截至2022年12月31日，河北74家上市公司总市值12535.63亿元，有26家上市公司市值超百亿元，3家上市公司市值超千亿元，2022年河北上市公司市值排名见表2。

表2 2022年河北上市公司市值排名

单位：亿元

排名	证券代码	证券名称	市值
1	601633	长城汽车	2595.99
2	002459	晶澳科技	1415.36
3	002049	紫光国微	1119.95
4	002603	以岭药业	500.54
5	600803	新奥股份	498.88
6	600956	新天绿能	403.64
7	600482	中国动力	330.37
8	603156	养元饮品	281.83
9	600559	老白干酒	251.83
10	600906	财达证券	245.65
11	000958	电投产融	240.10
12	000709	河钢股份	233.62
13	000937	冀中能源	224.73
14	000401	冀东水泥	218.77
15	003031	中瓷电子	201.33
16	601000	唐山港	162.37
17	002960	青鸟消防	157.94
18	601326	秦港股份	153.65
19	001301	尚太科技	153.37
20	300428	立中集团	152.70
21	000778	新兴铸管	145.64
22	600409	三友化工	136.45
23	300869	康泰医学	130.87
24	601258	庞大集团	112.50
25	600812	华北制药	109.81
26	600997	开滦股份	107.65
27	000413	东旭光电	99.70
28	600340	华夏幸福	98.23
29	300765	新诺威	97.67
30	300138	晨光生物	94.46
31	002146	荣盛发展	94.36
32	603938	三孚股份	94.29

排名	证券代码	证券名称	市值
33	000600	建投能源	94.06
34	000848	承德露露	91.28
35	000158	常山北明	89.84
36	300990	同飞股份	86.00
37	000923	河钢资源	85.83
38	600550	保变电气	85.63
39	600480	凌云股份	78.03
40	002108	沧州明珠	77.11
41	600230	沧州大化	68.99
42	600965	福成股份	67.87
43	300981	中红医疗	56.34
44	300255	常山药业	51.24
45	300847	中船汉光	46.77
46	600135	乐凯胶片	41.83
47	002282	博深股份	39.65
48	002342	巨力索具	39.46
49	605196	华通线缆	35.70
50	600722	金牛化工	33.20
51	603176	汇通集团	32.34
52	300137	先河环保	31.36
53	300368	汇金股份	30.85
54	300107	建新股份	28.36
55	603385	惠达卫浴	26.61
56	835985	海泰新能	25.53
57	603050	科林电气	25.52
58	002442	龙星化工	24.84
59	301197	工大科雅	24.70
60	300491	通合科技	23.97
61	300152	新动力	23.95
62	600149	廊坊发展	23.57
63	301298	东利机械	22.24

续表

排名	证券代码	证券名称	市值
64	300922	天秦装备	21.51
65	300446	乐凯新材	20.26
66	300371	汇中股份	18.86
67	000856	冀东装备	18.84
68	002494	华斯股份	18.34
69	002691	冀凯股份	17.99
70	000889	中嘉博创	17.42
71	830964	润农节水	8.49
72	838163	方大新材	6.74
73	836247	华密新材	5.98
74	832171	志晟信息	4.27

资料来源：国泰安数据库。

河北上市公司市值排名中，长城汽车市值最高，达 2595.99 亿元，晶澳科技、紫光国微分别排第 2 名和第 3 名，市值分别为 1415.36 亿元、1119.95 亿元。以岭药业（500.54 亿元）、新奥股份（498.88 亿元）、新天绿能（403.64 亿元）、中国动力（330.37 亿元）、养元饮品（281.83 亿元）、老白干酒（251.83 亿元）、财达证券（245.65 亿元）进入前 10 名，依次排第 4~10 名。

二　河北上市公司基本情况

（一）河北上市公司数量排名

截至 2022 年 12 月 31 日，河北上市公司数量为 74 家，其中新天绿能同时发行 A 股和 H 股（A 股证券代码：600956；H 股证券代码：00956）。截至 2022 年 12 月 31 日，河北上市公司和其他省（区、市）（不含港澳台地区）上市公司数量见表 3。

表 3 截至 2022 年 12 月 31 日中国 31 个省（区、市）上市公司数量及占全国比例

单位：家，%

排名	省（区、市）	上市公司数量	占全国比例
1	广 东	849	16.63
2	江 苏	650	12.73
3	浙 江	647	12.67
4	北 京	451	8.83
5	上 海	423	8.28
6	山 东	289	5.66
7	四 川	176	3.45
8	福 建	173	3.39
9	安 徽	159	3.11
10	湖 南	139	2.72
11	湖 北	137	2.68
12	河 南	107	2.10
13	辽 宁	96	1.88
14	陕 西	75	1.47
15	河 北	74	1.45
16	重 庆	71	1.39
17	天 津	68	1.33
18	江 西	66	1.29
19	新 疆	59	1.16
20	吉 林	53	1.04
21	云 南	43	0.84
22	黑龙江	42	0.82
23	广 西	40	0.78
24	山 西	37	0.72
25	贵 州	36	0.71
26	甘 肃	35	0.69
27	海 南	34	0.67
28	内蒙古	27	0.53
29	西 藏	22	0.43
30	宁 夏	16	0.31
31	青 海	12	0.24
	合 计	5106	—

资料来源：国泰安数据库。

截至 2022 年底，广东、江苏和浙江的上市公司数量排全国前 3 名，占全国的 42.03%。截至 2022 年 12 月 31 日，河北有 74 家 A 股上市公司，占全国上市公司 5106 家的 1.45%，上市公司数量排全国第 15 名。2022 年，河北地区生产总值为 42370.4 亿元，排全国第 12 名。河北上市公司数量在全国的排名低于其地区生产总值在全国的排名，这也从侧面反映出河北上市公司数量相对较少。

（二）河北上市公司变更注册地情况

要进一步说明的是，截至 2022 年 12 月 31 日，耀华玻璃、石劝业、石炼化、金谷源、华创阳安和恒信东方 6 家上市公司因股权转让、重组等原因被其他省（市）的股东控股，并变更注册地，不再属于河北的上市公司（见表 4）。

表 4　河北上市公司变更注册地情况

证券代码	原证券名称	原公司注册地	上市时间	变更后证券名称	变更后公司注册地	变更注册地时间
600716	耀华玻璃	河北省秦皇岛市	1996 年7 月 2 日	凤凰股份	江苏省南京市	2010 年1 月 26 日
600892	石劝业	河北省石家庄市	1996 年3 月 15 日	宝诚投资	北京市	2010 年10 月 28 日
000783	石炼化	河北省石家庄市	1997 年7 月 31 日	长江证券	湖北省武汉市	2007 年12 月 19 日
000408	金谷源	河北省邯郸市	1996 年6 月 28 日	藏格控股	青海省格尔木市	2016 年8 月 19 日
600155	华创阳安	河北省保定市	1998 年9 月 18 日	华创阳安	北京市	2019 年1 月 2 日
300081	恒信东方	河北省石家庄市	2010 年5 月 20 日	恒信东方	北京市	2019 年1 月 14 日

资料来源：国泰安数据库和上市公司年报。

1. 耀华玻璃

秦皇岛耀华玻璃股份有限公司是经河北省人民政府冀股办〔1995〕9 号

文批准，由中国耀华玻璃集团公司作为主发起人，与河北省建设投资公司、国家建材局秦皇岛玻璃研究设计院、渤海铝业有限公司、秦皇岛北山发电股份有限公司共同发起并采用社会募集方式设立的股份有限公司。主营业务为玻璃、工业技术玻璃及其制品、不饱和聚酯树脂及玻璃钢制品的生产销售，开展国内外合资、合作经营、补偿贸易等，自产产品和技术出口业务与所需原辅材料、机械设备、零配件及相关技术出口，公司控股股东一直为中国耀华玻璃集团公司。①

2009 年 9 月 29 日，《中国证券监督管理委员会关于核准秦皇岛耀华玻璃股份有限公司重大资产重组及向江苏凤凰出版传媒集团有限公司发行股份购买资产的批复》（证监许可〔2009〕1030 号）核准耀华玻璃重大资产重组及向江苏凤凰出版传媒集团有限公司发行股份购买相关资产。公司于2010 年 1 月 26 日在江苏省工商行政管理局办理完公司名称变更登记手续。公司名称由"秦皇岛耀华玻璃股份有限公司"变更为"江苏凤凰置业投资股份有限公司"，注册地由河北省秦皇岛市变更为江苏省南京市。

2. 石劝业

石家庄劝业场股份有限公司，于 1986 年 11 月 25 日经石家庄市人民政府市政〔1986〕131 号文批准组建，并经中国人民银行河北省分行〔1986〕冀银发字 284 号文批准向社会公开招股而设立，是河北第一家向社会公开募集股份设立的商业股份制公司。1996 年 3 月公司 1530.97 万股社会个人股获准在上海证券交易所上市交易，控股股东为湖南大学百泉集团公司。2003 年 6 月，湖南大学百泉集团公司与中国华兴汽车贸易集团有限公司（现已更名为中国华星氟化学投资集团有限公司）签署了股份转让协议，控股股东由湖南大学百泉集团公司正式变更为中国华兴汽车贸易集团有限公司。②

2010 年 4 月 29 日，华星氟化学与深圳钜盛华实业发展有限公司签订了

---

① 上市公司年报。
② 上市公司年报。

股份转让协议，向钜盛华公司转让持有的公司有限售条件流通股份 1190.41 万股，占公司总股本的 18.86%。2010 年 6 月 17 日，上述股份完成登记，钜盛华公司第一大股东的控股股东为深圳市宝能投资集团有限公司。2010 年 10 月 28 日，公司名称变更为宝诚投资股份有限公司，公司注册地由河北省石家庄市变更为北京市。

3. 石炼化

1997 年，由中国石化石家庄炼油厂独家发起、募集设立的石家庄炼油化工股份有限公司，是国家重要的基础原材料工业企业，属于国家重点扶植的支柱产业，公司主要从事炼油、化工、化纤的技术研发和生产工作。

长江证券有限责任公司的前身为湖北证券公司，经湖北省人民政府和中国人民银行湖北省分行批准于 1991 年 3 月 18 日成立。中国证监会于 2000 年 2 月 24 日核准了增资扩股方案，使其发展成综合性证券公司。2007 年 12 月 5 日经中国证监会核准，石家庄炼油化工股份有限公司定向回购、重大资产出售暨以新增股份吸收长江证券有限责任公司，合并成新的长江证券有限责任公司。[1] 2007 年 12 月 19 日，公司完成迁址、变更法人代表等工商登记手续，正式更名为长江证券股份有限公司，注册地由河北省石家庄市变更为湖北省武汉市。

4. 金谷源

1996 年，经河北省人民政府冀股办〔1996〕2 号文批准，由原邯郸陶瓷（集团）总公司将其所属第一瓷厂、第二瓷厂、工业瓷厂资产重组后和其他四家发起人共同发起，以募集方式设立股份有限公司，第一大股东为邯郸陶瓷集团有限责任公司。[2]

2001 年 2 月，公司控股股东由邯郸陶瓷集团有限责任公司变更为军神实业有限公司；2003 年 6 月，公司控股股东由军神实业有限公司变更为北京路源世纪投资管理有限公司；2016 年 7 月，公司控股股东由北京路源世

---

① 上市公司年报。
② 上市公司年报。

纪投资管理有限公司变更为青海藏格投资有限公司。2016 年 8 月 19 日，公司完成了注册地及法定代表人变更的工商登记手续并取得了青海省工商行政管理部门换发的营业执照，注册地由河北省邯郸市变更为青海省格尔木市。

5. 华创阳安

华创阳安股份有限公司曾用名为河北宝硕股份有限公司，经河北省人民政府股份制领导小组办公室冀股办〔1998〕第 24 号文批准，由原河北保塑集团有限公司（后更名为河北宝硕集团有限公司）独家发起，以募集方式设立股份有限公司，公司总股本为 20000 万股。经上海证券交易所〔1998〕57 号文批准，1998 年 9 月 18 日公司股票在上海证券交易所挂牌交易。[①] 证券名称为"华创阳安"，证券代码为"600155"。

2001 年 7 月 26 日，华创阳安在河北省工商行政管理局办理变更注册登记，注册资本变更为 41250 万元。经《河北省人民政府国有资产监督管理委员会关于河北宝硕股份有限公司股权分置改革有关问题的批复》（冀国资发产权〔2006〕129 号）和中华人民共和国财政部《关于中国信达资产管理公司参与河北宝硕股份有限公司股权分置改革有关问题的批复》（财金函〔2006〕43 号）批准，公司进行股权分置改革。

2018 年 6 月 12 日、28 日分别召开公司第六届董事会第十五次会议和2018 年第一次临时股东大会，审议通过了《关于变更公司名称的议案》和《关于修订〈公司章程〉的议案》，同意公司名称由河北宝硕股份有限公司变更为华创阳安股份有限公司，并相应修订《公司章程》及相关制度中对应部分内容。2019 年 1 月 2 日，华创阳安股份有限公司完成公司名称及注册地工商变更登记，注册地由河北省保定市变更为北京市。

6. 恒信东方

2001 年 11 月 3 日，经河北省人民政府冀股办〔2001〕100 号文《关于同意发起设立河北恒信移动商务股份有限公司的批复》批准，由孟宪民等 5 位自然人发起设立恒信移动商务文化股份有限公司。

---

① 上市公司年报。

恒信移动于 2010 年 4 月 26 日在深圳证券交易所上市，所属行业为移动信息通信行业类。2017 年 6 月 5 日，公司名称由恒信移动商务文化股份有限公司变更为恒信东方文化股份有限公司。2018 年 12 月 21 日，公司第六届董事会第二十五次会议审议通过了《关于变更公司注册地址、经营范围及修订〈公司章程〉的议案》。根据公司经营发展需要，结合公司实际经营情况，公司注册地址由河北省石家庄市变更为北京市。

三　河北境内上市公司分布情况

本部分从行业分布情况、板块分布情况、地区分布情况三个方面对河北上市公司分布情况进行了分析。

（一）河北境内上市公司行业分布情况

按照中国证监会公布的《上市公司分类与代码》，上市公司一般可以分为农、林、牧、渔业，采矿业，制造业，电力、热力、燃气及水生产和供应业，交通运输、仓储和邮政业，批发和零售业，金融业等大类行业，具体还包括次类行业、中类行业和小类行业。中国证监会《上市公司分类与代码》的分类原则是：非股权投资类上市公司以公司经会计师事务所审计的年度合并报表中的营业收入比重为分类指标；股权投资类上市公司以公司长期股权投资占总资产的比重为分类指标。上市公司所从事的经营活动决定了企业的性质，对企业的技术水平和盈利能力起着关键的决定性作用。我国 A 股上市公司的行业分布主要集中在制造业，电力、热力、燃气及水生产和供应业，信息传输、软件和信息技术服务业，其次是采矿业，交通运输、仓储和邮政业，金融业，房地产业。

截至 2022 年 12 月 31 日，河北 74 家上市公司中，制造业企业占大多数，数量为 55 家，占河北上市公司的 74.32%，由此可见，河北上市公司产业结构以制造业为主。河北上市公司在其他行业中的分布为：电力、热力、燃气及水生产和供应业企业 4 家，占河北上市公司的 5.41%；信息传输、软件和信息技术服务业企业 4 家，占河北上市公司的 5.41%；采矿业企业 2 家，交通运输、仓储和邮政业企业 2 家，金融业企业 2 家，房地产业企业 2 家，各占河北上市公司的 2.70%；建筑业企业 1 家，批发和零售业企业 1 家，水利、环境和公共设施管理业企业 1 家，分别占河北上市公司的 1.35%（见表 5）。

表 5　截至 2022 年 12 月 31 日河北 74 家上市公司行业分布情况

证券代码	证券名称	行业大类	行业细分
000937	冀中能源	B 采矿业	B06 煤炭开采和洗选业
000923	河钢资源		B08 黑色金属矿采选业
600965	福成股份		C13 农副食品加工业
300138	晨光生物		
300765	新诺威		C14 食品制造业
600559	老白干酒		C15 酒、饮料和精制茶制造业
000848	承德露露		
603156	养元饮品		
002494	华斯股份		C19 皮革、毛皮、羽毛及其制品和制鞋业
600997	开滦股份		C25 石油加工、炼焦及核燃料加工业
600135	乐凯胶片		
600230	沧州大化		
600409	三友化工		
600722	金牛化工	C 制造业	C26 化学原料及化学制品制造业
603938	三孚股份		
002442	龙星化工		
300107	建新股份		
300446	乐凯新材		
300255	常山药业		
600812	华北制药		C27 医药制造业
002603	以岭药业		
002108	沧州明珠		
300981	中红医疗		
838163	方大新材		C29 橡胶和塑料制品业
830964	润农节水		
836247	华密新材		

证券代码	证券名称	行业大类	行业细分
603385	惠达卫浴		C30 非金属矿物制品业
000401	冀东水泥		
001301	尚太科技		
000709	河钢股份		C31 黑色金属冶炼及压延加工业
002342	巨力索具		C33 金属制品业
000778	新兴铸管		
002282	博深股份		C34 通用设备制造业
300990	同飞股份		
002691	冀凯股份		C35 专用设备制造业
300368	汇金股份		
300869	康泰医学		
000856	冀东装备		
601633	长城汽车	C 制造业	C36 汽车制造业
600480	凌云股份		
301298	东利机械		
300428	立中集团		
600482	中国动力		C37 铁路、船舶、航空航天和其他运输设备制造业
605196	华通线缆		C38 电气机械和器材制造业
002459	晶澳科技		
600550	保变电气		
603050	科林电气		
300491	通合科技		
835985	海泰新能		
000413	东旭光电		C39 计算机、通信和其他电子设备制造业
002049	紫光国微		
002960	青鸟消防		
300847	中船汉光		
003031	中瓷电子		
300137	先河环保		C40 仪器仪表制造业
300371	汇中股份		
300922	天秦装备		C41 其他制造业

证券代码	证券名称	行业大类	行业细分
600149	廊坊发展	D 电力、热力、燃气及水生产和供应业	D44 电力、热力生产和供应业
000600	建投能源		
600803	新奥股份		D45 燃气生产和供应业
600956	新天绿能		
603176	汇通集团	E 建筑业	E48 土木工程建筑业
601258	庞大集团	F 批发和零售业	F52 零售业
601000	唐山港	G 交通运输、仓储和邮政业	G55 水上运输业
601326	秦港股份		
000158	常山北明	I 信息传输、软件和信息技术服务业	I65 软件和信息技术服务业
000889	中嘉博创		
301197	工大科雅		
832171	志晟信息		
600906	财达证券	J 金融业	J67 资本市场服务
000958	电投产融		J69 其他金融业
600340	华夏幸福	K 房地产业	K70 房地产业
002146	荣盛发展		
300152	新动力	N 水利、环境和公共设施管理业	N77 生态保护和环境治理业

资料来源：国泰安数据库和上市公司年报。

（二）河北境内上市公司板块分布情况

目前我国企业能够选择的上市路径主要有在内地上市、赴港上市和国外上市，在内地上市主要有主板（沪市 A 股、深市 A 股）、中小企业板和创业板。河北 A 股上市公司主要分布在主板、中小企业板和创业板。本部分主要对河北上市公司主板、中小企业板和创业板的分布情况进行统计，表6 和图1 具体列示了河北上市公司在各板块的分布情况。

截至 2022 年 12 月 31 日，河北 74 家上市公司中，主板上市公司共有 39 家，占总数的 52.70%，其中有 26 家公司在沪市 A 股上市，占总

数的 35.14%，有 13 家公司在深市 A 股上市，占总数的 17.57%。有 18
家公司在创业板上市，占总数的 24.32%。有 12 家公司在中小企业板上
市，占总数的 16.22%。有 5 家公司在北交所上市，占总数的 6.76%。
通过河北上市公司板块分布情况分析，可以看出河北大部分上市公司集
中在主板。

表 6　截至 2022 年 12 月 31 日河北 74 家上市公司板块分布情况

证券代码	证券名称	所属板块
600135	乐凯胶片	
600149	廊坊发展	
600230	沧州大化	
600340	华夏幸福	
600409	三友化工	
600480	凌云股份	
600482	中国动力	
600550	保变电气	
600559	老白干酒	
600722	金牛化工	
600803	新奥股份	沪市 A 股
600812	华北制药	
600906	财达证券	
600956	新天绿能	
600965	福成股份	
600997	开滦股份	
601000	唐山港	
601258	庞大集团	
601326	秦港股份	
601633	长城汽车	
603050	科林电气	
603156	养元饮品	

证券代码	证券名称	所属板块
603176	汇通集团	沪市 A 股
603385	惠达卫浴	
603938	三孚股份	
605196	华通线缆	
000158	常山北明	深市 A 股
001301	尚太科技	
000401	冀东水泥	
000413	东旭光电	
000600	建投能源	
000709	河钢股份	
000778	新兴铸管	
000848	承德露露	
000856	冀东装备	
000889	中嘉博创	
000923	河钢资源	
000937	冀中能源	
000958	电投产融	
002049	紫光国微	中小企业板
002108	沧州明珠	
002146	荣盛发展	
002282	博深股份	
002342	巨力索具	
002442	龙星化工	
002459	晶澳科技	
002494	华斯股份	
002603	以岭药业	
002691	冀凯股份	
002960	青鸟消防	
003031	中瓷电子	

续表

证券代码	证券名称	所属板块
300107	建新股份	创业板
300137	先河环保	
300138	晨光生物	
300152	新动力	
300255	常山药业	
300368	汇金股份	
300371	汇中股份	
300428	立中集团	
300446	乐凯新材	
300491	通合科技	
300765	新诺威	
300847	中船汉光	
300869	康泰医学	
300922	天秦装备	
300981	中红医疗	
300990	同飞股份	
301197	工大科雅	
301298	东利机械	
838163	方大新材	北交所
836247	华密新材	
835985	海泰新能	
832171	志晟信息	
830964	润农节水	

资料来源：国泰安数据库和上市公司年报。

（三）河北上市公司地区分布情况

一个地区的上市公司数量基本上与该地区的产业优势及经济发展水平相对

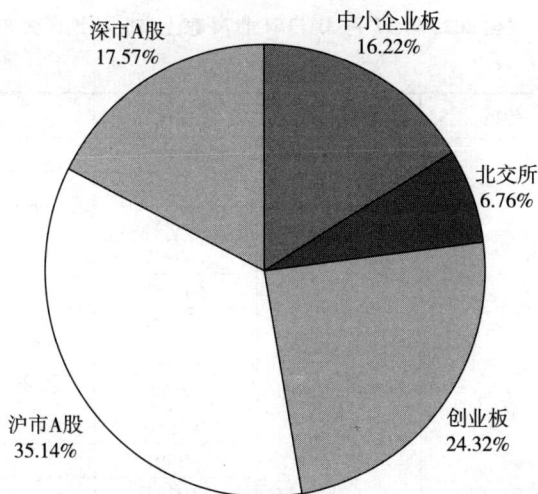

图 1　截至 2022 年 12 月 31 日河北上市公司板块分布占比

资料来源：国泰安数据库和上市公司年报。

应，上市公司数量越多，则能够给该地区带来的融资便利越多，有利于带动资本向本地流动，使得地方经济能够享受到资本市场资源配置的倾斜，从而带动地方经济的发展。[①] 河北现设 11 个地级市及雄安新区，11 个地级市分别为：石家庄、唐山、秦皇岛、邯郸、邢台、张家口、承德、廊坊、沧州、保定和衡水。

截至 2022 年 12 月 31 日，河北 74 家上市公司分布在全省 11 个地级市和雄安新区，其中石家庄有 21 家，唐山有 15 家，保定有 10 家，沧州、秦皇岛和廊坊各有 5 家，邢台有 4 家，邯郸有 3 家，衡水和张家口各有 2 家，承德和雄安新区各有 1 家（见表 7）。石家庄上市公司数量占河北上市公司总数的 28.38%，唐山上市公司数量占河北上市公司总数的 20.27%，保定上市公司数量占河北上市公司总数的 13.51%。石家庄、唐山、保定集中了 62.16%的河北上市公司（见图 2），而承德和雄安新区分别仅有 1 家上市公司。河北上市公司地区间分布差异较大。

---

① 鄢波、王华、杜勇：《地方上市公司数量、产权影响与政府的扶持之手》，《经济管理》2014 年第 7 期，第 164~175 页。

表7　截至2022年12月31日河北74家上市公司地区分布情况

单位：家

数量排名	地区	上市公司数量	证券代码	证券名称
1	石家庄市	21	600803	新奥股份
			600812	华北制药
			600956	新天绿能
			600906	财达证券
			603050	科林电气
			000158	常山北明
			000413	东旭光电
			000600	建投能源
			000958	电投产融
			001301	尚太科技
			002282	博深股份
			002603	以岭药业
			838163	方大新材
			002691	冀凯股份
			003031	中瓷电子
			300137	先河环保
			300255	常山药业
			300368	汇金股份
			300491	通合科技
			300765	新诺威
			301197	工大科雅
2	唐山市	15	600409	三友化工
			600997	开滦股份
			601000	唐山港
			601258	庞大集团
			603385	惠达卫浴
			603938	三孚股份
			605196	华通线缆
			000401	冀东水泥
			000709	河钢股份
			000856	冀东装备
			002049	紫光国微
			300371	汇中股份
			300981	中红医疗
			830964	润农节水
			835985	海泰新能

数量排名	地区	上市公司数量	证券代码	证券名称
3	保定市	10	600135	乐凯胶片
			600480	凌云股份
			600482	中国动力
			600550	保变电气
			601633	长城汽车
			603176	汇通集团
			002342	巨力索具
			300428	立中集团
			300446	乐凯新材
			301298	东利机械
4	沧州市	5	600230	沧州大化
			600722	金牛化工
			002108	沧州明珠
			002494	华斯股份
			300107	建新股份
4	秦皇岛市	5	601326	秦港股份
			000889	中嘉博创
			002459	晶澳科技
			300869	康泰医学
			300922	天秦装备
4	廊坊市	5	600340	华夏幸福
			600965	福成股份
			002146	荣盛发展
			300990	同飞股份
			832171	志晟信息
5	邢台市	4	600149	廊坊发展
			000937	冀中能源
			002442	龙星化工
			836247	华密新材
6	邯郸市	3	000778	新兴铸管
			300138	晨光生物
			300847	中船汉光
7	衡水市	2	600559	老白干酒
			603156	养元饮品

数量排名	地区	上市公司数量	证券代码	证券名称
7	张家口市	2	000923	河钢资源
			002960	青鸟消防
8	承德市	1	000848	承德露露
8	雄安新区	1	300152	新动力
合计		74	—	—

资料来源：国泰安数据库和上市公司年报。

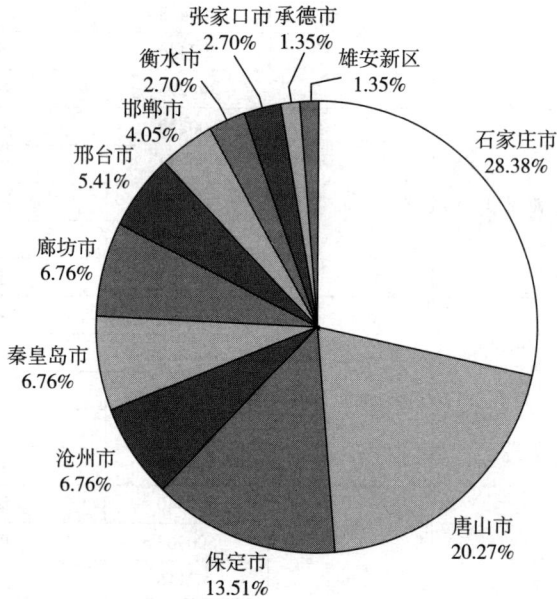

图 2 截至 2022 年 12 月 31 日河北上市公司地区分布占比

资料来源：国泰安数据库和上市公司年报。

四 河北境外上市公司分布情况

在当前经济和金融全球一体化的背景下，伴随着中国经济全球影响力的不断提升，中国企业充分利用国内外资本市场进行全球融资已是大势所趋。上市公司境外上市有利于引进境外金融资源，缓解企业融资压力，弥补企业急需的巨额资金短缺，完善资本结构和公司治理机制，分担境内市场和企业成长中的风险。公司境外上市对构建企业与世界市场联系的重要平台、通过资金和信息的双向流动塑造更有市场竞争力和国际影响力的中国企业、推动中国证券市场的国际化进程都有极为重要的作用。

（一）河北境外上市公司基本情况

1994 年 6 月 21 日，石药集团（证券代码：01093）在香港联合交易所上市，成为河北第一家境外上市公司，2000 年以前河北在境外上市的企业仅此一家。2002 年 6 月 3 日，新奥能源（证券代码：02688）在香港联合交易所上市，注册地为开曼群岛（英属）。2005 年 10 月 19 日，立中车轮（证券代码：E94）在新加坡证券交易所上市，成为河北第一家在新加坡上市的公司。2007~2009 年，河北赴境外上市的企业有 3 家在美国上市，中国香港市场新增 1 家河北的上市公司。2010 年以后，中国香港成为河北企业赴境外上市的首选地，2011~2015 年新增 12 家在香港联合交易所上市的河北公司，2016 年翼辰实业（证券代码：01596）和中国优材（证券代码：08099）在香港联合交易所上市。河北上市公司在美国上市主要集中在 2007~2010 年，2011 年以来未有河北上市公司在美国上市。截至 2022 年 12 月 31 日，河北辖区境外上市公司数为 43 家（见表 8）。

表 8　截至 2022 年 12 月 31 日河北 43 家境外上市公司上市时间分布

单位：家

上市年份	数量	上市年份	数量
1994	1	2004	2
1995	0	2005	3
1996	0	2006	2
1997	0	2007	2
1998	0	2008	0
1999	0	2009	2
2000	0	2010	3
2001	0	2011	2
2002	1	2012	2
2003	1	2013	2

上市年份	数量	上市年份	数量
2014	3	2019	3
2015	3	2020	3
2016	2	2021	1
2017	3	2022	0
2018	2	合计	43

资料来源：国泰安数据库和上市公司年报。

（二）河北境外上市公司市场分布

企业在选择上市交易所时，需要根据自身的发展战略和市场定位对不同交易所的优势进行评估。对于当前的中国企业来说，中国香港、美国、英国和德国都是值得重点考虑的主要境外市场。

河北的43家境外上市公司中，38家在中国香港联合交易所上市，占比为88.37%；4家在美国上市，占比为9.30%；1家在新加坡上市，占比为2.33%（见图3）。可见中国香港一直是河北上市公司境外上市的首选之地，在河北企业境外上市中占据主导地位。

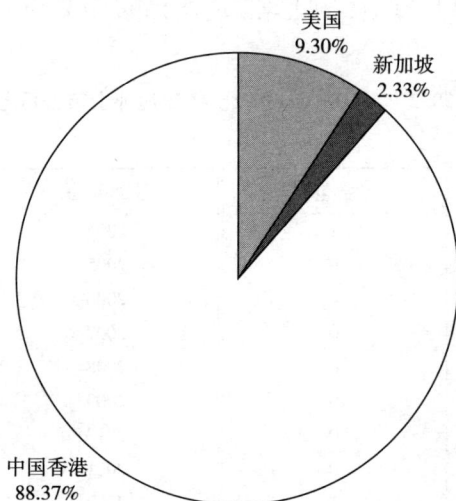

图3 截至2022年12月31日河北43家境外上市公司市场分布占比

资料来源：国泰安数据库和上市公司年报。

（三）河北境外上市公司行业分布

河北境外上市公司主要集中在房地产、能源业、钢铁、工业机械和制药等具有传统优势的行业。截至 2022 年 12 月 31 日，在河北境外上市公司中，从事房地产行业的公司有 7 家；从事制药、能源业的公司各有 5 家，从事钢铁、工业机械行业的公司各有 3 家；从事公用事业、建筑机械、汽车制造、通信业、化工业的公司各有 2 家；从事交通运输、金融、林业、电子制造和旅游业的公司各有 1 家；从事其他制造业的公司有 5 家（见图 4）。

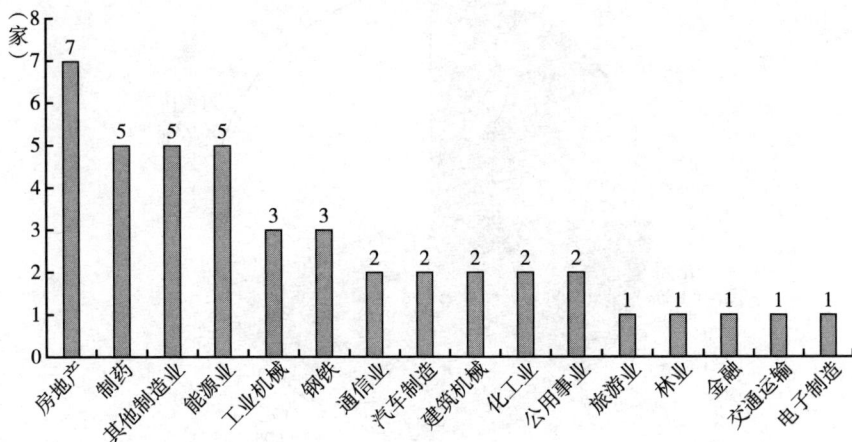

图 4   截至 2022 年 12 月 31 日河北 43 家境外上市公司行业分布对比

资料来源：国泰安数据库和上市公司年报。

（四）河北境外上市公司总部所在地分布

上市公司通过境外上市这一途径，直接融入国际资本市场，有利于企业获得国际资本市场合理筹资，提升核心竞争力，极大地加速和推动了当地经济的发展。

河北境外上市公司总部所在地分布在 11 个地级市，其中石家庄的境外上市公司总部最多，有 13 家，占河北境外上市公司的 30.23%；其次是保定和廊坊，各有 8 家，各占河北境外上市公司的 18.60%；沧州和邢台各有 3 家，各占河北境外上市公司的 6.98%；唐山和承德各有 2 家，各占河北境外上市公司的 4.65%；而邯郸、衡水、秦皇岛和张家口各有 1 家企业，各占河北境外上市公司的 2.33%。总体上看，河北境外上市公司地区分布比较集中，位列前三的石家庄、保定、廊坊囊括了 67.43% 的河北境外上市公司（见图5）。

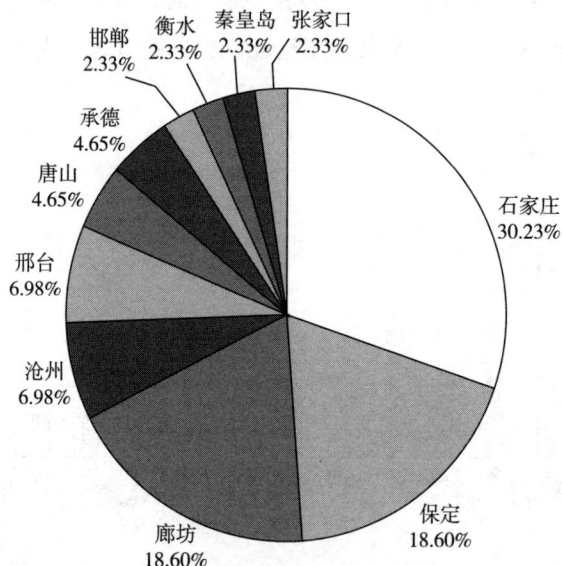

图5　2022年末河北43家境外上市公司总部所在地分布占比

资料来源：国泰安数据库和上市公司年报。

（五）河北境外上市公司注册地分布

为追寻企业的更好发展，许多企业把眼光放到了境外，在境外注册公司现已成为一种常态，离岸公司运营已经是一种合法存在并被广泛使用的商业模式。上市公司选择离岸注册，首先，其名称登记相对便捷，有利于商业活动的开展；其次，离岸公司办理我国境内银行的离岸银行业务，通过开设离岸账户的方式自由调动资金，资金往来方便，不受严格的资本监管；最后，离岸公司有利于税务筹划，降低投资运营成本。

截至 2022 年 12 月 31 日，河北 43 家境外上市公司中仅有 7 家在内地注册，占比为 16.28%；而在境外注册的有 36 家，占比为 83.72%。其中在"避税天堂"英属开曼群岛注册的最多，有 31 家，占河北境外上市公司总数的 72.09%，另外在美国、百慕大、新加坡注册的各有 1 家，占比均为 2.33%（见图 6）。

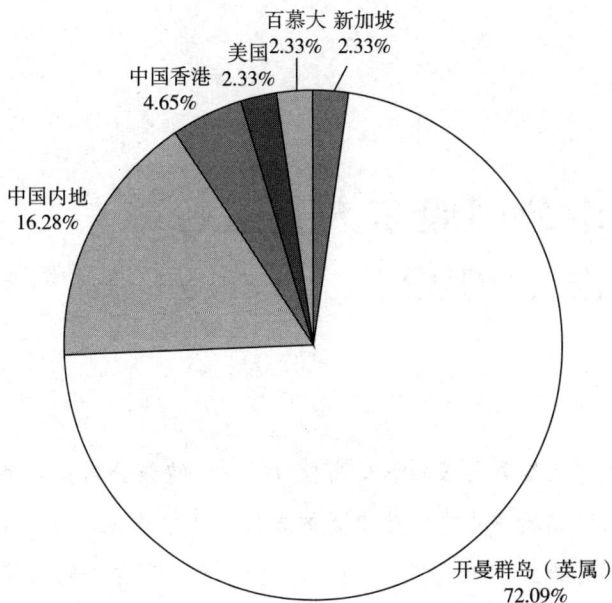

图 6 截至 2022 年 12 月 31 日河北 43 家境外上市公司注册地分布占比

资料来源：国泰安数据库和上市公司年报。

分 报 告

Topical Reports

B.2
河北上市公司股东大会运行
研究报告（2023）

石晓飞 *

摘 要: 股东大会作为公司的最高权力机关，决策公司重大事项，在公司治理结构中占据十分重要的地位。本报告从股东大会会议次数、召开方式、表决方式、出席股份比例和董监高缺席情况五个治理维度对河北上市公司股东大会运行状况进行研究，剖析河北上市公司股东大会运行在股东大会召开次数、出席股份比例和董监高缺席等方面存在的问题，并提出积极鼓励河北上市公司股东大会召开、完善投票表决机制、推进累积投票制普及、强化上市公司股东大会董监高出席信息披露与监督等对策建议。

关键词: 上市公司 股东大会 河北

* 石晓飞，博士，河北经贸大学工商管理学院副院长、公司治理与企业成长研究中心主任，教授，硕士研究生导师，主要研究领域为公司治理。

根据《中华人民共和国公司法》第四章第二节的相关条款，股东大会是公司的权力机构，决定公司的重大事项，有权选任董事和解除董事职务；股东大会是对公司经营管理和各种涉及公司及股东利益的事项拥有决策权的机构，是股东在公司内部行使股东权利的法定组织。股东大会会议召开次数越多，股东就有越多的时间交流和解决公司未来发展的战略决策问题，并能够及时对董事会和监事会的工作进行考核和评价，提高公司治理效率和审计质量。[①] 互联网环境可以提高中小股东投票的便捷性，加大股票市场的流动性。[②] 会议表决方式中累积投票制可以避免持有 50% 以上股权的大股东完全操纵股东大会对董事的选举，保证其他股东对董事的选举拥有独立的发言权。[③] 股东大会会议出席股份比例代表着股东的积极性，对公司的决策和发展有重要影响。股东大会董监高缺席比例代表着董监高对股东大会的重视程度以及股东大会相关规则的执行状况。基于此，本报告主要从股东大会会议次数、召开方式、表决方式、出席股份比例和董监高缺席情况等五个治理维度对河北上市公司股东大会运行情况进行分析。

一 股东大会相关理论与历史沿革

（一）股东大会相关理论

股东大会是由全体股东组成的权力机构，它是全体股东参加的全会，股东大会体现股东意志。股东大会是企业经营管理和股东利益分配的最高决策机构，不仅要选举或任免董事会和监事会成员，而且企业的重大经营决策和股东的利益分配等都要得到股东大会的批准。股东大会又分为年度股东大会

---

① 肖作平：《公司治理影响审计质量吗？——来自中国资本市场的经验证据》，《管理世界》2006 年第 7 期，第 22~33 页。

② 胡茜茜、朱永祥、杜勇：《网络环境下中小股东的治理效应研究——基于代理成本视角》，《财经研究》2018 年第 5 期，第 109~120 页。

③ 孙凤娥：《累积投票制强制执行能否保护中小股东利益？——基于断点回归的实证检验》，《南京审计大学学报》2023 年第 2 期，第 72~82 页。

和临时股东大会。

基于委托代理理论，股东大会和董事会之间存在委托代理关系，股东大会是股份公司中的最高权力机构，它不能直接管理企业，因此，股东大会选举董事组成董事会来管理企业。股东大会和董事会之间便形成了企业第一层次的委托代理关系，其中股东大会（全体股东）为委托人，董事会为代理人。[①] 股东积极主义理论中股东积极主义是指股东积极参与公司治理的行动，这些行动包括出席股东大会、提交议案、集体诉讼、投票权争夺、私下协商、劣迹公司曝光等。股东积极行动的目的是给上市公司内部带来改变，但不试图获得控制权。

随着公司治理机制的日益健全，股东大会相关制度愈来愈完善，但股东大会运行仍存在部分问题，如中小股东参与股东大会积极性较低以及"搭便车"或"用脚投票"现象。中小股东参与公司治理的积极性受到个体和环境两方面因素的影响。一方面，中小股东通常被认为是非理性的，积极参与公司治理的观念较弱；另一方面，制度环境的不足和与公司沟通的不畅导致中小股东行权和维权成本高而成功率低，参与积极性受挫。[②]

（二）股东大会制度历史沿革

中国的股东大会制度自 1996 年起经历了 6 次修订，1996 年 2 月 10 日《中国证券监督管理委员会关于规范上市公司股东大会的通知》发布，此通知首次就上市公司召开股东大会的有关事项提出了 12 条要求。1998 年 2 月 23 日，中国证券监督管理委员会发布《上市公司股东大会规范意见》，此通知贯彻"法制、监管、自律、规范"八字方针，维护公开、公平、公正的原则，并就公司财务报告和关联交易提出新的规范。2000 年 5 月 18 日，中国证券监督管理委员会发布《上市公司股东大会规范意见（2000 年修订）》，此意见对 1998 年 2 月 23 日发布的《上市公司股东大会规范意见》进行了修订，

---

① 曹欣羊：《论企业中的委托代理关系》，《现代商贸工业》2009 年第 2 期，第 263~264 页。
② 黄泽悦、罗进辉、李向昕：《中小股东"人多势众"的治理效应——基于年度股东大会出席人数的考察》，《管理世界》2022 年第 4 期，第 159~185 页。

将《上市公司股东大会规范意见》条款增加到四十四条。2006 年 3 月 16 日，中国证券监督管理委员会发布《上市公司股东大会规则》，此规则对 2000 年 5 月发布实施的《上市公司股东大会规范意见（2000 年修订）》进行了修订，就独立董事有权向董事会提议召开临时股东大会做了详细介绍。2014 年 10 月 20 日，中国证券监督管理委员会发布《上市公司股东大会规则（2014 年修订）》，此次修订增加了一条关于登记结算机构的条款："出席股东大会的股东，应当对提交表决的提案发表以下意见之一：同意、反对或弃权。证券登记结算机构作为沪港通股票的名义持有人，按照实际持有人意思表示进行申报的除外。"该条款的修订，为登记结算机构投多种类型的表决权票预留空间。2016 年 9 月 30 日，中国证券监督管理委员会发布《上市公司股东大会规则（2016 年修订）》，废止了《上市公司股东大会规则（2014 年修订）》。2022 年 1 月 5 日，中国证券监督管理委员会发布《上市公司股东大会规则（2022 年修订）》，此次修订第二十一条中列举召开股东大会的方式，进一步明确上市公司须以现场与网络相结合的方式召开股东大会。

二　河北上市公司股东大会运行状况

（一）股东大会会议次数

《上市公司股东大会规则（2022 年修订）》第四条规定："股东大会分为年度股东大会和临时股东大会。年度股东大会每年召开一次，应当于上一会计年度结束后的六个月内举行。临时股东大会不定期召开，出现《公司法》第一百条规定的应当召开临时股东大会的情形时，临时股东大会应当在二个月内召开。公司在上述期限内不能召开股东大会的，应当报告公司所在地中国证券监督管理委员会派出机构和公司股票挂牌交易的证券交易所，说明原因并公告。"在实际中，多数公司一年召开一次定期会议，召开临时会议的时间并不固定，由法定主体提议后才能召开。

1. 河北上市公司和全国上市公司股东大会会议次数

2018~2022 年，全国上市公司股东大会会议次数平均值维持在 3~4 次，说明各上市公司除召开每年至少一次的年度股东大会之外，还会召开平均 2~3 次的临时股东大会，但会议次数平均值整体呈现下降的趋势，2019 年下降趋势明显，降低了 5.08%。2018~2022 年，河北上市公司股东大会会议次数平均值也维持在 3~4 次，整体呈现下降的趋势，同样在 2019 年下降趋势最为明显，降低了 9.16%，降幅较大，2018 年会议次数最多，平均召开了 3.93 次，2022 年会议次数最少，平均召开了 3.30 次（见图 1）。

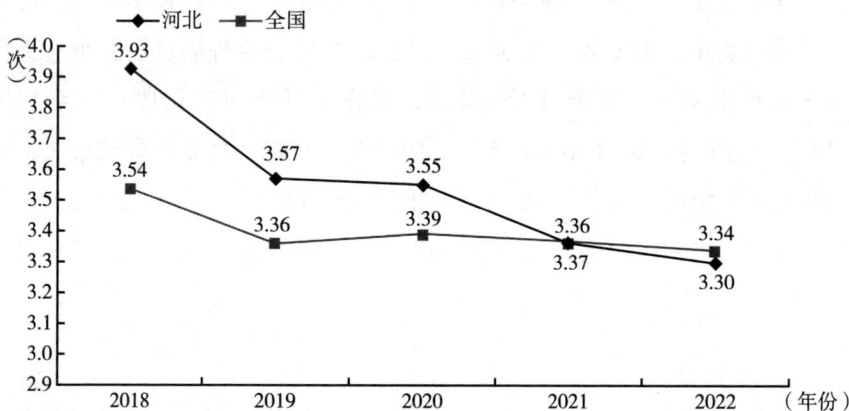

图 1　2018~2022 年河北上市公司和全国上市公司股东大会会议次数平均值变化趋势

资料来源：国泰安数据库和上市公司年报。

2. 河北上市公司各板块股东大会会议次数平均值

2018 年，河北上市公司各板块股东大会会议次数平均值差距最大。2018 年深市 A 股股东大会会议次数平均值达到 5.33 次，是 2018~2022 年股东大会会议次数平均值最高的一年。2021 年河北上市公司各板块股东大会会议次数平均值差距较大，2021 年北交所股东大会会议次数平均值达到 1.67 次，是 2018~2022 年股东大会会议次数平均值最低的一年。除 2018 年和 2021 年之外，各个板块股东大会会议次数平均值在 2~4 次，差距较小（见图 2）。

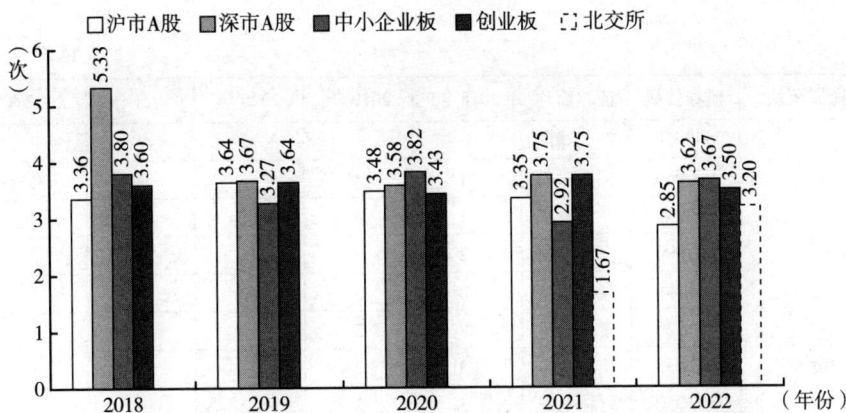

图2 2018~2022年河北上市公司各板块股东大会会议次数平均值对比

说明：北交所2021年成立，2018~2020年无数据，下同。

资料来源：国泰安数据库和上市公司年报。

3. 河北上市公司股东大会会议次数

表1对2018~2022年河北上市公司股东大会会议次数的具体情况进行了列示。

表1 2018~2022年河北上市公司股东大会会议次数

单位：次

所属板块	证券代码	证券简称	2018年	2019年	2020年	2021年	2022年
沪市A股	600135	乐凯胶片	2	1	3	3	2
	600149	廊坊发展	3	2	2	1	2
	600230	沧州大化	2	2	2	2	3
	600340	华夏幸福	14	15	11	1	3
	600409	三友化工	2	4	3	2	3
	600480	凌云股份	4	4	5	5	2
	600482	中国动力	4	3	4	3	3
	600550	保变电气	3	3	6	3	3
	600559	老白干酒	1	1	1	2	1
	600722	金牛化工	4	2	3	2	2
	600803	新奥股份	6	9	6	4	7
	600812	华北制药	3	1	2	3	2
	600906	财达证券	—	—	—	2	2

续表

所属板块	证券代码	证券简称	2018 年	2019 年	2020 年	2021 年	2022 年
沪市 A 股	600956	新天绿能	—	—	3	9	4
	600965	福成股份	1	3	2	2	1
	600997	开滦股份	1	3	2	2	3
	601000	唐山港	2	3	1	3	2
	601258	庞大集团	6	5	2	3	1
	601326	秦港股份	2	2	1	4	1
	601633	长城汽车	3	9	11	11	8
	603050	科林电气	3	3	2	1	3
	603156	养元饮品	1	1	1	1	1
	603176	汇通集团	—	—	—	6	3
	603385	惠达卫浴	4	2	3	3	2
	603938	三孚股份	3	2	4	6	5
	605196	华通线缆	—	—	—	3	5
深市 A 股	000158	常山北明	5	1	1	3	2
	000401	冀东水泥	5	4	1	4	3
	000413	东旭光电	10	5	6	2	2
	000600	建投能源	4	5	4	2	5
	000709	河钢股份	4	4	3	6	5
	000778	新兴铸管	3	4	3	4	4
	000848	承德露露	3	2	2	2	2
	000856	冀东装备	4	4	4	5	4
	000889	中嘉博创	8	5	7	6	5
	000923	河钢资源	7	3	4	3	2
	000937	冀中能源	4	2	2	4	5
	000958	电投产融	7	5	6	4	5
	001301	尚太科技	—	—	—	—	3
中小企业板	002049	紫光国微	2	4	5	3	3
	002108	沧州明珠	3	3	1	6	6
	002146	荣盛发展	7	7	9	5	7
	002282	博深股份	3	2	4	1	2
	002342	巨力索具	3	4	2	3	2
	002442	龙星化工	3	1	2	2	6
	002459	晶澳科技	6	4	7	3	3
	002494	华斯股份	4	3	1	2	1

续表

所属板块	证券代码	证券简称	2018 年	2019 年	2020 年	2021 年	2022 年
中小企业板	002603	以岭药业	3	4	5	4	3
	002691	冀凯股份	4	1	3	1	1
	002960	青鸟消防	—	3	3	2	4
	003031	中瓷电子	—	—	—	3	4
创业板	300107	建新股份	1	3	3	1	2
	300137	先河环保	2	3	1	2	4
	300138	晨光生物	2	3	3	3	1
	300152	新动力	8	6	5	3	6
	300255	常山药业	2	3	2	2	2
	300368	汇金股份	7	10	4	8	6
	300371	汇中股份	4	3	3	2	2
	300428	立中集团	3	3	5	4	4
	300446	乐凯新材	2	1	3	3	4
	300491	通合科技	5	1	2	4	3
	300765	新诺威	—	4	2	2	2
	300847	中船汉光	—	—	3	5	4
	300869	康泰医学	—	—	6	3	1
	300922	天秦装备	—	—	6	6	6
	300981	中红医疗	—	—	—	8	6
	300990	同飞股份	—	—	—	4	2
	301197	工大科雅	—	—	—	—	3
	301298	东利机械	—	—	—	—	4
北交所	830964	润农节水	—	—	—	1	2
	832171	志晟信息	—	—	—	3	4
	835985	海泰新能	—	—	—	—	4
	836247	华密新材	—	—	—	—	2
	838163	方大新材	—	—	—	1	4

注："—"代表该公司当年未上市。

资料来源：国泰安数据库和上市公司年报。

（二）股东大会会议召开方式

《上市公司股东大会规则（2022 年修订）》第二十条规定："公司应当

在公司住所地或公司章程规定的地点召开股东大会。股东大会应当设置会场，以现场会议形式召开，并应当按照法律、行政法规、中国证监会或公司章程的规定，采用安全、经济、便捷的网络和其他方式为股东参加股东大会提供便利。股东通过上述方式参加股东大会的，视为出席。股东可以亲自出席股东大会并行使表决权，也可以委托他人代为出席和在授权范围内行使表决权。"第二十一条规定："公司应当在股东大会通知中明确载明网络或其他方式的表决时间以及表决程序。"第三十五条规定："同一表决权只能选择现场、网络或其他表决方式中的一种。同一表决权出现重复表决的以第一次投票结果为准。"目前采用其他方式进行投票的企业较少，上市公司多采用现场投票和网络投票相结合的方式。

1. 河北上市公司股东大会召开方式变化

2018~2022年，河北92%及以上的上市公司在股东大会中采用了现场投票与网络投票相结合的方式（见表2），在一定程度上使中小股东可以参与进来，保护了中小股东的权益。另外，通过查看全国上市公司和河北上市公司各板块股东大会召开方式的原始数据发现，上市公司大多采用现场投票和网络投票相结合的方式召开股东大会。

表2　2018~2022年河北上市公司股东大会现场投票与网络投票情况

单位：家，%

项目	2018年	2019年	2020年	2021年	2022年
采用现场投票与网络投票相结合方式的上市公司数	54	54	57	66	68
采用现场投票与网络投票相结合方式的上市公司数/上市公司总数	100	96	95	96	92

资料来源：国泰安数据库和上市公司年报。

2. 河北上市公司股东大会召开方式

表3对2018~2022年河北上市公司股东大会召开方式的具体情况进行了列示。

表3 2018~2022年河北上市公司股东大会召开方式

所属板块	证券代码	证券简称	2018年	2019年	2020年	2021年	2022年
沪市A股	600135	乐凯胶片	1+2	1+2	1+2	1+2	1+2
	600149	廊坊发展	1+2	1+2	1+2	1+2	1+2
	600230	沧州大化	1+2	1+2	1+2+4	1+2	1+2
	600340	华夏幸福	1+2	1+2	1+2	1+2	1+2
	600409	三友化工	1+2	1+2	1+2	1+2	1+2
	600480	凌云股份	1+2	1+2	1+2+4	1+2	1+2
	600482	中国动力	1+2	1+2	1+2	1+2	1+2
	600550	保变电气	1+2	1+2	1+2	1+2	1+2
	600559	老白干酒	1+2	1+2	1+2	1+2	1+2+3
	600722	金牛化工	1+2	1+2	1+2	1+2	1+2
	600803	新奥股份	1+2	1+2	1+2	1+2	1+2
	600812	华北制药	1+2	1+2	1+2	1+2	1+2
	600906	财达证券	—	—	—	1+2	1+2
	600956	新天绿能	—	—	1+2	1+2	1+2
	600965	福成股份	1+2	1+2	1+2	1+2	1+2+3
	600997	开滦股份	1+2	1+2	1+2	1+2	1+2
	601000	唐山港	1+2	1+2	1+2	1+2	1+2
	601258	庞大集团	1+2	1+2	1+2	1+2	1+2
	601326	秦港股份	1+2	1+2	1+2	1+2	1+2
	601633	长城汽车	1+2	1+2	1+2	1+2	1+2
	603050	科林电气	1+2	1+2	1+2	1+2	1+2
	603156	养元饮品	1+2	1+2	1+2	1+2	1+2
	603176	汇通集团	—	—	—	1+2	1+2
	603385	惠达卫浴	1+2	1+2	1+2	1+2	1+2
	603938	三孚股份	1+2	1+2	1+2	1+2	1+2
	605196	华通线缆	—	—	—	1+2	1+2
深市A股	000158	常山北明	1+2	1+2	1+2	1+2	1+2
	000401	冀东水泥	1+2	1+2	1+2	1+2	1+2
	000413	东旭光电	1+2	1+2	1+2	1+2	1+2
	000600	建投能源	1+2	1+2	1+2	1+2	1+2
	000709	河钢股份	1+2	1+2	1+2	1+2	1+2
	000778	新兴铸管	1+2	1+2	1+2	1+2	1+2
	000848	承德露露	1+2	1+2	1+2	1+2	1+2
	000856	冀东装备	1+2	1+2	1+2	1+2	1+2

续表

所属板块	证券代码	证券简称	2018 年	2019 年	2020 年	2021 年	2022 年
深市 A 股	000889	中嘉博创	1+2	1+2	1+2	1+2	1+2
	000923	河钢资源	1+2	1+2	1+2	1+2	1+2
	000937	冀中能源	1+2	1+2	1+2	1+2	1+2
	000958	电投产融	1+2	1+2	1+2	1+2	1+2
	001301	尚太科技	—	—	—	—	1+4
中小企业板	002049	紫光国微	1+2	1+2	1+2	1+2	1+2
	002108	沧州明珠	1+2	1+2	1+2	1+2	1+2
	002146	荣盛发展	1+2	1+2	1+2	1+2	1+2
	002282	博深股份	1+2	1+2	1+2	1+2	1+2
	002342	巨力索具	1+2	1+2	1+2	1+2	1+2
	002442	龙星化工	1+2	1+2	1+2	1+2	1+2
	002459	晶澳科技	1+2	1+2+3	1+2	1+2	1+2+3
	002494	华斯股份	1+2	1+2	1+2	1+2	1+2
	002603	以岭药业	1+2	1+2	1+2	1+2	1+2
	002691	冀凯股份	1+2	1+2	1+2	1+2	1+2
	002960	青鸟消防	—	1+2	1+2	1+2	1+2
	003031	中瓷电子	—	—	—	1+2	1+2
创业板	300107	建新股份	1+2	1+2	1+2	1+2	1+2
	300137	先河环保	1+2	1+2	1+2	1+2	1+2
	300138	晨光生物	1+2	1+2	1+2	1+2	1+2
	300152	新动力	1+2	1+2	1+2	1+2	1+2
	300255	常山药业	1+2	1+2	1+2	1+2	1+2
	300368	汇金股份	1+2	1+2	1+2	1+2+3	1+2
	300371	汇中股份	1+2	1+2	1+2	1+2	1+2
	300428	立中集团	1+2	1+2	1+2	1+2	1+2
	300446	乐凯新材	1+2	1+2	1+2	1+2	1+2
	300491	通合科技	1+2	1+2	1+2	1+2	1+2
	300765	新诺威	—	1+2	1+2	1+2	1+2
	300847	中船汉光	—	—	1+2	1+2	1+2
	300869	康泰医学	—	—	1+2	1+2	1+2
	300922	天秦装备	—	—	1+2	1+2	1+2
	300981	中红医疗	—	—	—	1+2	1+2
	300990	同飞股份	—	—	—	1+2	1+2
	301197	工大科雅	—	—	—	—	1+2
	301298	东利机械	—	—	—	—	1+2

所属板块	证券代码	证券简称	2018 年	2019 年	2020 年	2021 年	2022 年
北交所	830964	润农节水	—	—	—	1+2	1+2
	832171	志晟信息	—	—	—	1+2	1+2
	835985	海泰新能	—	—	—	—	1+2
	836247	华密新材	—	—	—	—	1
	838163	方大新材	—	—	—	—	1+2

注："1"代表现场投票；"2"代表网络投票；"3"代表委托董事投票；"4"代表其他方式；"—"代表公司当年未上市或未披露。

资料来源：国泰安数据库和上市公司年报。

（三）股东大会会议表决方式

股东大会的表决方式主要有三种：逐项表决、累积投票、逐项表决和累积投票。《中华人民共和国公司法》第四十二条规定："股东会会议由股东按照出资比例行使表决权；但是，公司章程另有规定的除外。"《上市公司股东大会规则（2022 年修订）》第三十二条规定："股东大会就选举董事、监事进行表决时，根据公司章程的规定或者股东大会的决议，可以实行累积投票制。"第三十三条规定："除累积投票制外，股东大会对所有提案应当逐项表决。对同一事项有不同提案的，应当按提案提出的时间顺序进行表决。除因不可抗力等特殊原因导致股东大会中止或不能作出决议外，股东大会不得对提案进行搁置或不予表决。"累积投票制是与直接投票制相对的表决制度，是指每个股份持有者以其拥有表决权的股份数与选举人数的乘积为其应有的选举权利，选举者可以将这一定数量的权利集中或分散投票的选举办法，累积投票制是一种对中小股东的表决救济制度。[1] 在采取直接投票制选举董事时，由于实行多数决原则，持有 50% 以上股权的大股东便可以完全操纵股东大会对董事会的选举，其他股东对董事的选举则难有独立的发言权。

---

[1] 孙凤娥：《累积投票制强制执行能否保护中小股东利益？——基于断点回归的实证检验》，《南京审计大学学报》2023 年第 2 期，第 72~82 页。

1. 河北上市公司各板块股东大会会议表决方式次数

2018~2022 年，河北上市公司在股东大会中采用的表决方式多为逐项表决，其次数远多于另两种表决方式。累积投票与逐项表决和累积投票两者差距不大。同时还可以看出，2018~2022 年除沪市 A 股外，各个板块采用的表决方式差距不大（见表4）。沪市 A 股采用逐项表决方式的上市公司在 2021 年迅速增加，到 2022 年又恢复到了 2019 年的水平（见图3）。通过查看全国上市公司的原始数据发现，全国上市公司中也是采用逐项表决的上市公司最多。

表 4 2018~2022 年河北上市公司各板块股东大会会议表决方式

单位：家

表决方式	所属板块	2018 年	2019 年	2020 年	2021 年	2022 年
逐项表决	沪市 A 股	17	18	18	24	18
	深市 A 股	10	12	11	11	12
	中小企业板	9	11	10	11	12
	创业板	9	10	12	16	17
	北交所	0	0	0	2	4
累积投票	沪市 A 股	4	3	4	1	6
	深市 A 股	0	0	0	1	1
	中小企业板	1	0	1	1	0
	创业板	1	1	0	0	0
	北交所	0	0	0	0	0
逐项表决和累积投票	沪市 A 股	1	1	1	1	2
	深市 A 股	2	0	0	0	0
	中小企业板	0	0	1	0	0
	创业板	0	0	2	0	1
	北交所	—	—	—	—	1

注："—"代表未上市或未披露。

资料来源：国泰安数据库和上市公司年报。

2. 河北上市公司股东大会会议表决方式

表5 对 2018~2022 年河北上市公司股东大会表决方式的具体情况进行了列示。

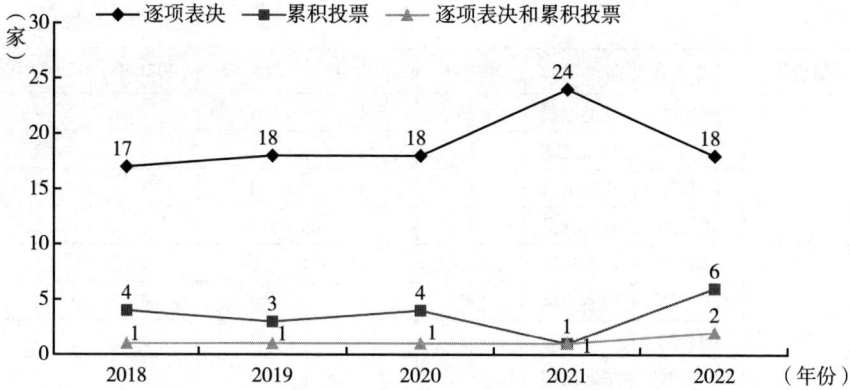

图 3　2018~2022 年河北上市公司沪市 A 股股东大会会议表决方式

资料来源：国泰安数据库和上市公司年报。

表 5　2018~2022 年河北上市公司股东大会会议表决方式

所属板块	证券代码	证券简称	2018 年	2019 年	2020 年	2021 年	2022 年
沪市 A 股	600135	乐凯胶片	1	1	1	1	1
	600149	廊坊发展	1	1	1	1	1
	600230	沧州大化	2	1	1	1	1
	600340	华夏幸福	1	1	2	1	1
	600409	三友化工	1	1	1	1	1
	600480	凌云股份	1	3	1	1	3
	600482	中国动力	1	1	1	1	1
	600550	保变电气	1	1	1	1	2
	600559	老白干酒	2	1	2	1	1
	600722	金牛化工	1	2	1	1	1
	600803	新奥股份	1	1	1	1	1
	600812	华北制药	1	2	1	1	1
	600906	财达证券	—	—	—	1	2
	600956	新天绿能	—	—	3	1	2
	600965	福成股份	1	1	1	1	2
	600997	开滦股份	1	1	1	1	3
	601000	唐山港	2	1	2	2	1
	601258	庞大集团	1	1	2	1	1

续表

所属板块	证券代码	证券简称	2018 年	2019 年	2020 年	2021 年	2022 年
沪市 A 股	601326	秦港股份	2	1	1	1	2
	601633	长城汽车	1	1	1	1	1
	603050	科林电气	1	1	1	1	1
	603156	养元饮品	1	2	1	1	2
	603176	汇通集团	—	—	—	1	1
	603385	惠达卫浴	3	1	1	3	1
	603938	三孚股份	1	1	1	1	1
	605196	华通线缆	—	—	—	1	1
深市 A 股	000158	常山北明	1	1	1	1	1
	000401	冀东水泥	3	1	1	1	1
	000413	东旭光电	1	1	1	1	1
	000600	建投能源	1	1	1	1	1
	000709	河钢股份	1	1	2	1	2
	000778	新兴铸管	1	1	1	1	1
	000848	承德露露	1	1	1	1	1
	000856	冀东装备	3	1	1	1	1
	000889	中嘉博创	1	1	1	1	1
	000923	河钢资源	1	1	1	1	1
	000937	冀中能源	1	1	1	1	1
	000958	电投产融	1	1	1	2	1
	001301	尚太科技	—	—	—	—	1
中小企业板	002049	紫光国微	2	1	3	1	1
	002108	沧州明珠	1	1	1	1	1
	002146	荣盛发展	1	1	1	1	1
	002282	博深股份	1	1	1	1	1
	002342	巨力索具	1	1	1	2	1
	002442	龙星化工	1	1	1	1	1
	002459	晶澳科技	1	1	1	1	1
	002494	华斯股份	1	1	2	1	1
	002603	以岭药业	1	1	1	1	1
	002691	冀凯股份	1	1	1	1	1
	002960	青鸟消防	—	1	1	1	1
	003031	中瓷电子	—	—	—	1	1

续表

所属板块	证券代码	证券简称	2018 年	2019 年	2020 年	2021 年	2022 年
创业板	300107	建新股份	1	1	1	1	1
	300137	先河环保	1	1	3	1	1
	300138	晨光生物	1	2	1	1	1
	300152	新动力	2	1	1	1	3
	300255	常山药业	1	1	1	1	1
	300368	汇金股份	1	1	1	1	1
	300371	汇中股份	1	1	1	1	1
	300428	立中集团	1	1	1	1	1
	300446	乐凯新材	1	1	1	1	1
	300491	通合科技	1	1	1	1	1
	300765	新诺威	—	1	3	1	1
	300847	中船汉光	—	—	—	1	1
	300869	康泰医学	—	—	—	1	1
	300922	天秦装备	—	—	1	1	1
	300981	中红医疗	—	—	—	1	1
	300990	同飞股份	—	—	—	1	1
	301197	工大科雅	—	—	—	—	1
	301298	东利机械	—	—	—	—	1
北交所	830964	润农节水	—	—	—	1	1
	832171	志晟信息	—	—	—	1	1
	835985	海泰新能	—	—	—	—	1
	836247	华密新材	—	—	—	—	1
	838163	方大新材	—	—	—	—	3

注："1"代表逐项表决；"2"代表累积投票；"3"代表逐项表决和累积投票；"—"代表公司当年未上市或未披露。

资料来源：国泰安数据库和上市公司年报。

（四）股东大会出席股份比例

《中华人民共和国公司法》、《上市公司股东大会规则（2022 年修订）》以及股份公司章程标准版本均规定，普通决议由出席会议的股东过半数通过，特殊决议（一般为修改章程、公司合并分立、对外对内担保超过一定比例等）

由出席会议的股东所持表决权的三分之二以上（含本数）通过。股东大会出席股份比例是指在召开股东大会时出席股东所持股份占上市公司总股份的比例。如果出席股份比例较大，在某种层面上可以理解为直接参与会议的股东人数较多，股东更能表达各自的利益倾向，从而可以更好地调节股东各方利益，综合各方意见的会议结果，也能更好地引导公司经营方向，规避部分风险。

1. 河北上市公司与全国上市公司股东大会出席股份比例

河北上市公司股东大会出席股份比例平均值在 2018~2022 年呈现上升趋势，2020 年河北上市公司股东大会出席股份比例平均值增长了 2.9%，并且超过了 2020 年全国上市公司股东大会出席股份比例平均值。2022 年河北上市公司股东大会出席股份比例平均值增长了 5.8%，是 2018~2022 年河北上市公司股东大会出席股份比例平均值最高的一年。全国上市公司股东大会出席股份比例平均值虽然在 2018~2022 年较稳定，但整体呈现下降趋势（见图4）。

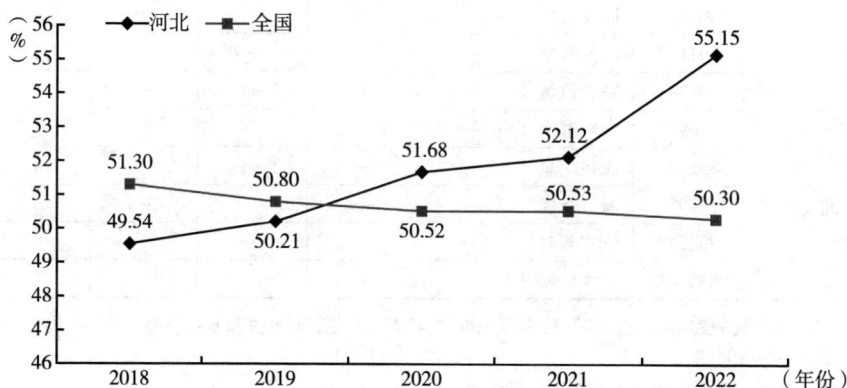

图4　2018~2022 年河北上市公司和全国上市公司股东大会出席股份比例平均值变化趋势

资料来源：国泰安数据库和上市公司年报。

2. 河北上市公司各板块股东大会出席股份比例

2018~2022 年，河北上市公司各板块股东大会出席股份比例平均值在 42%~72%，2021 年北交所股东大会出席股份比例平均值达到了近五年的最高值，为71.27%。自2018年开始，沪市A股、深市A股和创业板股东大会出席股份比例平均值整体呈上升趋势，均在2022年达到最高（见图5）。

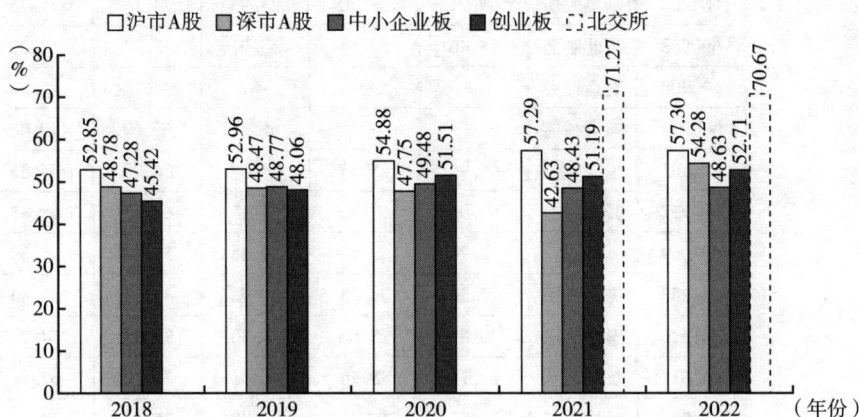

图5 2018~2022年河北上市公司各板块间股东大会出席股份比例平均值对比

资料来源：国泰安数据库和上市公司年报。

3. 河北上市公司股东大会出席股份比例

表6对2018~2022年河北上市公司股东大会出席股份比例的具体情况进行了列示。

表6 2018~2022年河北上市公司股东大会出席股份比例

单位：%

所属板块	证券代码	证券简称	2018年	2019年	2020年	2021年	2022年
沪市A股	600135	乐凯胶片	34.34	36.75	55.74	55.97	53.65
	600149	廊坊发展	36.70	15.42	17.91	17.48	15.41
	600230	沧州大化	46.71	46.47	46.35	46.34	45.73
	600340	华夏幸福	62.85	37.15	63.35	55.22	46.41
	600409	三友化工	45.43	46.46	45.76	49.88	45.67
	600480	凌云股份	38.67	42.64	46.85	40.88	46.42
	600482	中国动力	60.42	65.72	66.57	67.70	67.32
	600550	保变电气	33.70	44.71	46.65	44.65	65.12
	600559	老白干酒	50.48	43.79	40.24	30.85	31.26
	600722	金牛化工	56.06	56.07	56.12	56.13	56.12

续表

所属板块	证券代码	证券简称	2018 年	2019 年	2020 年	2021 年	2022 年
沪市 A 股	600803	新奥股份	41.21	38.50	41.93	74.11	75.35
	600812	华北制药	53.46	53.14	53.91	49.24	56.23
	600906	财达证券	—	—	—	84.13	82.34
	600956	新天绿能	—	—	65.21	69.69	70.06
	600965	福成股份	66.96	65.55	64.68	66.73	64.35
	600997	开滦股份	67.03	67.52	69.15	68.83	68.32
	601000	唐山港	52.76	53.13	59.45	59.04	61.39
	601258	庞大集团	27.26	34.23	28.93	32.01	30.44
	601326	秦港股份	76.81	75.62	74.30	75.55	74.77
	601633	长城汽车	61.71	85.76	66.61	71.12	67.94
	603050	科林电气	39.83	40.09	38.78	36.54	34.65
	603156	养元饮品	77.31	82.62	80.48	71.54	77.55
	603176	汇通集团	—	—	—	76.12	75.01
	603385	惠达卫浴	65.99	66.86	66.79	67.79	67.10
	603938	三孚股份	67.18	67.02	66.63	68.07	66.15
	605196	华通线缆	—	—	—	54.14	45.13
深市 A 股	000158	常山北明	52.85	45.65	45.35	40.35	40.66
	000401	冀东水泥	38.53	39.10	40.72	38.78	68.38
	000413	东旭光电	22.66	18.93	19.63	18.98	22.61
	000600	建投能源	66.71	67.13	66.84	66.61	67.44
	000709	河钢股份	62.86	64.21	63.33	63.94	66.39
	000778	新兴铸管	43.40	45.28	42.09	44.86	42.00
	000848	承德露露	47.00	53.73	50.72	44.03	48.11
	000856	冀东装备	35.54	30.12	30.06	37.30	32.83
	000889	中嘉博创	69.33	71.08	52.18	40.14	31.56
	000923	河钢资源	40.12	39.85	34.63	33.78	44.48
	000937	冀中能源	66.41	66.19	65.55	56.14	60.16
	000958	电投产融	40.04	40.41	61.98	26.65	81.11
	001301	尚太科技	—	—	—	—	100.00

续表

所属板块	证券代码	证券简称	2018 年	2019 年	2020 年	2021 年	2022 年
中小企业板	002049	紫光国微	45.95	40.46	40.12	52.07	51.95
	002108	沧州明珠	36.02	36.56	35.33	35.46	35.64
	002146	荣盛发展	67.72	62.14	60.88	57.28	53.31
	002282	博深股份	55.66	52.62	56.12	51.46	32.46
	002342	巨力索具	34.52	35.14	35.11	35.08	28.40
	002442	龙星化工	45.10	29.50	29.40	28.13	28.17
	002459	晶澳科技	36.97	36.11	81.59	69.47	62.85
	002494	华斯股份	33.52	33.93	34.32	33.85	33.39
	002603	以岭药业	48.76	48.94	55.47	55.58	56.62
	002691	冀凯股份	68.61	61.12	62.37	35.11	66.36
	002960	青鸟消防	—	100.00	53.58	52.70	55.86
	003031	中瓷电子	—	—	—	75.03	78.58
创业板	300107	建新股份	43.77	52.08	47.21	48.18	48.57
	300137	先河环保	17.13	22.99	18.13	18.13	16.69
	300138	晨光生物	32.03	35.93	36.32	31.50	31.42
	300152	新动力	30.08	29.32	29.36	21.12	21.12
	300255	常山药业	52.37	36.87	36.70	52.82	36.62
	300368	汇金股份	55.57	53.22	44.67	38.27	31.60
	300371	汇中股份	43.43	42.80	45.62	45.58	43.32
	300428	立中集团	74.42	76.85	76.85	74.11	72.09
	300446	乐凯新材	35.30	35.39	37.04	31.66	31.30
	300491	通合科技	70.12	68.22	60.49	39.76	37.87
	300765	新诺威	—	75.02	75.60	75.21	75.66
	300847	中船汉光	—	—	47.38	66.20	56.58
	300869	康泰医学	—	—	85.30	77.23	69.56
	300922	天秦装备	—	—	80.50	51.87	48.65
	300981	中红医疗	—	—	—	72.42	71.43
	300990	同飞股份	—	—	—	75.03	75.02
	301197	工大科雅	—	—	—	—	86.54
	301298	东利机械	—	—	—	—	94.84

续表

所属板块	证券代码	证券简称	2018 年	2019 年	2020 年	2021 年	2022 年
	830964	润农节水	—	—	—	50.93	50.89
	832171	志晟信息	—	—	—	91.61	68.69
北交所	835985	海泰新能	—	—	—	—	64.29
	836247	华密新材	—	—	—	—	99.99
	838163	方大新材	—	—	—	—	69.51

注："一"代表公司当年未上市或未披露。

资料来源：国泰安数据库和上市公司年报。

（五）股东大会董监高缺席情况

董监高是指"三会一层"中所涉及的具体的人，分别是股东、董事、监事以及高级管理人员。[①] 当董监高机构的治理水平不高时，公司内部控制有效性水平通常较低，董监高在公司治理中发挥重要作用。[②]《上市公司股东大会规则（2022 年修订）》第二十六条规定："公司召开股东大会，全体董事、监事和董事会秘书应当出席会议，经理和其他高级管理人员应当列席会议。"《中华人民共和国公司法》、《上市公司股东大会规则（2022 年修订）》和《上市公司章程指引（2022 年修订）》以及各家公司的章程，对董监高参加三会，也就是董事会、监事会和股东会都做了明确规定。

1. 河北上市公司股东大会董监高缺席情况

2018～2022 年，河北上市公司股东大会董监高缺席企业数量平均值为 23 家，总体呈现下降的趋势，2018 年河北上市公司股东大会董监高缺席企业数量最多，为 26 家；而河北上市公司股东大会董监高信息未披露企业数量平均值为 32 家，总体呈现增加趋势；股东大会董监高未缺席的

---

① 鲁阳、石芷华、杨敏：《"三会一层"中的董监高》，《经理人》2022 年第 9 期，第 74～77 页。

② 杨丹：《董监高机构治理水平与深交所信息披露考核结果》，《商业会计》2017 年第 20 期，第 99～101 页。

企业数量却占少数，平均值为 7 家，2022 年达到最高，为 15 家（见表 7）。

表 7　2018~2022 年河北上市公司股东大会董监高缺席情况

单位：家

项目	2018 年	2019 年	2020 年	2021 年	2022 年
董监高缺席	26	23	22	25	20
董监高未缺席	4	3	5	8	15
未披露	24	30	33	36	39

资料来源：国泰安数据库和上市公司年报。

2. 河北上市公司各板块股东大会董监高缺席情况

2018~2022 年，河北上市公司中深市 A 股、中小企业板、创业板和北交所四大板块大部分企业未披露股东大会董监高缺席情况，而沪市 A 股只有少数企业未披露股东大会董监高缺席情况。在披露股东大会董监高缺席情况的企业中，大部分企业存在董监高缺席的现象（见表 8），说明河北上市公司存在股东大会董监高普遍缺席的现象、股东大会董监高出席信息披露不充分与董监高缺席频繁的问题。

表 8　2018~2022 年河北上市公司各板块股东大会董监高缺席情况

单位：家

项目	所属板块	2018 年	2019 年	2020 年	2021 年	2022 年
董监高缺席	沪市 A 股	18	19	18	20	15
	深市 A 股	2	1	1	1	1
	中小企业板	3	1	1	1	0
	创业板	3	2	2	3	3
	北交所	—	—	—	0	1
董监高未缺席	沪市 A 股	4	2	4	6	10
	深市 A 股	0	0	0	0	0
	中小企业板	0	0	0	0	1
	创业板	0	1	1	0	0
	北交所	—	—	—	2	4

项目	所属板块	2018 年	2019 年	2020 年	2021 年	2022 年
未披露	沪市 A 股	0	1	1	0	1
	深市 A 股	10	11	11	11	12
	中小企业板	7	10	10	11	11
	创业板	7	8	11	13	15
	北交所	—	—	—	1	0

资料来源：国泰安数据库和上市公司年报。

表 9 对 2018～2022 年河北上市公司股东大会董监高出席信息披露与缺席现象进行了列示。

表 9 2018～2022 年河北上市公司股东大会董监高缺席情况

所属板块	证券代码	证券简称	2018 年	2019 年	2020 年	2021 年	2022 年
沪市 A 股	600135	乐凯胶片	2	1	1	1	2
	600149	廊坊发展	1	1	1	1	1
	600230	沧州大化	1	1	1	1	1
	600340	华夏幸福	1	1	1	1	1
	600409	三友化工	2	2	1	2	2
	600480	凌云股份	1	1	1	2	1
	600482	中国动力	1	1	2	1	1
	600550	保变电气	1	1	1	1	1
	600559	老白干酒	1	1	1	1	2
	600722	金牛化工	1	1	1	1	1
	600803	新奥股份	1	1	1	1	1
	600812	华北制药	1	1	1	1	1
	600906	财达证券	—	—	—	2	2
	600956	新天绿能	—	—	3	1	1
	600965	福成股份	1	1	2	1	2
	600997	开滦股份	2	1	2	1	2
	601000	唐山港	1	1	1	1	1
	601258	庞大集团	1	1	1	1	1
	601326	秦港股份	1	3	1	1	3

所属板块	证券代码	证券简称	2018 年	2019 年	2020 年	2021 年	2022 年
沪市 A 股	601633	长城汽车	1	1	1	1	1
	603050	科林电气	2	2	2	2	2
	603156	养元饮品	1	1	1	1	1
	603176	汇通集团	—	—	—	2	2
	603385	惠达卫浴	1	1	1	1	2
	603938	三孚股份	1	1	1	1	1
	605196	华通线缆	—	—	—	2	2
深市 A 股	000158	常山北明	1	1	1	1	1
	000401	冀东水泥	3	3	3	3	3
	000413	东旭光电	1	3	3	3	3
	000600	建投能源	3	3	3	3	3
	000709	河钢股份	3	3	3	3	3
	000778	新兴铸管	3	3	3	3	3
	000848	承德露露	3	3	3	3	3
	000856	冀东装备	3	3	3	3	3
	000889	中嘉博创	3	3	3	3	3
	000923	河钢资源	3	3	3	3	3
	000937	冀中能源	3	3	3	3	3
	000958	电投产融	3	3	3	3	3
	001301	尚太科技	—	—	—	—	3
中小企业板	002049	紫光国微	3	3	3	3	3
	002108	沧州明珠	3	3	3	3	3
	002146	荣盛发展	3	3	3	3	3
	002282	博深股份	1	3	3	3	3
	002342	巨力索具	3	3	3	3	3
	002442	龙星化工	3	3	3	3	3
	002459	晶澳科技	3	3	3	3	3
	002494	华斯股份	3	3	3	3	3
	002603	以岭药业	1	3	3	3	3
	002691	冀凯股份	1	1	1	1	2
	002960	青鸟消防	—	3	3	3	3
	003031	中瓷电子	—	—	—	3	3

续表

所属板块	证券代码	证券简称	2018 年	2019 年	2020 年	2021 年	2022 年
创业板	300107	建新股份	3	3	3	3	3
	300137	先河环保	1	1	1	1	1
	300138	晨光生物	3	3	3	3	3
	300152	新动力	3	3	3	3	3
	300255	常山药业	1	1	1	1	1
	300368	汇金股份	3	3	3	3	3
	300371	汇中股份	1	2	2	1	1
	300428	立中集团	3	3	3	3	3
	300446	乐凯新材	3	3	3	3	3
	300491	通合科技	3	3	3	3	3
	300765	新诺威	—	3	3	3	3
	300847	中船汉光	—	—	3	3	3
	300869	康泰医学	—	—	3	3	3
	300922	天秦装备	—	—	3	3	3
	300981	中红医疗	—	—	—	3	3
	300990	同飞股份	—	—	—	3	3
	301197	工大科雅	—	—	—	—	3
	301298	东利机械	—	—	—	—	3
北交所	830964	润农节水	—	—	—	2	2
	832171	志晟信息	—	—	—	2	2
	835985	海泰新能	—	—	—	—	2
	836247	华密新材	—	—	—	—	1
	838163	方大新材	—	—	—	3	2

注："1"代表董监高缺席；"2"代表董监高未缺席；"3"代表未披露；"—"代表公司当年未上市。

资料来源：国泰安数据库和上市公司年报。

三 河北上市公司股东大会运行存在的问题

（一）股东大会会议次数减少

股东大会会议次数越多，股东就有越多的时间交流和解决公司未来发展的战略决策问题，并能够及时对董事会和监事会的工作进行考核和评价，提高公司治理效率和审计质量。2018~2022年，河北上市公司股东大会会议次数平均值虽然维持在3~4次，但整体呈现下降的趋势，在2019年下降趋势最为明显，降低了9.16%，降幅较大，2022年会议次数最少，平均召开了3.30次。河北上市公司股东大会会议次数的减少不利于股东间的相互沟通，不利于解决公司未来发展的战略决策问题，妨碍企业的高质量发展。

（二）股东大会出席股份比例较低

上市公司股东大会是由全体股东组成的最高权力机构，有权决定与公司全体股东利益相关的重大事项，例如，公司的投资计划、融资方案、重要人事任免、年度财务报告和利润分配方案等都需要股东大会批准。但是，分析近年来我国A股上市公司的股东大会召开情况，发现大量上市公司股东大会受到冷落。[①] 股东大会出席股份比例代表着股东的积极性，对公司的决策和发展有重要影响。股东大会出席股份比例越高，表明有越多的股东参与企业决策，表明中小股东参与度越高，有利于股东大会的群策群力。虽然2018~2022年河北上市公司股东大会出席股份比例平均值呈增长趋势，在2022年达到最高（55.15%），超过了全国上市公司股东大会出席股份比例平均值，但总体来说仍处于较低的水平，股东参会比例太小。河北上市公司股东大会出席股份比例较低说明上市公司股东参会热情依然不足，缺乏积极性，也从侧面反映出可能股东参会不便，便利度不足。

（三）股东大会董监高缺席频繁

董监高屡屡缺席股东大会，是A股上市公司治理的重大瑕疵之一，这一情况在河北上市公司中也存在。《上市公司股东大会规则（2022年修

[①] 张跃文：《股东大会何以成"股东小会"》，《中国金融》2015年第22期，第41~42页。

订）》第二十六条规定："公司召开股东大会，全体董事、监事和董事会秘书应当出席会议。"《上市公司章程指引（2022 年修订）》第六十七条规定："股东大会召开时，本公司全体董事、监事和董事会秘书应当出席会议。"关于董监高出席股东大会，河北上市公司存在两个问题，第一，除沪市 A 股上市公司外的其他上市公司没有充分披露董监高出席股东大会情况，仅仅在公告中记录"公司董事、监事、高级管理者出席了会议"，未具体介绍董监高出席数量、缺席情况以及缺席原因。年度股东大会的材料通常很匮乏，除了监管机构要求的信息外，上市公司并没有提供多少可用的信息。①第二，河北上市公司存在股东大会董监高缺席现象，以沪市 A 股为例，大部分的企业存在股东大会董监高缺席现象，而且缺席原因较多，包括出国在外、飞机晚点、生病等。

四 关于河北上市公司股东大会运行的对策建议

（一）积极鼓励适时召开股东大会

股东大会是股份公司的权力机关，股东可以通过股东大会直接参与公司治理，行使质询权、建议权、表决权等权利，对与自身利益相关的议案发表意见。针对河北上市公司股东大会会议次数较少和出席股份比例较低的问题，应该积极鼓励上市公司适时召开股东大会，并且尽可能提高出席股份比例，提高股东参与度。首先，河北省上市公司应严格按照《上市公司股东大会规则（2022 年修订）》的要求，保证每年一度的年度股东大会召开，上市公司在出现《中华人民共和国公司法》第一百条规定的应当召开临时股东大会的情形时，应积极组织召开临时股东大会，并进行商讨决议。其次，针对临时股东大会次数较少的问题，河北上市公司应降低股东和监事会临时股东大会申报难度，并为股东与监事会申报临时股东大会提供便利。

---

① 李睿：《A 股公司亚太治理排名提升》，《董事会》2021 年第 7 期，第 30~32 页。

（二）完善投票表决机制和推进累积投票制的普及与运用

河北上市公司股东大会出席股份比例偏低说明股东参会热情不高，尤其是中小投资者。中国证券市场的中小投资者众多但持股比例较低，在控股股东一股独大的股权结构中，中小股东难以有效地行使股东权利，逐渐变成了不知情、难发声的"聋子"和"哑巴"。通过现场投票和网络投票相结合的方式完善投票表决机制和推进累积投票制的普及与运用将会极大地提高股东大会出席股份比例，并且有利于中小股东保护自己的权益。首先，通过现场投票和网络投票相结合的方式完善投票表决机制，网络投票的成本相对较低，灵活性强，而且可以最大限度地汇集中小股东的真实意思表示，既拓宽了中小股东投票表决渠道，又有效避免了股东大会完全被控股股东操纵的局面。其次，我国的累积投票制是运用在公司董事和监事选举当中的一种投票制度，累积投票制的存在使中小股东真切地参与公司管理活动，发挥中小股东表决权的真正意义。[1] 累积投票制可以避免持有50%以上股权的大股东完全操纵股东大会对董事会的选举，保证其他股东对董事的选举拥有独立的发言权。最后，还应允许机构或者个人主动向上市公司中小股东征集表决权。

（三）强化股东大会董监高出席信息披露与监督

上市公司作为公众公司，其董监高人员的勤勉义务具有特殊的影响和意义。资本市场所具有的特性，使上市公司高管的行为造成的影响更加广泛，这就要求对上市公司董监高的行为进行有效披露与监督。目前，很多上市公司股东大会变成了"一言堂""走形式"，这是上市公司股东大会董监高缺席现象产生的主要原因，因此，最重要的是解决"一言堂"问题，提高中小股东参与度。另外，应持续强化监督，保证上市公司充分进行董监高出

---

[1] 罗丹：《论公司法对中小股东权益的保护》，《现代企业》2020 年第 3 期，第 104～105 页。

席股东大会的信息披露，完善监督体系，明确各监督部门的职责，并严格责任追究，提高社会公众的参与度。① 对于无故缺席股东大会的董监高，应该从制度和规则上采取一定的惩罚性措施。

---

① 谢海洋、曹少鹏、孟欣：《混合所有制改革实践与企业绩效——基于非国有股东派任董监高的中介效应》，《华东经济管理》2018 年第 9 期，第 123~131 页。

河北上市公司董事会运行
研究报告（2023）

石晓飞*

摘　要： 董事会是会议体机构，董事会会议是董事会影响董事会机制运行
有效性的关键因素。本报告从董事会会议次数、董事会现场会议
次数、董事会通讯会议次数、董事会现场和通讯结合会议次数、
独立董事出席会议情况五个董事会运行维度对河北上市公司董事
会运行状况进行研究，剖析河北上市公司董事会运行存在的问
题，并提出对策建议。本报告为有效规范董事会会议召开、提升
董事会运行有效性，提升河北上市公司董事会治理水平和治理效
率提供有益参考。

关键词： 上市公司　董事会　河北省

　　董事会是指在满足相关法律法规的前提下，企业的股东大会通过建立业
务执行机关对企业的管理层实施监督和管控的机构。作为公司治理机制的基
础，董事会的决策不仅决定着公司内部权力的配置，而且影响着企业的管理
和市场的运作。基于此，本报告以《中华人民共和国公司法》等相关条例
为依据，结合 2018~2022 年上市公司年报和国泰安数据库中的数据，主要
从董事会会议召开情况和独立董事出席董事会会议情况两方面入手，从董事

＊ 石晓飞，博士，河北经贸大学工商管理学院副院长、公司治理与企业成长研究中心主任，教
授，硕士研究生导师，主要研究领域为公司治理。

会会议次数、董事会现场会议次数、董事会通讯会议次数、董事会现场和通讯结合会议次数、独立董事出席会议情况五个维度对河北上市公司董事会运行情况进行分析。

一 董事会相关理论

（一）董事会运行

公司法人治理结构是公司制的核心，而董事会是公司治理的核心。因此完善公司法人治理结构，加强董事会的建设至关重要。提升董事会的运行效率和运行质量是促使公司发展壮大、提高公司核心竞争力的重要途径。

董事会运行的效率和质量在很大程度上取决于董事会会议。董事会会议是董事会工作的主要方式，是董事了解公司状况并参与公司决策的重要途径，董事会会议的效果对公司的发展起着至关重要的作用。[①] 随着通信技术尤其是互联网技术的发展，上市公司在召开董事会时，通讯会议的形式越来越多地被采用，现场会议逐渐受到冷落。[②] 例如，上海证券交易所在2022年《董事会议事规则》中指出，董事会会议应以现场召开为原则。必要时，在保障董事充分表达意见的前提下，经召集人（主持人）、提议人同意，也可以通过视频、电话、传真、电子邮件等方式进行并作出决议。董事会会议也可以采取现场与其他方式同时进行的方式召开，并由参会董事签字。非以现场方式召开的，以视频显示在场的董事、在电话会议中发表意见的董事、规定期限内实际收到传真或者电子邮件等有效表决票或者董事事后提交的曾参加会议的书面确认函等计算出席会议的董事人数。

---

① C. S. Tuggle, K. Schnatterly, R. A. Johnson, "Attention Patterns in the Boardroom: How Board Composition and Processes Affect Discussion of Entrepreneurial Issues," *Academy of Management Journal* 3（2010）50–571.

② 马连福、石晓飞：《董事会会议"形"与"实"的权衡——来自中国上市公司的证据》，《中国工业经济》2014年第1期，第88~100页。

根据 CCER 数据库 2019 年的数据统计以及新浪网、东方财富网、中国财经信息网等相关网站的报道，在召开董事会时，有 90% 左右的上市公司采用过通讯会议形式。在上市公司的治理结构中，董事会对于公司的各项事务具有决策大权，而决策权力的行使需要通过董事会会议来完成，所以董事会会议是公司治理中一个非常重要和具体的问题，会议的有效性直接决定董事会的决策质量从而影响企业的生存与发展。

董事会会议频率、管理层定期会晤并保持行动上的一致性与董事会运行效率之间存在重要的关系。[1] 根据《中华人民共和国公司法》相关规定，在每个公司年度内，董事会至少要召集两次会议，每次会议都应当在会议召开十日以前通知全部董事和监事，董事会召开会议的最低频率不低于每年度两次，但《中华人民共和国公司法》对董事会会议召开所采取的形式并无具体要求。企业在实践中应用的方式主要有两种，即现场会议形式和通讯会议形式。董事会现场会议与通讯会议的影响因素及价值效应差异性显著。

（二）董事会会议次数

随着公司治理相关研究的深入，董事会运行已经成为公司治理研究的核心，[2] 董事会行为对公司经营战略的制定具有重要的意义，[3] 而董事会的行为强度在某种程度上可以由董事会会议次数的多少来反映。[4] 国外学者关于董事会会议次数对公司绩效影响的研究大体存在两类观点。一类学者认为，较多的董事会会议符合股东的利益，即董事会会议次数越多，董事之间见面的机会越多，无疑会加强董事之间的沟通，加深他们对公司具体事务的了解

---

① C. Chris, "What Makes Boards Effective? An Examination of the Relationships between Board Inputs, Structures, Processes and Effectiveness in Non-profit Organizations," *Corporate Covernance - An International Review* 9 (2001): 217-226.

② 李维安、张耀伟：《中国上市公司董事会治理评价实证研究》，《当代经济科学》2005 年第 1 期，第 17~23、108 页。

③ 谢永珍、张雅萌、吴龙吟等：《董事地位差异、决策行为强度对民营上市公司财务绩效的影响研究》，《管理学报》2017 年第 12 期，第 1767~1776 页。

④ 刘剑、李映萍：《董事会会议频率与公司绩效——一项基于深圳股票市场的实证研究》，《商业经济》2009 年第 4 期，第 83~86 页。

程度，会议上的讨论会更加充分，促进他们更加尽职尽责。① 另一类学者认为，董事会会议对于提高董事会的效率具有重要作用。这类观点认为较多的董事会会议有利于董事会制定出更加符合公司利益的决策，对公司管理层的监督也更加有力，有利于促使公司管理者按照股东利益办事。②

我国学者做了大量研究，比如：学者以 2001~2003 年的数据为样本进行研究，结果显示董事会会议次数与公司绩效之间的负相关关系十分显著。③ 部分学者的研究显示，公司董事会会议对公司绩效的影响并不是人们通常认为的促进作用，反而在一定程度上表现为一种不太显著的负相关关系。④ 另一类学者将通讯会议和现场会议分开进行研究，检验了两种会议形式对后续公司绩效的影响，发现现场会议次数与公司绩效正相关，通讯会议次数与公司绩效负相关，表明通讯会议和现场会议不只是一种形式上的选择，更重要的是形式背后反映出的实质，这些实质内容的变化才是影响公司治理的关键。⑤

（三）独立董事制度出席

中国证监会在《关于在上市公司建立独立董事制度的指导意见》中指出："上市公司独立董事是指不在公司担任除董事外的其他职务，并与其所受聘的上市公司及其主要股东不存在可能妨碍其进行独立客观判断的关系的董事。"在研究独立董事的相关文献中，也常常将独立董事出席董事会议的

---

① B. K. Boyd et al., "Dimensions of CEO‐board Relations," *Journal of Management Studies* 8 (2011): 1892–1923.

② I. E. Brick and N. K. Chidambaran, "Board Meetings, Committee Structure, and Firm Value," *Journal of Corporate Finance* 4 (2010): 533–553.

③ 唐清泉、罗党论：《董事会效能、效率的实证分析——以深圳市场为例》，《经济管理》2005 年第 2 期，第 25~31 页。

④ 高明华、郭传孜：《混合所有制发展、董事会有效性与企业绩效》，《经济与管理研究》2019 年第 9 期，第 114~134 页。

⑤ 马连福、石晓飞：《董事会会议"形"与"实"的权衡——来自中国上市公司的证据》，《中国工业经济》2014 年第 1 期，第 88~100 页。

次数和比例①、缺席会议的次数和比例②、出席会议的概率、发表意见的类型、是否发表非"同意"意见、投票情况以及辞职行为等作为独立董事的履职状况③和履职勤勉度的代表④。此外，一部分学者在对独立董事履职行为的研究中，将独立董事发表的独立意见分为清洁意见和否定意见，而对于清洁意见，学者根据其中包含的情感又将其分为有功积极情感（有利于，对……有积极影响）和无过消极情感（不会对……造成影响，不存在，不影响），作为独立董事委婉履职的表现。⑤

二　河北上市公司董事会运行状况

（一）上市公司董事会会议次数

1. 河北上市公司和全国上市公司董事会会议次数

2018～2022 年河北上市公司董事会会议次数平均值和全国上市公司董事会会议次数平均值整体呈现下降趋势。其中，2019 年河北上市公司和全国上市公司董事会会议次数相等，均为 9.74 次。2018～2022 年全国上市公司董事会会议次数平均值相较于河北上市公司董事会会议次数平均值下降幅度大。河北上市公司董事会会议次数平均值在 2020 年下降幅度最大，为 4.3%。2020～2021 年河北上市公司董事会会议次数平均值小于全国上市公司董事会会议次数平均值（见图 1）。

---

① 谢诗蕾、许永斌、胡舟丽：《繁忙董事、声誉激励与独立董事监督行为》，《厦门大学学报》（哲学社会科学版）2016 年第 5 期，第 147～156 页。

② 杨有红、黄志雄：《独立董事履职状况和客观环境研究》，《会计研究》2015 年第 4 期，第 20～26、95 页。

③ 全怡、郭卿：《"追名"还是"逐利"：独立董事履职动机之探究》，《管理科学》2017 年第 4 期，第 3～16 页。

④ 郑志刚、阚铄、黄继承：《独立董事兼职：是能者多劳还是疲于奔命》，《世界经济》2017 年第 2 期，第 153～178 页。

⑤ 范合君、王乐欢、张勃：《独立董事委婉履职行为研究——基于清洁意见中文字情感分析视角》，《经济管理》2017 年第 11 期，第 85～99 页。

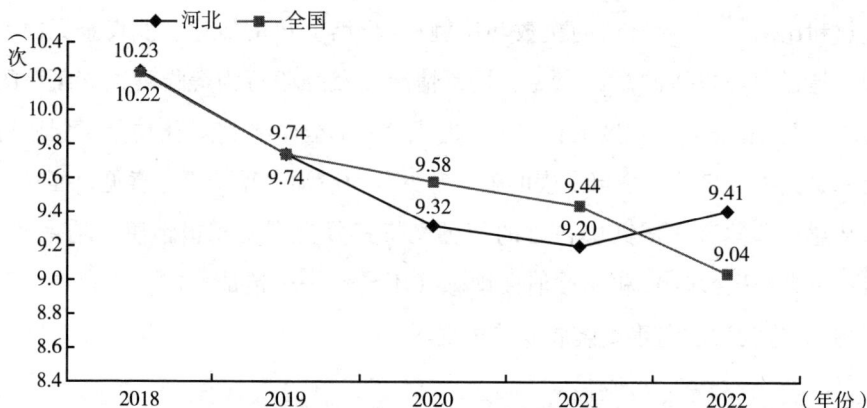

图1 2018～2022年河北上市公司和全国上市公司董事会会议次数平均值变化趋势

资料来源：国泰安数据库和上市公司年报。

2.河北上市公司各板块董事会会议次数

2018～2020年，河北上市公司沪市A股董事会会议次数平均值呈现波动上升趋势，总体波动幅度不大。深市A股董事会会议次数平均值呈现下降趋势，在2019年下降幅度最大，下降了17%。中小企业板董事会会议次数平均值2018～2020年整体呈上升趋势，2021年有所下降，2022年有所上升。创业板董事会会议次数平均值在2019年达到最高，在2020～2022年呈上升趋势，北交所董事会会议次数平均值在2021年后呈现下降趋势（见图2）。

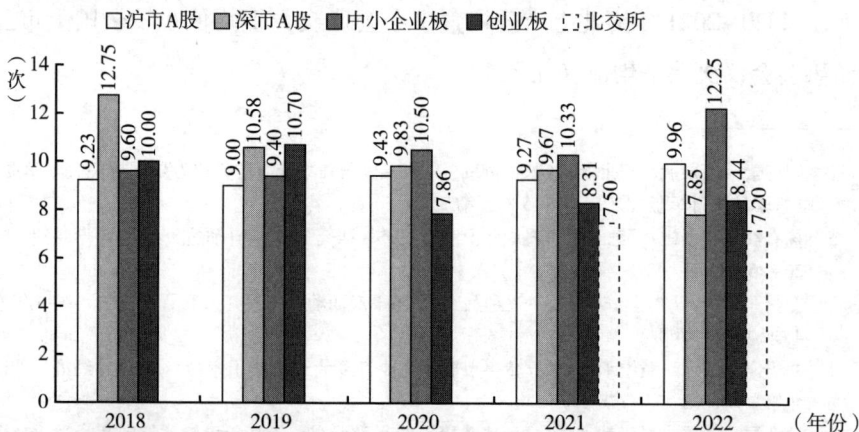

图2 2018～2022年河北上市公司各板块董事会会议次数平均值对比

资料来源：国泰安数据库和上市公司年报。

3. 河北上市公司董事会会议次数

表1对2018~2022年河北上市公司董事会会议次数的具体情况进行了列示。

表1　2018~2022年河北上市公司董事会会议次数

单位：次

所属板块	证券代码	证券简称	2018年	2019年	2020年	2021年	2022年
沪市A股	600135	乐凯胶片	9	6	9	11	14
	600149	廊坊发展	4	5	6	6	10
	600230	沧州大化	5	5	8	8	10
	600340	华夏幸福	28	22	19	4	10
	600409	三友化工	5	7	6	5	7
	600480	凌云股份	9	8	7	7	7
	600482	中国动力	9	9	10	8	11
	600550	保变电气	11	14	13	8	10
	600559	老白干酒	13	11	11	11	8
	600722	金牛化工	8	9	9	6	5
	600803	新奥股份	18	18	12	18	13
	600812	华北制药	10	5	8	7	11
	600906	财达证券	—	—	—	12	10
	600956	新天绿能	—	—	18	11	20
	600965	福成股份	5	7	7	7	8
	600997	开滦股份	5	6	6	6	8
	601000	唐山港	5	7	6	8	6
	601258	庞大集团	10	8	10	9	6
	601326	秦港股份	11	8	7	7	10
	601633	长城汽车	8	14	17	20	25
	603050	科林电气	7	7	7	6	7
	603156	养元饮品	4	6	3	4	4
	603176	汇通集团	—	—	—	9	9
	603385	惠达卫浴	11	6	6	12	12
	603938	三孚股份	8	10	12	10	9
	605196	华通线缆	—	—	—	21	12
深市A股	000158	常山北明	11	7	8	12	12
	000401	冀东水泥	13	10	9	15	8
	000413	东旭光电	27	23	23	13	8

续表

所属板块	证券代码	证券简称	2018 年	2019 年	2020 年	2021 年	2022 年
深市 A 股	000600	建投能源	8	11	8	9	3
	000709	河钢股份	8	6	10	11	9
	000778	新兴铸管	12	11	7	9	7
	000848	承德露露	9	5	7	6	7
	000856	冀东装备	11	11	8	9	10
	000889	中嘉博创	22	17	11	7	8
	000923	河钢资源	13	8	9	6	4
	000937	冀中能源	11	8	10	13	12
	000958	电投产融	8	10	8	6	7
	001301	尚太科技	—	—	—	—	7
中小企业板	002049	紫光国微	16	11	14	9	11
	002108	沧州明珠	7	6	3	11	12
	002146	荣盛发展	15	17	21	11	16
	002282	博深股份	6	7	7	4	5
	002342	巨力索具	6	13	12	13	14
	002442	龙星化工	7	4	6	8	10
	002459	晶澳科技	13	10	18	10	11
	002494	华斯股份	10	11	6	5	4
	002603	以岭药业	8	10	11	7	9
	002691	冀凯股份	8	5	7	7	5
	002960	青鸟消防	—	—	—	21	23
	003031	中瓷电子	—	—	—	18	27
创业板	300107	建新股份	8	8	9	6	6
	300137	先河环保	8	7	6	6	10
	300138	晨光生物	10	14	14	11	9
	300152	新动力	20	25	11	10	12
	300255	常山药业	6	8	5	5	5
	300368	汇金股份	13	13	6	9	8
	300371	汇中股份	8	6	5	6	6
	300428	立中集团	10	14	12	12	10
	300446	乐凯新材	4	5	7	6	10
	300491	通合科技	13	7	4	9	7
	300765	新诺威	—	—	5	7	8
	300847	中船汉光	—	—	5	7	8

所属板块	证券代码	证券简称	2018 年	2019 年	2020 年	2021 年	2022 年
创业板	300869	康泰医学	—	—	8	9	11
	300922	天秦装备	—	—	13	11	9
	300981	中红医疗	—	—	—	11	10
	300990	同飞股份	—	—	—	8	8
	301197	工大科雅	—	—	—	—	7
	301298	东利机械	—	—	—	—	8
北交所	830964	润农节水	—	—	—	5	6
	832171	志晟信息	—	—	—	10	8
	835985	海泰新能	—	—	—	—	12
	836247	华密新材	—	—	—	—	5
	838163	方大新材	—	—	—	—	5

注："—"代表未上市或未披露，下同。

资料来源：国泰安数据库和上市公司年报。

（二）上市公司董事会会议召开方式

1. 河北上市公司董事会现场会议次数

（1）河北上市公司和全国上市公司董事会现场会议次数

2018～2022 年河北上市公司董事会现场会议次数平均值呈现先上升后下降的趋势，而全国上市公司董事会现场会议次数平均值呈现波动上升趋势，总体变动幅度不大。河北上市公司董事会会议次数平均值在 2021 年下降幅度最大，为 20.52%（见图 3）。

（2）河北上市公司各板块董事会现场会议次数

2018～2022 年，河北上市公司沪市 A 股董事会现场会议次数平均值呈现先上升后下降趋势，沪市 A 股在 2018～2020 年上升幅度较大。深市 A 股董事会现场会议次数平均值呈现波动下降趋势。中小企业板块董事会现场会议次数平均值呈现先上升后下降再上升的趋势，2020 年下降幅度最大，下降了 38.64%。创业板董事会现场会议次数平均值在 2018～2022 年呈现波动下降趋势，其中 2021 年上升幅度为 41.26%。在 2018～2021

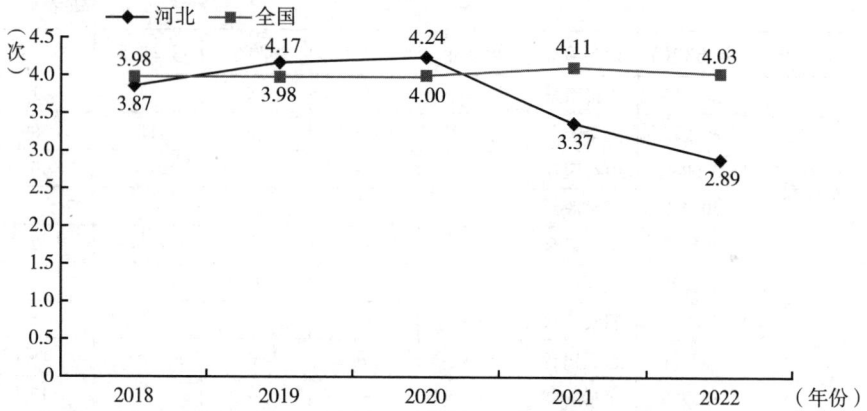

图3　2018～2022年河北上市公司和全国上市公司董事会现场会议次数平均值变化趋势

资料来源：国泰安数据库和上市公司年报。

年这四年中，除2020年以外，创业板董事会现场会议次数平均值均显著高于其他板块。北交所董事会现场会议次数平均值2022年呈上升趋势（见图4）。

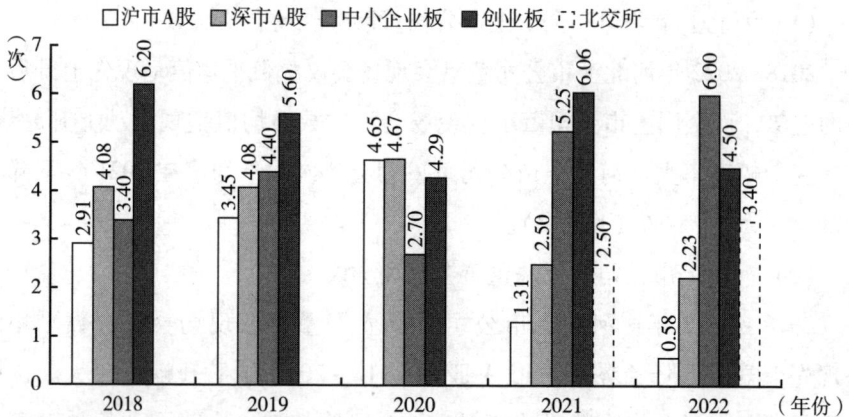

图4　2018～2022年河北上市公司各板块董事会现场会议次数平均值对比

资料来源：国泰安数据库和上市公司年报。

表 2 对 2018～2022 年河北上市公司董事会现场会议次数的具体情况进行了列示。

表 2　2018～2022 年河北上市公司董事会现场会议次数

单位：次

所属板块	证券代码	证券简称	2018 年	2019 年	2020 年	2021 年	2022 年
沪市 A 股	600135	乐凯胶片	0	0	7	10	10
	600149	廊坊发展	2	1	4	0	1
	600230	沧州大化	5	5	0	0	0
	600340	华夏幸福	0	0	0	0	0
	600409	三友化工	0	1	1	2	1
	600480	凌云股份	6	5	6	4	0
	600482	中国动力	0	3	12	0	0
	600550	保变电气	8	7	7	2	0
	600559	老白干酒	0	0	0	3	0
	600722	金牛化工	1	1	4	0	1
	600803	新奥股份	13	16	12	0	0
	600812	华北制药	0	2	3	1	2
	600906	财达证券	—	—	—	0	0
	600956	新天绿能	—	—	9	0	0
	600965	福成股份	4	5	0	0	0
	600997	开滦股份	2	1	4	2	0
	601000	唐山港	0	0	0	1	0
	601258	庞大集团	7	4	10	0	0
	601326	秦港股份	6	4	5	0	0
	601633	长城汽车	4	10	13	0	0
	603050	科林电气	6	6	6	3	0
	603156	养元饮品	0	5	0	0	0
	603176	汇通集团	—	—	—	0	0
	603385	惠达卫浴	0	0	4	4	0
	603938	三孚股份	0	0	0	2	0
	605196	华通线缆	—	—	—	0	0
深市 A 股	000158	常山北明	7	5	7	3	0
	000401	冀东水泥	5	2	1	10	5
	000413	东旭光电	0	0	23	0	0

续表

所属板块	证券代码	证券简称	2018年	2019年	2020年	2021年	2022年
深市A股	000600	建投能源	8	9	7	2	0
	000709	河钢股份	7	5	9	1	4
	000778	新兴铸管	5	9	4	4	3
	000848	承德露露	1	1	0	2	1
	000856	冀东装备	3	5	2	0	0
	000889	中嘉博创	2	2	1	0	2
	000923	河钢资源	3	3	0	1	3
	000937	冀中能源	4	5	1	5	0
	000958	电投产融	4	3	1	2	4
	001301	尚太科技	—	—	—	—	7
中小企业板	002049	紫光国微	2	4	6	5	2
	002108	沧州明珠	3	5	0	11	11
	002146	荣盛发展	3	2	3	11	3
	002282	博深股份	3	3	1	0	1
	002342	巨力索具	5	13	2	13	14
	002442	龙星化工	3	2	1	0	10
	002459	晶澳科技	1	2	2	4	2
	002494	华斯股份	4	4	0	5	4
	002603	以岭药业	2	4	5	7	9
	002691	冀凯股份	8	5	7	5	3
	002960	青鸟消防	—	—	—	1	2
	003031	中瓷电子	—	—	—	1	11
创业板	300107	建新股份	6	6	1	6	6
	300137	先河环保	1	2	1	4	1
	300138	晨光生物	10	14	5	11	0
	300152	新动力	0	0	0	0	0
	300255	常山药业	6	7	5	5	5
	300368	汇金股份	13	3	4	1	4
	300371	汇中股份	8	6	5	6	6
	300428	立中集团	10	14	9	12	10
	300446	乐凯新材	1	0	7	3	0
	300491	通合科技	7	4	3	7	7
	300765	新诺威	—	—	3	7	0
	300847	中船汉光	—	—	3	6	8

续表

所属板块	证券代码	证券简称	2018 年	2019 年	2020 年	2021 年	2022 年
创业板	300869	康泰医学	—	—	1	9	11
	300922	天秦装备	—	—	13	11	0
	300981	中红医疗	—	—	—	1	1
	300990	同飞股份	—	—	—	8	8
	301197	工大科雅	—	—	—	—	7
	301298	东利机械	—	—	—	—	7
北交所	830964	润农节水	—	—	—	5	6
	832171	志晟信息	—	—	—	0	4
	835985	海泰新能	—	—	—	—	0
	836247	华密新材	—	—	—	—	2
	838163	方大新材	—	—	—	—	5

资料来源：国泰安数据库和上市公司年报。

2. 上市公司董事会通讯会议次数

（1）河北上市公司和全国上市公司董事会通讯会议次数

2018～2022 年河北上市公司董事会通讯会议次数平均值均小于全国上市公司董事会通讯会议次数平均值。2018～2022 年全国上市公司董事会通讯会议次数平均值整体呈现下降趋势，幅度不大。2018～2021 年河北上市公司董事会通讯会议次数平均值呈现波动下降趋势，2022 年河北上市公司董事会通讯会议次数平均值上升幅度较大，为 40.92%（见图 5）。

（2）河北上市公司各板块董事会通讯会议次数

2018～2022 年，河北上市公司沪市 A 股董事会通讯会议次数平均值呈现波动上升趋势，2021 年与 2022 年上升幅度较大，分别为 72.41% 和 54.00%。深市 A 股董事会会议次数平均值呈现波动下降的趋势，2019 年下降幅度最大，为 26.88%；中小企业板董事会会议次数平均值在 2018～2020 年呈现波动上升趋势，2020 年上升幅度最大，为 57.78%。2018～2022 年创业板董事会通讯会议次数平均值呈现波动上升趋势，2022 年上升幅度最大，为 103.21%。2021～2022 年，北交所董事会通讯会议次数平均值呈现下降趋势（见图 6）。

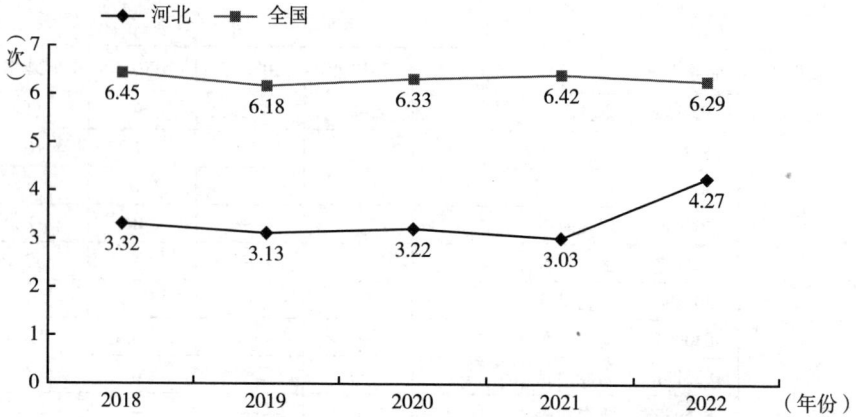

**图5　2018~2022年河北上市公司和全国上市公司董事会通讯会议
次数平均值变化趋势**

资料来源：国泰安数据库和上市公司年报。

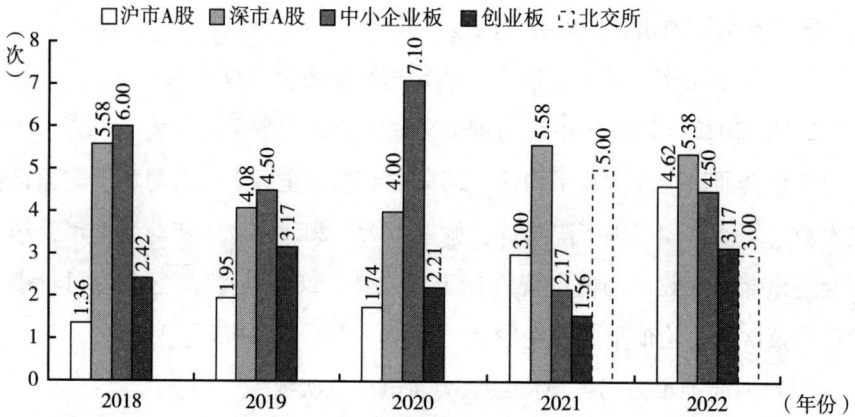

图6　2018~2022年河北上市公司各板块董事会通讯会议次数平均值对比

资料来源：国泰安数据库和上市公司年报。

（3）河北上市公司董事会通讯会议次数

表3对2018~2022年河北上市公司董事会通讯会议次数的具体情况进行了列示。

表3　2018~2022年河北上市公司董事会通讯会议次数

单位：次

所属板块	证券代码	证券简称	2018 年	2019 年	2020 年	2021 年	2022 年
沪市 A 股	600135	乐凯胶片	0	0	1	0	0
	600149	廊坊发展	2	1	4	4	7
	600230	沧州大化	0	0	0	0	0
	600340	华夏幸福	0	0	0	0	7
	600409	三友化工	0	1	1	0	5
	600480	凌云股份	3	3	1	3	7
	600482	中国动力	0	3	0	2	5
	600550	保变电气	3	7	6	6	3
	600559	老白干酒	0	0	0	0	0
	600722	金牛化工	1	1	4	1	0
	600803	新奥股份	5	2	0	14	9
	600812	华北制药	0	2	3	1	5
	600906	财达证券	—	—	—	8	9
	600956	新天绿能	—	—	9	3	13
	600965	福成股份	1	2	0	2	2
	600997	开滦股份	2	1	2	3	5
	601000	唐山港	0	0	0	0	0
	601258	庞大集团	3	4	0	9	6
	601326	秦港股份	5	4	2	3	8
	601633	长城汽车	4	10	4	16	21
	603050	科林电气	1	1	1	3	4
	603156	养元饮品	0	1	0	0	4
	603176	汇通集团	—	—	—	0	0
	603385	惠达卫浴	0	0	2	0	0
	603938	三孚股份	0	0	0	0	0
	605196	华通线缆	—	—	—	0	0
深市 A 股	000158	常山北明	4	2	1	9	12
	000401	冀东水泥	5	2	1	0	3
	000413	东旭光电	0	0	0	13	8
	000600	建投能源	0	2	1	7	0
	000709	河钢股份	1	1	1	9	5
	000778	新兴铸管	5	2	3	5	4
	000848	承德露露	8	4	7	3	6
	000856	冀东装备	8	6	6	9	10

所属板块	证券代码	证券简称	2018 年	2019 年	2020 年	2021 年	2022 年
深市 A 股	000889	中嘉博创	20	15	3	3	6
	000923	河钢资源	5	5	9	5	1
	000937	冀中能源	7	3	9	0	12
	000958	电投产融	4	7	7	4	3
	001301	尚太科技	—	—	—	—	0
中小企业板	002049	紫光国微	14	4	8	4	9
	002108	沧州明珠	3	1	3	0	1
	002146	荣盛发展	12	15	18	0	8
	002282	博深股份	1	4	6	4	4
	002342	巨力索具	1	0	3	0	0
	002442	龙星化工	4	2	5	8	0
	002459	晶澳科技	12	8	16	4	9
	002494	华斯股份	7	5	6	0	0
	002603	以岭药业	6	6	6	0	0
	002691	冀凯股份	0	0	0	2	2
	002960	青鸟消防	—	—	—	0	21
	003031	中瓷电子	—	—	—	4	0
创业板	300107	建新股份	2	2	8	0	0
	300137	先河环保	7	5	5	2	6
	300138	晨光生物	0	0	9	0	9
	300152	新动力	20	25	3	10	12
	300255	常山药业	0	1	0	0	0
	300368	汇金股份	0	5	2	0	1
	300371	汇中股份	0	0	0	0	0
	300428	立中集团	0	0	0	0	0
	300446	乐凯新材	0	0	0	0	10
	300491	通合科技	0	0	0	2	0
	300765	新诺威	0	0	2	0	0
	300847	中船汉光	—	—	2	1	0
	300869	康泰医学	0	0	0	—	0
	300922	天秦装备	—	—	0	0	9
	300981	中红医疗	—	—	—	10	9
	300990	同飞股份	—	—	—	0	0
	301197	工大科雅	—	—	—	—	0
	301298	东利机械	—	—	—	—	1

所属板块	证券代码	证券简称	2018 年	2019 年	2020 年	2021 年	2022 年
北交所	830964	润农节水	—	—	—	0	0
	832171	志晟信息	—	—	—	10	0
	835985	海泰新能	—	—	—	—	12
	836247	华密新材	—	—	—	—	3
	838163	方大新材	—	—	—	—	0

资料来源：国泰安数据库和上市公司年报。

3. 董事会现场和通讯结合会议次数

（1）河北上市公司董事会现场和通讯结合会议次数

2018~2022 年河北上市公司董事会现场和通讯结合会议次数平均值呈现先下降后上升然后缓慢下降趋势。其中，2019 年河北上市公司董事会现场和通讯结合会议次数平均值下降幅度较大，为 17.01%，2020 年下降幅度为 19.26%。2021 年上升幅度最大，为 47.21%。2022 年河北上市公司董事会现场和通讯结合会议次数有所减少（见图 7）。

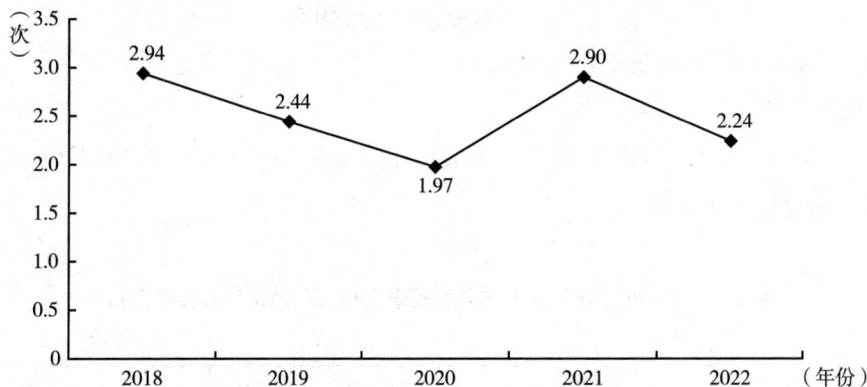

图 7　2018~2022 年河北上市公司现场和通讯结合会议次数平均值变化趋势

资料来源：国泰安数据库和上市公司年报。

（2）河北上市公司各板块董事会现场和通讯结合会议次数

2018~2022 年，河北上市公司沪市 A 股现场和通讯结合会议次数平均值呈现先下降后上升再下降趋势，2021 年上升幅度较大，为 57.76%。
2018~2022 年，河北上市公司深市 A 股现场和通讯结合会议次数平均值总
体呈现波动下降趋势。中小企业板块现场和通讯结合会议次数平均值呈现
波动上升趋势，2021 年上升幅度最大，为 317.14%。创业板现场和通讯结
合会议次数平均值呈现波动下降趋势，2021 年下降幅度最大，为 54.00%。
北交所 2022 年现场和通讯结合会议次数平均值为 0.8 次（见图 8）。

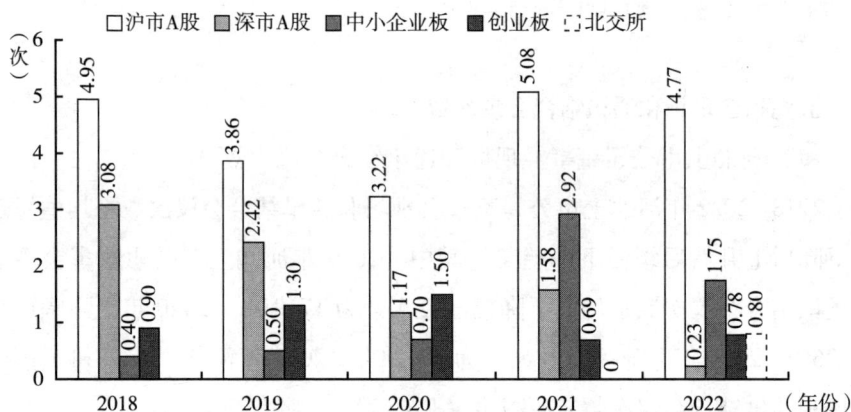

**图 8　2018~2022 年河北上市公司各板块现场和通讯结合
会议次数平均值对比**

资料来源：国泰安数据库和上市公司年报。

表 4 对 2018~2022 年河北上市公司董事会现场和通讯结合会议次数的
具体情况进行了列示。

表 4　2018~2022 年河北上市公司董事会现场和通讯结合会议次数

单位：次

所属板块	证券代码	证券简称	2018 年	2019 年	2020 年	2021 年	2022 年
沪市 A 股	600135	乐凯胶片	9	6	1	1	4
	600149	廊坊发展	0	3	0	2	2
	600230	沧州大化	0	0	8	8	10
	600340	华夏幸福	28	22	19	4	3
	600409	三友化工	5	5	4	3	1

所属板块	证券代码	证券简称	2018 年	2019 年	2020 年	2021 年	2022 年
沪市 A 股	600480	凌云股份	0	0	0	0	0
	600482	中国动力	9	3	0	6	6
	600550	保变电气	0	0	0	0	7
	600559	老白干酒	13	11	11	8	8
	600722	金牛化工	6	7	1	5	4
	600803	新奥股份	0	0	0	4	4
	600812	华北制药	10	1	2	5	1
	600906	财达证券	—	—	—	4	1
	600956	新天绿能	—	—	0	8	7
	600965	福成股份	0	0	7	5	6
	600997	开滦股份	1	4	0	1	3
	601000	唐山港	5	7	6	7	6
	601258	庞大集团	0	0	0	0	0
	601326	秦港股份	0	0	0	4	2
	601633	长城汽车	0	0	0	4	4
	603050	科林电气	0	0	0	3	3
	603156	养元饮品	4	0	3	4	0
	603176	汇通集团	—	—	—	9	9
	603385	惠达卫浴	11	6	0	8	12
	603938	三孚股份	8	10	12	8	9
	605196	华通线缆	—	—	—	21	12
深市 A 股	000158	常山北明	0	0	0	0	0
	000401	冀东水泥	3	6	7	5	0
	000413	东旭光电	27	23	0	0	0
	000600	建投能源	0	0	0	0	3
	000709	河钢股份	0	0	0	1	0
	000778	新兴铸管	2	0	0	0	0
	000848	承德露露	0	0	0	1	0
	000856	冀东装备	0	0	0	0	0
	000889	中嘉博创	0	0	7	4	0
	000923	河钢资源	5	0	0	0	0
	000937	冀中能源	0	0	0	8	0
	000958	电投产融	0	0	0	0	0
	001301	尚太科技	—	—	—	—	0

续表

所属板块	证券代码	证券简称	2018 年	2019 年	2020 年	2021 年	2022 年
中小企业板	002049	紫光国微	0	3	0	0	0
	002108	沧州明珠	1	0	0	0	0
	002146	荣盛发展	0	0	0	0	5
	002282	博深股份	3	0	0	0	0
	002342	巨力索具	0	0	7	0	0
	002442	龙星化工	0	0	0	0	0
	002459	晶澳科技	0	0	0	2	0
	002494	华斯股份	0	2	0	0	0
	002603	以岭药业	0	0	0	0	0
	002691	冀凯股份	0	0	0	0	0
	002960	青鸟消防	—	—	—	20	0
	003031	中瓷电子	—	—	—	13	16
创业板	300107	建新股份	0	0	0	0	0
	300137	先河环保	0	0	0	0	3
	300138	晨光生物	0	0	0	0	0
	300152	新动力	0	0	8	0	0
	300255	常山药业	0	0	0	0	0
	300368	汇金股份	0	5	0	8	3
	300371	汇中股份	0	0	0	0	0
	300428	立中集团	0	0	3	0	0
	300446	乐凯新材	3	5	0	3	0
	300491	通合科技	6	3	1	0	0
	300765	新诺威	—	—	2	0	8
	300847	中船汉光	—	—	0	0	0
	300869	康泰医学	—	—	7	0	0
	300922	天秦装备	—	—	0	0	0
	300981	中红医疗	—	—	—	0	0
	300990	同飞股份	—	—	—	0	0
	301197	工大科雅	—	—	—	—	0
	301298	东利机械	—	—	—	—	0
北交所	830964	润农节水	—	—	—	0	0
	832171	志晟信息	—	—	—	0	4
	835985	海泰新能	—	—	—	—	0
	836247	华密新材	—	—	—	—	0
	838163	方大新材	—	—	—	—	0

资料来源：国泰安数据库和上市公司年报。

（三）上市公司独立董事出席会议情况

1. 河北上市公司和全国上市公司独立董事出席会议次数

2018~2022 年河北上市公司独立董事出席会议次数平均值呈现波动下降趋势。全国上市公司独立董事出席会议次数平均值整体呈现下降趋势。同时，全国上市公司独立董事出席会议次数平均值均低于河北上市公司独立董事出席会议次数平均值（见图 9）。

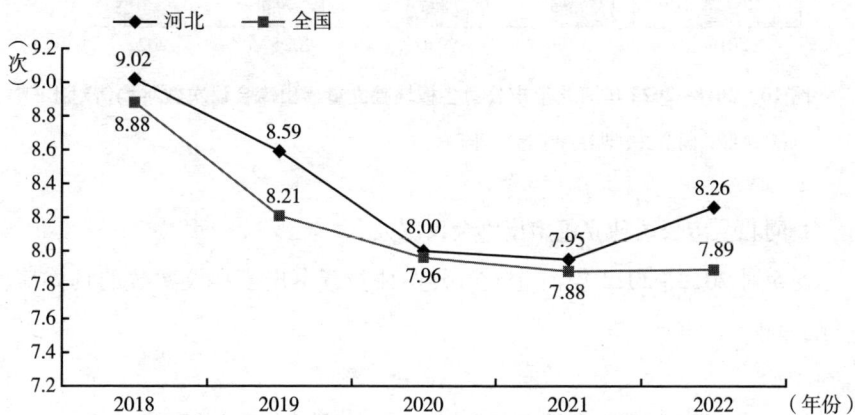

**图 9　2018~2022 年河北上市公司和全国上市公司独立董事出席
会议次数平均值变化趋势**

资料来源：国泰安数据库和上市公司年报。

2. 河北上市公司各板块独立董事出席会议次数

2018~2022 年，河北上市公司沪市 A 股独立董事出席会议次数平均值呈现先下降后上升趋势，总体波动幅度不大。2018~2022 年深市 A 股独立董事出席会议次数平均值呈现下降趋势。中小企业板独立董事出席会议次数平均值在 2018~2022 年呈现波动上升趋势，在 2020 年上升幅度最大，为19.55%。创业板独立董事出席会议次数平均值在 2019 年达到最高，2018~2019 年呈上升趋势，2019~2022 年整体呈下降趋势。2022 年，北交所独立董事出席会议次数平均值呈下降趋势（见图 10）。

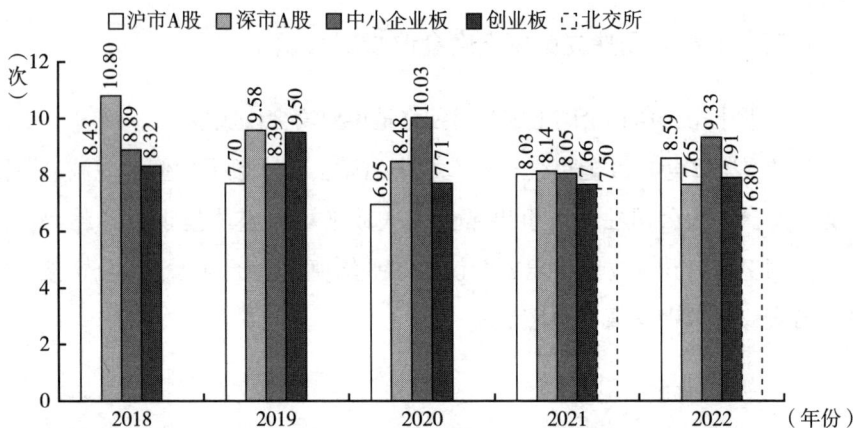

图10　2018~2022年河北上市公司各板块独立董事出席会议次数平均值对比

资料来源：国泰安数据库和上市公司年报。

3. 河北上市公司独立董事出席会议次数

表5对2018~2022年河北上市公司独立董事出席会议次数的具体情况进行了列示。

表5　2018~2022年河北上市公司独立董事出席会议次数

单位：次

所属板块	证券代码	证券简称	2018年	2019年	2020年	2021年	2022年
沪市A股	600135	乐凯胶片	9.00	6.00	6.75	8.25	10.50
	600149	廊坊发展	4.00	5.00	6.00	6.00	6.33
	600230	沧州大化	5.00	5.00	4.00	8.00	10.00
	600340	华夏幸福	28.00	22.00	9.50	4.00	10.00
	600409	三友化工	5.00	5.83	3.75	5.00	7.00
	600480	凌云股份	9.00	6.75	7.50	8.00	6.75
	600482	中国动力	11.00	14.00	6.83	8.00	10.00
	600550	保变电气	13.00	8.25	11.00	6.60	8.00
	600559	老白干酒	4.00	3.00	2.40	2.83	5.00
	600722	金牛化工	8.00	9.00	6.00	6.00	2.50
	600803	新奥股份	18.00	10.80	9.25	18.00	8.67
	600812	华北制药	10.00	2.50	8.00	5.83	6.67
	600906	财达证券	—	—	—	12.00	6.67

续表

所属板块	证券代码	证券简称	2018 年	2019 年	2020 年	2021 年	2022 年
沪市 A 股	600956	新天绿能	—	—	13.50	11.00	20.00
	600965	福成股份	5.00	3.50	5.25	7.00	4.40
	600997	开滦股份	5.00	6.00	6.00	3.60	8.00
	601000	唐山港	5.00	5.67	3.75	6.67	6.00
	601258	庞大集团	8.33	6.50	7.14	8.33	6.00
	601326	秦港股份	7.33	8.00	7.00	7.00	7.20
	601633	长城汽车	8.00	14.00	12.75	20.00	25.00
	603050	科林电气	5.25	7.00	5.25	6.00	7.00
	603156	养元饮品	4.00	4.50	3.00	4.00	2.00
	603176	汇通集团	—	—	—	9.00	6.75
	603385	惠达卫浴	5.50	6.00	6.00	7.20	12.00
	603938	三孚股份	8.00	10.00	9.33	10.00	9.00
	605196	华通线缆	—	—	—	10.50	12.00
深市 A 股	000158	常山北明	7.33	7.00	8.00	6.86	12.00
	000401	冀东水泥	13.00	10.00	9.00	11.25	8.00
	000413	东旭光电	27.00	17.25	13.80	13.00	6.00
	000600	建投能源	8.00	11.00	6.00	7.00	6.75
	000709	河钢股份	6.00	4.00	11.00	10.00	9.00
	000778	新兴铸管	12.00	11.00	7.00	5.40	7.00
	000848	承德露露	6.75	5.00	5.25	6.00	5.25
	000856	冀东装备	8.50	11.00	8.00	9.00	7.50
	000889	中嘉博创	15.75	12.75	11.00	4.20	8.00
	000923	河钢资源	6.50	8.00	9.00	6.00	4.00
	000937	冀中能源	10.75	8.00	5.71	13.00	12.00
	000958	电投产融	8.00	10.00	8.00	6.00	7.00
	001301	尚太科技	—	—	—	—	7.00
中小企业板	002049	紫光国微	16.00	8.25	9.50	9.00	11.00
	002108	沧州明珠	7.00	4.50	3.00	11.00	7.20
	002146	荣盛发展	11.25	17.00	21.00	6.60	12.00
	002282	博深股份	4.40	4.80	7.00	4.00	3.00
	002342	巨力索具	6.00	10.00	12.00	9.75	10.50
	002442	龙星化工	5.25	4.00	3.00	4.80	10.00
	002459	晶澳科技	13.00	5.00	18.00	10.00	11.00
	002494	华斯股份	10.00	8.00	6.00	2.50	4.00

续表

所属板块	证券代码	证券简称	2018 年	2019 年	2020 年	2021 年	2022 年
中小企业板	002603	以岭药业	8.00	10.00	6.60	7.00	9.00
	002691	冀凯股份	8.00	5.00	4.70	7.00	3.00
	002960	青鸟消防	—	15.75	19.50	18.00	20.25
	003031	中瓷电子	—	—	—	7.00	11.00
创业板	300107	建新股份	8.00	4.80	9.00	6.00	6.00
	300137	先河环保	5.67	7.00	6.00	6.00	5.00
	300138	晨光生物	10.00	14.00	14.00	11.00	9.00
	300152	新动力	12.00	25.00	11.00	7.50	12.00
	300255	常山药业	6.00	8.00	5.00	2.50	5.00
	300368	汇金股份	13.00	6.50	6.00	9.00	8.00
	300371	汇中股份	8.00	4.50	5.00	6.00	3.60
	300428	立中集团	10.00	14.00	9.00	12.00	10.00
	300446	乐凯新材	4.00	3.75	5.25	6.00	10.00
	300491	通合科技	6.50	7.00	4.00	9.00	7.00
	300765	新诺威	—	10.00	9.00	7.00	11.00
	300847	中船汉光	—	—	3.75	7.00	8.00
	300869	康泰医学	—	—	8.00	9.00	8.25
	300922	天秦装备	—	—	13.00	11.00	9.00
	300981	中红医疗	—	—	—	5.50	7.50
	300990	同飞股份	—	—	—	8.00	8.00
	301197	工大科雅	—	—	—	—	7.00
	301298	东利机械	—	—	—	—	8.00
北交所	830964	润农节水	—	—	—	5.00	6.00
	832171	志晟信息	—	—	—	10.00	8.00
	835985	海泰新能	—	—	—	—	12.00
	836247	华密新材	—	—	—	—	5.00
	838163	方大新材	—	—	—	—	3.00

资料来源：国泰安数据库和上市公司年报。

三　河北上市公司董事会运行存在的问题

（一）董事会会议次数减少

董事会会议是一种重要的企业管理机制，其目的是提高企业的战略规划和决策的效率和准确性，以及保护企业股东和利益相关者的利益。在董事会会议上，公司的高层管理人员和董事会成员可以共同讨论并确定公司的商业计划、预算和投资决策等重要事项。董事会会议通常涉及公司的重要事项，如财务、合同、管理层变动等。在这些问题上，董事会成员可能会就各自的看法和建议进行辩论和讨论，并最终制定决策。此外，董事会会议通常会邀请各自领域的专家或公司高管来分享他们的专业知识和经验，以便董事会成员更好地了解公司的业务和市场。董事会会议也是董事会成员之间互相交流的重要机会，以便更好地了解彼此的观点和意见，并为公司的未来发展做出最佳决策。因此，董事会会议的召开对于企业的管理和发展具有重要意义。

2018~2022 年，河北上市公司董事会会议次数平均值虽然维持在 10 次左右，但整体呈现下降趋势，在 2020 年下降趋势最为明显，降低了 4.31%，2022 年董事会会议次数平均值略有回调，平均召开了 9.41 次。河北上市公司董事会会议次数的减少不利于企业战略层相互沟通，不利于解决公司未来发展的战略决策问题，妨碍企业的高质量发展。

（二）董事会现场会议召开次数较少

2018~2022 年，河北上市公司董事会现场会议次数平均值维持在 2~5 次，但是 2018 年、2021~2022 年低于全国上市公司董事会现场会议次数平均值。董事会现场会议次数较少可能会带来以下危害。第一，董事会在公司的决策中扮演着关键角色，如果现场会议次数较少，那么董事会就无法对公司的重大事项进行充分讨论和决策，导致决策效率低下。第二，通过会议，董事可以了解公司的运营状况、财务状况和其他重要事项，现场会议次数少不利于信息的及时传递，董事无法充分了解公司的状况，影响其做出正确的决策。第三，董事会有听取和表达意见的职能，如果现场会议次数少，那么董事就没有足够的机会表达自己的观点和建议，可能会影响公司的决策质量。第四，董事会作为公司治理结构中的核心部分，其职能的充分发挥有赖于维持适当的现场会议次数。现场会议次数不足，可能会影响公司治理结构的完善，进而影响公司的长期发展。

（三）董事会通讯会议召开次数较少

2018~2022年，河北上市公司董事会通讯会议次数平均值虽然维持在3~5次，但是总体低于全国上市公司董事会通讯会议次数平均值。董事会通讯会议次数较少的危害如下。第一，与现场会议相比，通讯会议的决策质量和效率本来就可能受到影响。由于召开次数较少，再由于缺乏面对面的交流和讨论，董事可能无法充分了解和掌握公司的详细情况，也可能无法充分发表自己的观点和建议，从而影响决策的质量和效率。第二，通讯会议次数较少往往无法提供充足的信息交流机会。董事可能无法充分了解公司的财务状况、业务发展和其他重要事项，也无法与其他董事充分交流和讨论，从而影响其对公司事务的理解和判断。第三，通讯会议次数不足可能影响公司治理结构的完善。通讯会议不足可能导致董事会和管理层之间的沟通不畅，从而影响公司治理结构的健全。第四，如果董事会长期不召开通讯会议，可能会导致董事失职，无法履行其对公司的管理责任，从而影响公司的正常运营和发展。

（四）独立董事出席会议次数整体呈下降趋势

独立董事是指在董事会中不具有直接经济利益关系、不代表任何一方利益的董事。他们的主要职责是对公司的重大决策进行评估，防止内部人控制，保护中小投资者的利益。此外，独立董事还通常负责监督公司的内部审计和合规系统。

独立董事多次不出席会议的危害如下。第一，独立董事的出席对于董事会决策质量的保证至关重要。他们通过提问对议题进行深度分析和独立判断，有助于形成更为合理和全面的决策。如果独立董事多次不出席会议，将无法充分了解和评估公司业务运营情况，进而可能影响公司决策的质量。第二，独立董事是公司治理结构的重要组成部分。他们的出席和参与，有助于平衡内部董事的权力，防止权力过度集中。独立董事长期缺席，可能会导致公司治理结构弱化，增加内部人控制的风险。第三，对于投资者而言，独立董事的出席是对公司透明度和问责制的直接反映。独立董事多次不出席会议，可能会引发投资者对公司运营状况和治理结构的疑虑，从而影响公司的股价和融资能力。第四，独立董事通常负责监督公司的内部审计和合规系统。如果他们缺席会议，可能会导致内部审计和合规系统的问题无法得到及时发现和解决，增加了公司的合规风险。

四　关于河北上市公司董事会运行的对策建议

（一）建立健全董事会会议运作制度

董事会会议是董事会对公司事项进行决策与行使监督权的重要方式，董事会会议的质量直接影响决策的质量与监督的有效性。董事会现场会议的召开，有利于做出对公司更加有利的决策和进行更好的监督。本报告提出以下建议。在董事会会议形式的选择方面，对于上市公司来说，要认清董事会会议的重要性，建立健全董事会会议运作制度，对不同的事项做出不同的规定。对于公司重大事项的决定，特别是需要董事之间进行充分沟通的议案，建议采用现场会议的方式召开董事会会议；对于一些程序化的表决，为了节省成本，可以适当采用通讯会议的形式，但是一定要提前将会议所需要的信息按规定时间提前发送给各位董事尤其是外部董事，使其对将要表决的事项进行充分的了解，让董事会会议起到应有的作用。对于相关的监管机构来说，可以通过建立相应的制度，对上市公司董事会现场会议的比例提出最低要求，对于定期的董事会会议应该规定采用现场会议形式召开，临时会议可以根据讨论的事项自由选择会议形式。董事会会议形式要根据企业决策事项的重要程度决定，而不应该受到董事会结构、大股东控制权、经理层、股权性质等方面的影响，要让董事会会议成为促进公司发展的助推器。

（二）完善公司内部治理结构

在公司内部治理结构方面，增强独立董事的义务和责任意识。公司应明确独立董事的职责和义务，包括出席会议、参与决策等。同时，对于缺席会议的独立董事，应采取相应的惩戒措施，如警告、罚款等，以增强其责任意识。应加强对独立董事的关注，提高独立董事的地位，适当提高董事会中独立董事的比例，并及时为独立董事或外部董事提供公司相关的经营信息，减少信息不对称情况的发生，让独立董事可以在董事会会议进行决策时真正起到作用。民营企业在进行投资决策时，监管程序可能较国有企业少，可能更容易做出加大投资的决定，因此，民营企业的董事会在进行决策时应该更加谨慎，对现场会议应该更加重视。具体措施如下。一是公司可以为独立董事提供适当的激励和奖励，如提高薪酬、授予股票期权等，以吸引和留住优秀的独立董事。二是公司可以通过增加独立董事在董事会中的发言权、提问权等，以及提供足够的会议时间和信息，使其更好地了解公司的经营状况和决策事项，从而减少其缺席会议的情况。三是公司应加强会议组织工作，确保会议通知及时、准确、全面地传达给独立董事，以便其能够按时参加会议。四是公司可以建立独立董事履职评价机制，定期对其履行职责的情况进行评价，并据评价结果对其进行奖惩。五是公司应优化独立董事管理体系，完善独立董事的选举和聘任制度，确保其来源的多样性和专业性。同时，应加强对独立董事的培训和教育，提高其履职能力和素质。六是对于因缺席会议而给公司带来损失的独立董事，应追究其相应的责任。总之，需要从多个角度入手，切实改善公司独立董事缺席会议的情况，以提高公司的治理水平和决策质量。

河北上市公司监事会运行
研究报告（2023）

李桂荣*

摘　要： 监事会是对公司的业务活动进行监督和检查的法定必设和常设机构，能起到防止滥用职权，保护公司、股东及第三人利益等重要作用。本报告从监事会会议次数、现场会议次数、通讯会议次数、现场和通讯结合会议次数以及监事会职工监事比例五个重要的监事会运行维度对河北上市公司监事会运行状况进行研究。本报告为有效规范监事会运作机制、改善上市公司监事会运行现状提供有益参考。

关键词： 上市公司　监事会运行　河北

《中华人民共和国公司法》（以下简称《公司法》）规定，监事会主要职权包括：检查公司的财务；对董事、高级管理人员执行公司职务的行为进行监督；当董事和高级管理人员的行为损害公司的利益时，要求董事和高级管理人员予以改正；提议召开临时股东会议；公司章程规定的其他职权。《民法典》也对《公司法》监事会制度进行了补充，第八十二条规定："营利法人设监事会或者监事等监督机构的，监督机构依法行使检查法人财务，监督执行机构成员、高级管理人员执行法人职务的

---

* 李桂荣，博士，河北经贸大学工商管理学院院长，教授，硕士研究生导师，河北省重点学科财务会计方向带头人，主要研究领域为会计政策与公司治理。

行为，以及法人章程规定的其他职权。"监事会作为公司内部常设的监督机构，是公司内部治理结构与机制的一个重要组成部分。监事会监督职能的合理安排及有效行使，是防止董事和高级管理人员独断专行、保护股东投资权益和公司债权人权益的重要措施。基于此，本报告以《公司法》等相关规定为依据，结合 2018～2022 年上市公司年报和国泰安数据库中的数据，从监事会会议次数、现场会议次数、通讯会议次数、现场和通讯结合会议次数以及监事会职工监事比例五个维度对河北上市公司监事会运行情况进行分析。

一 监事会运行相关理论

（一）职工监事

职工监事是由职工民主选举产生，参与股份有限公司或有限责任公司的监事会，对董事会行为进行监督的职位，其在本质上是代表职工阶层监督和约束管理层，能够在反映职工意见、提升职工收入方面有所作为。据此可以认识到职工监事与工会、员工持股等方式具有类似的意义，代表着职工的利益，是经济民主的直接体现，能够在一定程度上消弭公司不同层级之间隐藏的矛盾。因此，该职位的设立在一定程度上保证了员工的参与权，提升了公司运营中的民主性，能够使公司行为更加稳健，对公司的长远发展存在重要意义。大量学者均认可职工监事的存在具有一定意义，研究成果证明，职工践行经济民主、参与企业决策，有助于企业绩效的改善。[1] 然而，职工监事职能的实际发挥或许并不尽如人意。在现有研究中，部分学者对职工监事职能的实际发挥表示了质疑并认为在中国部分企业中

---

[1] E. Dimson, O. Karakas, and X. Li, "Editor's Choice: Active Ownership," *Review of Financial Studies* 12 (2015): 3225-3268.

职工监事的设立浮于形式，存在规定不明确、任职受股东约束等问题。[1]更有甚者，职工监事有可能被公司管理层收买，此种贿赂行为非但没有助力职工监事发挥缩小员工收入差距的职能，反而会对公司的长远发展产生不利影响。[2]

（二）监事会会议次数

监事会为公司内部主要机构之一，在公司治理方面被期望发挥监管董事会行为，防止董事会滥用职权、损害公司与股东利益的职能。其中，监事会会议次数成为衡量监事会运行质量的主要指标之一，然而监事会是否在真正意义上发挥了监督职能？监事会会议次数是否能够在一定意义上表征监事会质量，监事会会议是流于形式还是真正使监事会的监督职能得到了发挥？对此，学界展开了丰富且有益的探讨。目前已有大量研究成果表明，监事会年度会议次数与公司业绩呈现显著正相关关系，[3] 同时，监事会会议次数能够对公司会计信息质量产生正向影响，能够有效解决委托代理问题，减少董事会非道德行为。[4] 还有学者研究发现，虽然监事会规模及其经济独立性能够显著抑制股价崩盘风险，但由于样本选择性偏差，公司经常召开监事会会议意味着其经营和公司治理大概率存在重大问题，代理成本和违规概率较大，因而崩盘风险也更高。因此监事会会议次数对衡量公司股价崩盘风险也具有重要意义。[5] 鉴于此，本报告得出结论，监事会会议次数能够成为衡量监事会运行质量的指标，监事会会议次数越多，公司将有越好的行为表现。

---

[1]　曾培芳：《公司社会责任背景下的职工参与权问题》，《江苏社会科学》2007年第5期，第117~122页。

[2]　杨瑞龙、刘诚、党力：《职工监事、经济民主与企业内收入分配——央企上市公司的经验证据》，《中国人民大学学报》2017年第4期，第48~62页。

[3]　王淑慧、童宁、周昭：《我国上市公司监事会治理评价实证研究》，《河北大学学报》（哲学社会科学版）2009年第4期，第61~65页。

[4]　薛祖云、黄彤：《董事会、监事会制度特征与会计信息质量——来自中国资本市场的经验分析》，《财经理论与实践》2004年第4期，第84~89页。

[5]　周蕾、杨佳：《上市公司监事会特征对股价崩盘风险的影响研究》，《大连海事大学学报》（社会科学版）2022年第4期，第95~106页。

二 河北上市公司监事会运行现状

（一）监事会职工监事设置

《公司法》规定："监事会应当包括股东代表和适当比例的公司职工代表，其中，职工代表的比例不得低于三分之一，具体比例由公司章程规定。"

1. 河北上市公司和全国上市公司职工监事

2018~2022年，全国上市公司的职工监事设置平均值整体呈下降趋势但总体变化幅度并不大，河北上市公司职工监事设置平均值变化幅度也较小，总体呈上升趋势，且2018~2022年均低于全国上市公司职工监事设置平均值（见图1）。

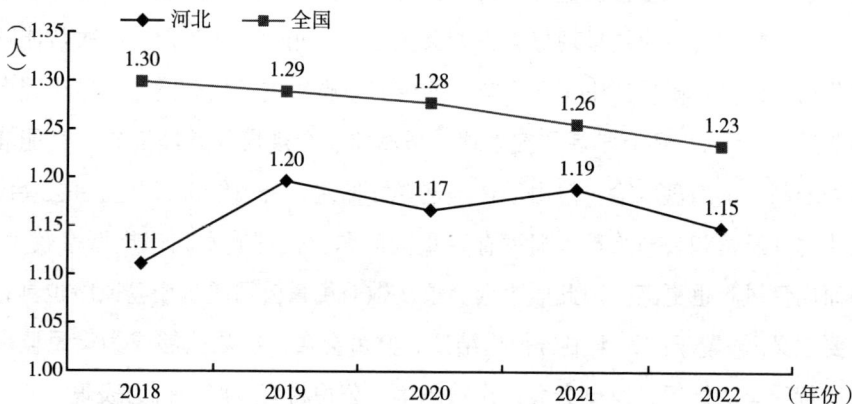

图1 2018~2022年河北上市公司和全国上市公司职工监事设置平均值变化趋势

资料来源：国泰安数据库和上市公司年报。

2. 河北上市公司各板块职工监事设置

职工监事设置平均值较高的上市公司板块为沪市 A 股，2018~2022年总体呈下降趋势；深市 A 股整体呈上升趋势，2022年上升到0.92人；中小企业板上市公司职工监事设置平均值较低，基本上维持在0.9左右；创业板整体呈上升趋势，2022年上升到1.17人（见图2）。

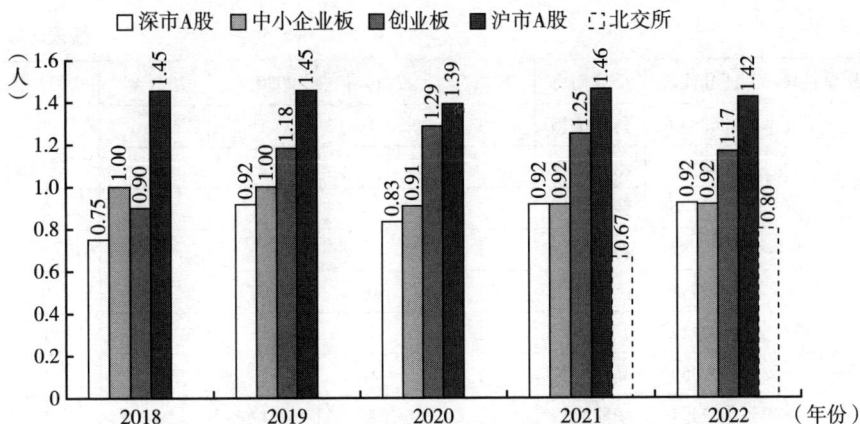

图2　2018～2022年河北上市公司各板块职工监事设置平均值对比

资料来源：国泰安数据库和上市公司年报。

3. 河北上市公司职工监事设置

表1对2018～2022年河北上市公司职工监事设置的具体情况进行了列示。

表1　2018～2022年河北上市公司职工监事设置

单位：人

所属板块	证券代码	证券简称	2018年	2019年	2020年	2021年	2022年
深市A股	000158	常山北明	0	0	1	0	0
	000401	冀东水泥	1	1	1	2	2
	000413	东旭光电	0	1	0	0	0
	000600	建投能源	2	2	2	2	2
	000709	河钢股份	1	1	1	1	1
	000778	新兴铸管	2	2	1	1	1
	000848	承德露露	1	1	1	1	1
	000856	冀东装备	0	0	0	1	1
	000889	中嘉博创	1	1	1	1	1
	000923	河钢资源	0	1	1	1	1
	000937	冀中能源	0	0	0	0	0
	000958	电投产融	1	1	1	1	1
	001301	尚太科技	—	—	—	—	1

所属板块	证券代码	证券简称	2018 年	2019 年	2020 年	2021 年	2022 年
中小企业板	002049	紫光国微	1	1	1	1	1
	002108	沧州明珠	0	1	2	2	2
	002146	荣盛发展	1	1	1	0	0
	002282	博深股份	1	1	1	1	1
	002342	巨力索具	1	0	0	0	0
	002442	龙星化工	1	1	1	1	1
	002459	晶澳科技	1	1	1	1	1
	002494	华斯股份	2	2	1	1	1
	002603	以岭药业	1	1	1	1	1
	002691	冀凯股份	1	1	0	0	1
	002960	青鸟消防	—	1	1	1	1
	003031	中瓷电子	—	—	—	2	1
创业板	300107	建新股份	1	1	1	1	1
	300137	先河环保	1	1	1	1	1
	300138	晨光生物	1	2	2	1	1
	300152	科融环境	0	1	1	1	1
	300255	常山药业	1	1	1	1	1
	300368	汇金股份	0	1	1	1	1
	300371	汇中股份	2	2	2	2	2
	300428	立中集团	1	1	1	2	2
	300446	乐凯新材	1	1	1	1	1
	300491	通合科技	1	1	1	1	1
	300765	新诺威	—	1	1	1	1
	300847	中船汉光	—	—	2	2	1
	300869	康泰医学	—	—	2	2	2
	300922	天秦装备	—	—	1	1	1
	300981	中红医疗	—	—	—	1	1
	300990	同飞股份	—	—	—	1	1
	301197	工大科雅	—	—	—	—	1
	301298	东利机械	—	—	—	—	1

所属板块	证券代码	证券简称	2018 年	2019 年	2020 年	2021 年	2022 年
沪市 A 股	600135	乐凯胶片	1	1	1	1	1
	600149	廊坊发展	1	1	1	1	1
	600230	沧州大化	1	1	0	0	0
	600340	华夏幸福	1	1	1	1	1
	600409	三友化工	3	2	2	2	3
	600480	凌云股份	2	2	2	2	2
	600482	中国动力	1	1	2	2	2
	600550	保变电气	1	1	1	1	2
	600559	老白干酒	2	2	2	2	2
	600722	金牛化工	1	1	1	1	1
	600803	新奥股份	0	0	0	0	0
	600812	华北制药	2	2	2	2	2
	600906	财达证券	—	—	—	2	2
	600956	新天绿能	—	—	1	1	1
	600965	福成股份	3	3	2	2	2
	600997	开滦股份	2	2	2	2	2
	601000	唐山港	5	6	4	5	2
	601258	庞大集团	0	0	1	1	1
	601326	秦港股份	2	2	2	2	2
	601633	长城汽车	0	0	1	2	1
	603050	科林电气	1	1	1	1	1
	603156	养元饮品	1	1	1	1	1
	603176	汇通集团	—	—	—	1	1
	603385	惠达卫浴	1	1	1	1	1
	603938	三孚股份	1	1	1	1	1
	605196	华通线缆	—	—	—	1	1
北交所	830964	润农节水	—	—	—	0	1
	832171	志晟信息	—	—	—	1	1
	835985	海泰新能	—	—	—	—	1
	836247	华密新材	—	—	—	—	0
	838163	方大新材	—	—	—	1	1

注："—"代表该公司在当前年份尚未上市；"0"代表该项内容的真实数据或该公司在当年并未披露相关信息。

资料来源：国泰安数据库和上市公司年报。

（二）监事会会议次数

《公司法》第一百一十九条规定："监事会每六个月至少召开一次会议。"但由于《公司法》并未规定不按时召开监事会会面临何种惩罚，因此部分上市公司并未披露监事会召开次数的相关信息。然而监事会的重要作用却不容忽视，监事会作为公司内部自治的监督机构，具有《公司法》赋予的法定监督权利，在公司治理与经营中有着不可替代的作用，通过企业内部权力制衡与妥协，监事会的监督职能可以有效防止经营权滥用对股东、公司和债权人等利益相关者造成损害。《民法典》《公司法》都有专门条款规定了监事的产生及其职责，可见监事在公司治理中的重要性。

1. 河北上市公司和全国上市公司监事会会议次数

2018～2022年，全国上市公司监事会会议次数平均值和河北上市公司监事会会议次数平均值相差较小，且河北省上市公司监事会会议次数平均值整体低于全国上市公司监事会会议次数。全国上市公司监事会会议次数平均值呈现波动减少趋势，河北上市公司监事会会议次数平均值呈现波动增加趋势，2021年为6.23次，比上年减少了2.2%，达到5年间的最低值，2022年增加到6.42次，比上年增加了3.0%，达到5年间的最高值（见图3）。

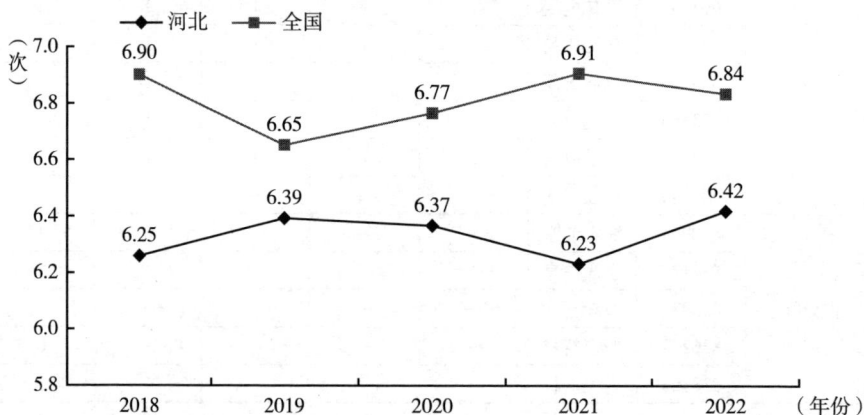

图3 2018～2022年河北上市公司和全国上市公司监事会会议次数平均值变化趋势

资料来源：国泰安数据库和上市公司年报。

2. 河北上市公司各板块监事会会议次数

河北深市 A 股上市公司的监事会会议次数平均值呈递减趋势，并且减幅较大，2022 年比 2018 年下降了 22.37%，在几个板块中下降幅度最大。中小企业板上市公司监事会会议次数平均值呈波动上升趋势，仅在 2021 年有所下降，2022 年比 2018 年增加了 33.08%，在几个板块中上升幅度最大（见图 4）。

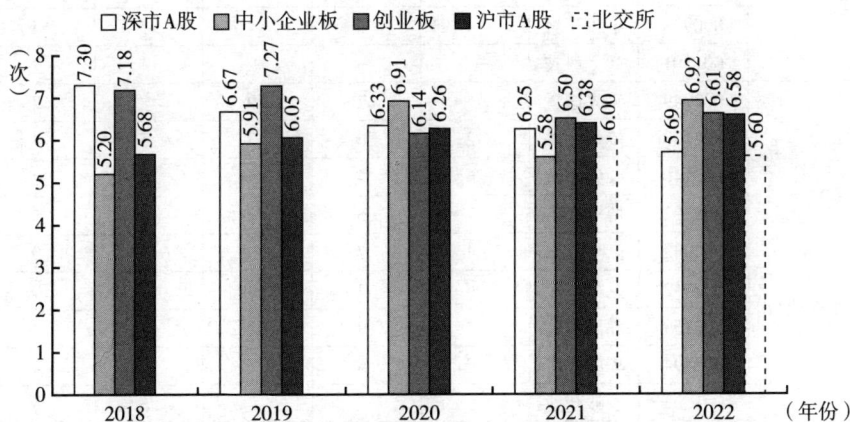

图 4   2018~2022 年河北上市公司各板块监事会会议次数平均值对比

资料来源：国泰安数据库和上市公司年报。

3. 河北上市公司监事会会议次数

表 2 对 2018~2022 年河北上市公司监事会会议次数的具体情况进行了列示。

表 2   2018~2022 年河北上市公司监事会会议次数

单位：次

所属板块	证券代码	证券简称	2018 年	2019 年	2020 年	2021 年	2022 年
深市 A 股	000158	常山北明	11	7	8	12	12
	000401	冀东水泥	8	5	5	10	5
	000413	东旭光电	13	11	7	3	5
	000600	建投能源	4	6	7	4	4
	000709	河钢股份	6	6	8	8	5

续表

所属板块	证券代码	证券简称	2018 年	2019 年	2020 年	2021 年	2022 年
深市 A 股	000778	新兴铸管	5	8	5	7	6
	000848	承德露露	7	4	5	4	5
	000856	冀东装备	5	4	6	5	4
	000889	中嘉博创	9	12	8	7	5
	000923	河钢资源	12	5	7	4	3
	000937	冀中能源	4	6	6	6	9
	000958	电投产融	4	6	4	5	4
	001301	尚太科技	—	—	—	—	7
中小企业板	002049	紫光国微	5	7	9	8	7
	002108	沧州明珠	2	6	3	5	7
	002146	荣盛发展	6	4	5	7	7
	002282	博深股份	7	6	7	3	5
	002342	巨力索具	4	7	5	4	5
	002442	龙星化工	6	4	6	6	9
	002459	晶澳科技	5	9	11	8	7
	002494	华斯股份	7	5	7	5	4
	002603	以岭药业	5	7	7	5	5
	002691	冀凯股份	5	3	6	4	3
	002960	青鸟消防	—	7	10	8	16
	003031	中瓷电子	—	—	—	4	8
创业板	300107	建新股份	6	6	6	5	6
	300137	先河环保	7	4	5	4	5
	300138	晨光生物	7	8	11	7	7
	300152	新动力	7	9	5	8	6
	300255	常山药业	6	5	3	5	4
	300368	汇金股份	12	13	6	7	6
	300371	汇中股份	7	6	5	5	6
	300428	立中集团	7	13	10	11	10
	300446	乐凯新材	4	4	6	4	9
	300491	通合科技	10	4	4	9	6
	300765	新诺威	—	8	8	7	11
	300847	中船汉光	—	—	3	4	6
	300869	康泰医学	—	—	5	4	6
	300922	天秦装备	—	—	9	7	7

续表

所属板块	证券代码	证券简称	2018 年	2019 年	2020 年	2021 年	2022 年
创业板	300981	中红医疗	—	—	—	9	6
	300990	同飞股份	—	—	—	8	6
	301197	工大科雅	—	—	—	—	6
	301298	东利机械	—	—	—	—	6
沪市 A 股	600135	乐凯胶片	6	5	7	7	7
	600149	廊坊发展	3	5	3	5	5
	600230	沧州大化	4	5	7	7	6
	600340	华夏幸福	9	8	8	3	3
	600409	三友化工	4	3	5	4	4
	600480	凌云股份	4	5	7	4	8
	600482	中国动力	11	13	13	7	9
	600550	保变电气	8	5	6	5	4
	600559	老白干酒	4	3	4	3	5
	600722	金牛化工	6	7	6	5	5
	600803	新奥股份	8	10	6	10	9
	600812	华北制药	6	5	6	5	5
	600906	财达证券	—	—	—	6	6
	600956	新天绿能	—	—	8	5	10
	600965	福成股份	5	6	4	4	6
	600997	开滦股份	3	3	2	3	5
	601000	唐山港	4	6	5	8	5
	601258	庞大集团	4	4	5	3	3
	601326	秦港股份	6	7	5	6	7
	601633	长城汽车	5	10	13	21	19
	603050	科林电气	6	6	6	5	5
	603156	养元饮品	5	6	4	3	4
	603176	汇通集团	—	—	—	3	7
	603385	惠达卫浴	10	5	6	9	10
	603938	三孚股份	4	6	8	6	5
	605196	华通线缆	—	—	—	19	9

续表

所属板块	证券代码	证券简称	2018 年	2019 年	2020 年	2021 年	2022 年
	830964	润农节水	—	—	—	4	5
	832171	志晟信息	—	—	—	8	5
北交所	835985	海泰新能	—	—	—	—	10
	836247	华密新材	—	—	—	—	3
	838163	方大新材	—	—	—	6	5

注："—"代表该公司在当前年份尚未上市。

资料来源：上市公司监事会会议决议公告。

（三）监事会会议召开方式

1. 监事会现场会议次数

（1）河北上市公司监事会现场会议次数

2018~2020 年河北上市公司监事会现场会议次数平均值呈下降趋势，在 2020 年达到 5 年间的最低值 3.32 次，2021~2022 年河北上市公司监事会现场会议次数平均值缓慢上升（见图 5）。

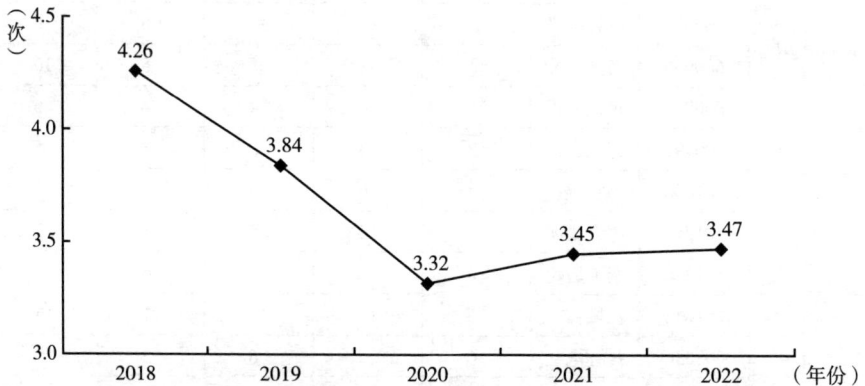

图 5　2018~2022 年河北上市公司现场会议次数平均值变化趋势

资料来源：上市公司监事会会议决议公告。

（2）河北上市公司各板块监事会现场会议次数

通过对河北上市公司各板块监事会现场会议次数平均值进行对比可以看

出，除了中小企业板，其他板块监事会现场会议次数平均值均整体呈下降趋势。深市 A 股的下降幅度最大，2022 年监事会现场会议次数平均值为 2.08 次，与 2018 年的 4.33 次相比下降了 52%（见图 6）。

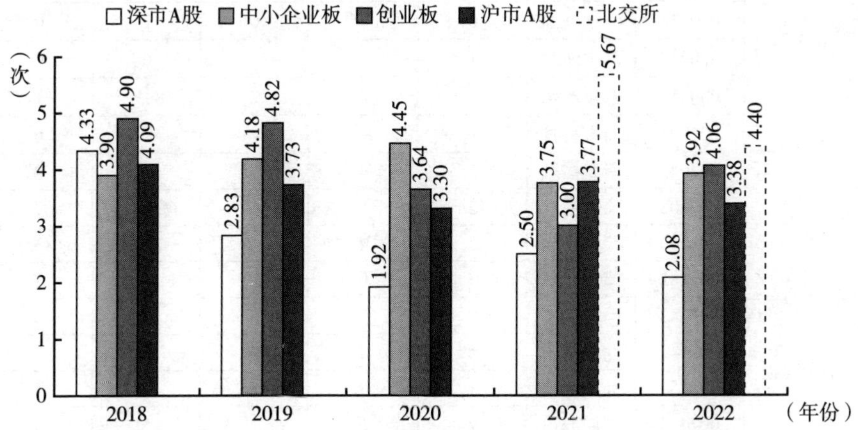

图 6　2018~2022 年河北上市公司各板块监事会现场会议次数平均值

资料来源：上市公司监事会会议决议公告。

（3）河北上市公司监事会现场会议次数

表 3 对 2018~2022 年河北上市公司监事会现场会议次数的具体情况进行了列示。

表 3　2018~2022 年河北上市公司监事会现场会议次数

单位：次

所属板块	证券代码	证券简称	2018 年	2019 年	2020 年	2021 年	2022 年
深市 A 股	000158	常山北明	4	3	4	7	4
	000401	冀东水泥	7	5	5	10	4
	000413	东旭光电	13	11	3	1	1
	000600	建投能源	4	1	2	3	3
	000709	河钢股份	1	1	1	1	3
	000778	新兴铸管	5	3	1	3	0
	000848	承德露露	2	1	0	0	0

续表

所属板块	证券代码	证券简称	2018 年	2019 年	2020 年	2021 年	2022 年
深市 A 股	000856	冀东装备	5	3	4	2	4
	000889	中嘉博创	1	1	1	0	1
	000923	河钢资源	6	1	0	2	0
	000937	冀中能源	1	1	0	0	0
	000958	电投产融	3	3	2	1	1
	001301	尚太科技	—	—	—	—	6
中小企业板	002049	紫光国微	2	4	2	2	2
	002108	沧州明珠	2	6	3	5	7
	002146	荣盛发展	5	4	4	6	3
	002282	博深股份	3	0	0	1	1
	002342	巨力索具	4	7	5	4	5
	002442	龙星化工	5	4	6	6	9
	002459	晶澳科技	1	3	8	7	5
	002494	华斯股份	7	5	7	5	4
	002603	以岭药业	5	7	7	5	5
	002691	冀凯股份	5	3	6	4	3
	002960	青鸟消防	—	3	1	0	2
	003031	中瓷电子	—	—	—	0	1
创业板	300107	建新股份	6	6	6	5	6
	300137	先河环保	4	3	3	1	2
	300138	晨光生物	1	8	0	0	7
	300152	新动力	1	0	1	1	0
	300255	常山药业	0	1	0	0	0
	300368	汇金股份	9	13	5	5	6
	300371	汇中股份	7	6	5	5	6
	300428	立中集团	7	0	2	0	0
	300446	乐凯新材	4	4	2	4	6
	300491	通合科技	10	4	4	8	6
	300765	新诺威	—	8	7	7	11
	300847	中船汉光	—	—	2	1	1
	300869	康泰医学	—	—	5	4	6
	300922	天秦装备	—	—	9	0	0
	300981	中红医疗	—	—	—	0	0
	300990	同飞股份	—	—	—	7	5
	301197	工大科雅	—	—	—	—	6
	301298	东利机械	—	—	—	—	5

续表

所属板块	证券代码	证券简称	2018 年	2019 年	2020 年	2021 年	2022 年
沪市 A 股	600135	乐凯胶片	6	5	6	6	7
	600149	廊坊发展	3	5	3	5	5
	600230	沧州大化	4	5	7	7	6
	600340	华夏幸福	9	8	8	3	2
	600409	三友化工	4	3	4	4	3
	600480	凌云股份	2	3	3	3	6
	600482	中国动力	0	1	0	0	0
	600550	保变电气	4	3	2	2	2
	600559	老白干酒	4	3	4	3	5
	600722	金牛化工	5	6	3	1	1
	600803	新奥股份	3	1	4	5	2
	600812	华北制药	6	5	5	5	5
	600906	财达证券	—	—	—	1	0
	600956	新天绿能			4	3	0
	600965	福成股份	3	4	1	3	3
	600997	开滦股份	2	3	0	1	2
	601000	唐山港	4	3	2	1	3
	601258	庞大集团	3	3	0	0	2
	601326	秦港股份	6	2	0	2	2
	601633	长城汽车	3	3	2	4	1
	603050	科林电气	2	3	4	3	4
	603156	养元饮品	5	5	4	2	2
	603176	汇通集团	—	—	—	3	4
	603385	惠达卫浴	10	5	6	9	10
	603938	三孚股份	2	3	4	5	2
	605196	华通线缆				17	9
北交所	830964	润农节水	—	—	—	4	4
	832171	志晟信息	—	—	—	7	0
	835985	海泰新能	—	—	—	—	10
	836247	华密新材	—	—	—	—	3
	838163	方大新材	—	—	—	6	5

注："—"代表该公司在当前年份尚未上市；"0"代表该项内容的真实数据或该公司在当年并未披露相关信息。

资料来源：上市公司监事会会议决议公告。

2. 监事会通讯会议次数

（1）河北上市公司监事会通讯会议次数

2018~2022 年河北上市公司监事会通讯会议次数平均值整体呈上升趋势，在 2020 年达到 5 年间的最高值 1.87 次，相比 2018 年的 1.31 次增加了 42.75%，之后两年又稍有下降（见图 7）。

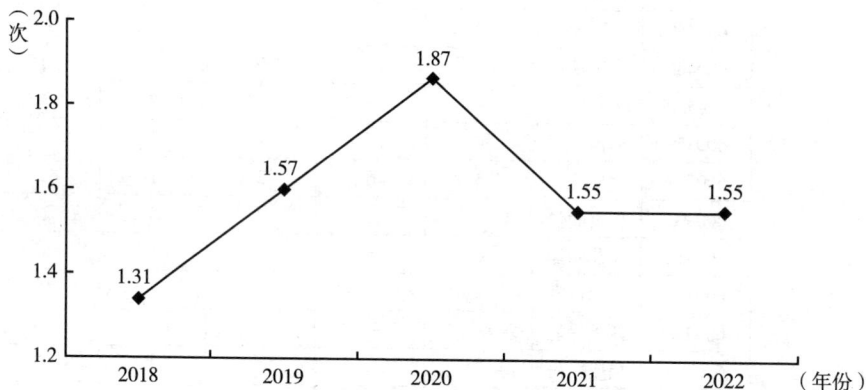

图 7　2018~2022 年河北上市公司监事会通讯会议次数平均值变化趋势

资料来源：上市公司监事会会议决议公告。

（2）河北上市公司各板块监事会通讯会议次数

通过对河北上市公司各板块监事会通讯会议次数平均值进行对比可以看出，2018~2020 年除了深市 A 股、创业板和 2021 年才有数据的北交所，其他板块监事会通讯会议次数平均值均整体呈上升趋势，沪市 A 股的上升幅度最大，2020 年相比 2018 年增加了 143.02%，2021~2022 年中小企业板和沪市 A 股呈上升趋势，深市 A 股和创业板呈下降趋势（见图 8）。

（3）河北上市公司监事会通讯会议次数

表 4 对 2018~2022 年河北上市公司监事会通讯会议次数的具体情况进行了列示。

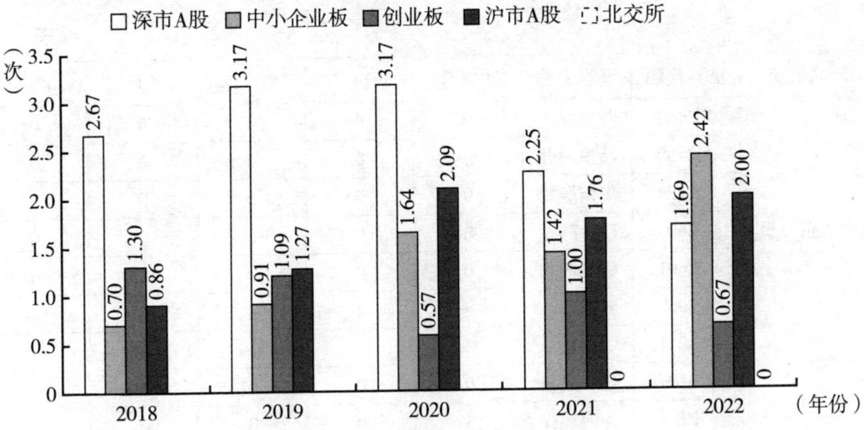

图8　2018～2022年河北上市公司各板块监事会通讯会议次数平均值

资料来源：上市公司监事会会议决议公告。

表4　2018～2022年河北上市公司监事会通讯会议次数

单位：次

所属板块	证券代码	证券简称	2018年	2019年	2020年	2021年	2022年
深市A股	000158	常山北明	7	4	3	5	7
	000401	冀东水泥	1	0	0	0	0
	000413	东旭光电	0	0	0	0	0
	000600	建投能源	0	5	4	1	0
	000709	河钢股份	5	5	7	6	2
	000778	新兴铸管	0	5	4	4	5
	000848	承德露露	5	3	3	3	4
	000856	冀东装备	0	1	2	1	0
	000889	中嘉博创	7	9	6	5	3
	000923	河钢资源	6	3	7	0	0
	000937	冀中能源	0	0	0	0	0
	000958	电投产融	1	3	2	2	1
	001301	尚太科技	—	—	—	—	0
中小企业板	002049	紫光国微	3	3	5	5	5
	002108	沧州明珠	0	0	0	0	0
	002146	荣盛发展	0	0	0	0	4
	002282	博深股份	4	3	5	2	4
	002342	巨力索具	0	0	0	0	0

续表

所属板块	证券代码	证券简称	2018 年	2019 年	2020 年	2021 年	2022 年
中小企业板	002442	龙星化工	0	0	0	0	0
	002459	晶澳科技	0	0	0	0	0
	002494	华斯股份	0	0	0	0	0
	002603	以岭药业	0	0	0	0	0
	002691	冀凯股份	0	0	0	0	0
	002960	青鸟消防	—	4	8	6	13
	003031	中瓷电子	—	—	—	4	3
创业板	300107	建新股份	0	0	0	0	0
	300137	先河环保	3	0	0	0	0
	300138	晨光生物	0	0	0	0	0
	300152	新动力	5	9	4	7	6
	300255	常山药业	5	3	0	0	1
	300368	汇金股份	0	0	1	0	0
	300371	汇中股份	0	0	0	0	0
	300428	立中集团	0	0	2	0	0
	300446	乐凯新材	0	0	1	0	0
	300491	通合科技	0	0	0	1	0
	300765	新诺威	—	0	0	0	0
	300847	中船汉光	—	—	0	0	0
	300869	康泰医学	—	—	0	0	0
	300922	天秦装备	—	—	0	0	0
	300981	中红医疗	—	—	—	8	5
	300990	同飞股份	—	—	—	0	0
	301197	工大科雅	—	—	—	—	0
	301298	东利机械	—	—	—	—	0
沪市 A 股	600135	乐凯胶片	0	0	1	1	0
	600149	廊坊发展	0	0	0	0	0
	600230	沧州大化	0	0	0	0	0
	600340	华夏幸福	0	0	0	0	0
	600409	三友化工	0	0	0	0	0
	600480	凌云股份	2	0	3	1	1
	600482	中国动力	0	4	12	4	4
	600550	保变电气	4	2	4	3	1
	600559	老白干酒	0	0	0	0	0

所属板块	证券代码	证券简称	2018 年	2019 年	2020 年	2021 年	2022 年
沪市 A 股	600722	金牛化工	1	1	2	2	2
	600803	新奥股份	4	7	2	4	7
	600812	华北制药	0	0	1	0	0
	600906	财达证券	—	—	—	3	5
	600956	新天绿能	—	—	3	0	5
	600965	福成股份	2	2	3	1	3
	600997	开滦股份	1	0	1	1	1
	601000	唐山港	0	0	0	0	0
	601258	庞大集团	1	1	1	3	1
	601326	秦港股份	0	2	3	3	4
	601633	长城汽车	1	6	10	16	17
	603050	科林电气	3	3	2	2	1
	603156	养元饮品	0	0	0	0	0
	603176	汇通集团	—	—	—	0	0
	603385	惠达卫浴	0	0	0	0	0
	603938	三孚股份	0	0	0	0	0
	605196	华通线缆	—	—	—	0	0
北交所	830964	润农节水	—	—	—	0	0
	832171	志晟信息	—	—	—	0	0
	835985	海泰新能	—	—	—	—	0
	836247	华密新材	—	—	—	—	0
	838163	方大新材	—	—	—	0	0

注："—"代表该公司在当前年份尚未上市；"0"代表该项内容的真实数据或该公司在当年并未披露相关信息。

资料来源：上市公司监事会会议决议公告。

3. 监事会现场和通讯结合会议次数

（1）河北上市公司监事会现场和通讯结合会议次数平均值

2018~2022 年河北上市公司监事会现场和通讯结合会议次数平均值逐年递增，在 2022 年达到 5 年间的高值 1.39 次，相比 2018 年的 0.69 次增加了 101.45%（见图 9）。

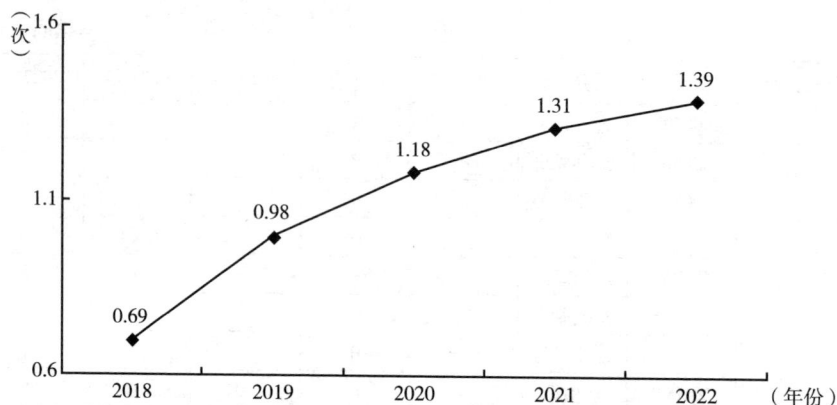

图9 2018~2022 年河北上市公司监事会现场和通讯结合会议次数平均值变化趋势

资料来源：上市公司监事会会议决议公告。

（2）河北上市公司各板块监事会现场和通讯结合会议次数

通过对河北上市公司各板块监事会现场和通讯结合会议次数平均值进行对比可以看出，2018~2020 年除了 2021 年才有数据的北交所，其他板块监事会现场和通讯结合会议次数平均值均整体呈上升趋势，深市 A 股的上升幅度最大，2020 年相比 2018 年增加了 278.79%，2020 年创业板呈下降趋势，其他板块呈上升趋势（见图 10）。

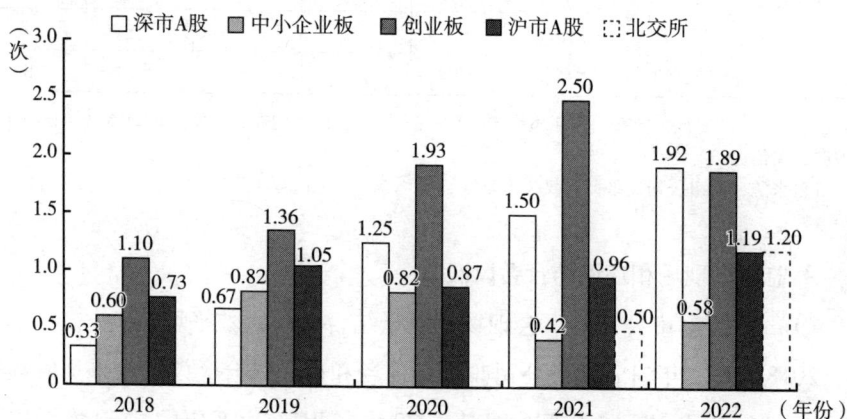

图10 2018~2022 年河北上市公司各板块监事会现场和通讯结合会议次数平均值

资料来源：上市公司监事会会议决议公告。

（3）河北上市公司监事会现场和通讯结合会议次数

表 5 对 2018~2022 年河北上市公司监事会现场和通讯结合会议次数的具体情况进行了列示。

表 5　2018~2022 年河北上市公司监事会现场和通讯结合会议次数

单位：次

所属板块	证券代码	证券简称	2018 年	2019 年	2020 年	2021 年	2022 年
深市 A 股	000158	常山北明	0	0	1	0	1
	000401	冀东水泥	0	0	0	0	1
	000413	东旭光电	0	0	4	2	4
	000600	建投能源	0	0	1	0	1
	000709	河钢股份	0	0	0	1	0
	000778	新兴铸管	0	0	0	0	1
	000848	承德露露	0	0	2	1	1
	000856	冀东装备	0	0	0	2	0
	000889	中嘉博创	1	2	1	2	1
	000923	河钢资源	0	1	0	2	3
	000937	冀中能源	3	5	6	6	9
	000958	电投产融	0	0	0	2	2
	001301	尚太科技	—	—	—	—	1
中小企业板	002049	紫光国微	0	0	2	1	0
	002108	沧州明珠	0	0	0	0	0
	002146	荣盛发展	1	0	1	1	0
	002282	博深股份	0	3	2	0	0
	002342	巨力索具	0	0	0	0	0
	002442	龙星化工	1	0	0	0	0
	002459	晶澳科技	4	6	3	1	2
	002494	华斯股份	0	0	0	0	0
	002603	以岭药业	0	0	0	0	0
	002691	冀凯股份	0	0	0	0	0
	002960	青鸟消防	—	0	1	2	1
	003031	中瓷电子	—	—	—	0	4

续表

所属板块	证券代码	证券简称	2018 年	2019 年	2020 年	2021 年	2022 年
创业板	300107	建新股份	0	0	0	0	0
	300137	先河环保	0	1	2	3	3
	300138	晨光生物	6	0	11	7	0
	300152	新动力	1	0	0	0	0
	300255	常山药业	1	1	3	5	3
	300368	汇金股份	3	0	0	2	0
	300371	汇中股份	0	0	0	0	0
	300428	立中集团	0	13	6	11	10
	300446	乐凯新材	0	0	3	0	3
	300491	通合科技	0	0	0	0	0
	300765	新诺威	—	0	1	0	0
	300847	中船汉光	—	—	1	3	5
	300869	康泰医学	—	—	0	0	0
	300922	天秦装备	—	—	0	7	7
	300981	中红医疗	—	—	—	1	1
	300990	同飞股份	—	—	—	1	1
	301197	工大科雅	—	—	—	—	0
	301298	东利机械	—	—	—	—	1
沪市 A 股	600135	乐凯胶片	0	0	0	0	0
	600149	廊坊发展	0	0	0	0	0
	600230	沧州大化	0	0	0	0	0
	600340	华夏幸福	0	0	0	0	1
	600409	三友化工	0	0	1	0	1
	600480	凌云股份	0	2	1	0	1
	600482	中国动力	11	8	1	3	5
	600550	保变电气	0	0	0	0	1
	600559	老白干酒	0	0	0	0	0
	600722	金牛化工	0	0	1	2	2
	600803	新奥股份	1	2	0	1	0
	600812	华北制药	0	0	0	0	0
	600906	财达证券	—	—	—	2	1
	600956	新天绿能	—	—	1	2	5
	600965	福成股份	0	0	0	0	0
	600997	开滦股份	0	0	1	1	2

所属板块	证券代码	证券简称	2018 年	2019 年	2020 年	2021 年	2022 年
沪市 A 股	601000	唐山港	0	3	3	7	2
	601258	庞大集团	0	0	4	0	0
	601326	秦港股份	0	3	2	1	1
	601633	长城汽车	1	1	1	1	1
	603050	科林电气	1	0	0	0	0
	603156	养元饮品	0	1	0	1	2
	603176	汇通集团	—	—	—	0	3
	603385	惠达卫浴	0	0	0	0	0
	603938	三孚股份	2	3	4	1	3
	605196	华通线缆	—	—	—	2	0
北交所	830964	润农节水	—	—	—	0	1
	832171	志晟信息	—	—	—	1	5
	835985	海泰新能	—	—	—	—	0
	836247	华密新材	—	—	—	0	0
	838163	方大新材	—	—	—	0	0

注："—"代表该公司在当前年份尚未上市；"0"代表该项内容的真实数据或该公司在当年并未披露相关信息。

资料来源：上市公司监事会会议决议公告。

三 河北上市公司监事会运行过程中存在的问题

（一）监事中职工监事比例较低

通过对河北上市公司监事会人员结构的分析发现职工监事比例较低，可能会对监事会的独立性产生影响。在我国上市公司中，大股东往往具有很高的权重，在股东会选举董事的程序中存在董事会成员不客观中立的现象，从而导致董事成为大股东利益的代表。在实际的公司运行中，一般是董事会向股东大会提出监事的选任议案，然后由股东大会进行选举，这在选举的源头就存在董事会掌握监事人选"命运"的弊端。职工监事的产生也大同小异，现行《公司法》中规定，职工监事代表由职工大会等民主选举产生，但职工监事作为劳动者监督聘用自身的公司具有一定的风险。

（二）公司监事会召开平均次数低于全国水平

监事会不仅能对公司财务和经营活动进行监督，还可以影响财务控制运行，营造有利于财务控制运行的控制环境。同时，监事会治理绩效对财务安全系数（财务安全性）具有正向影响，在我国经济转轨和公司治理复杂性日益增强的情况下，监事会仍作为法定的监督机构发挥其作用。因此监事会的召开至关重要，而通过上文的分析发现河北省上市公司监事会召开平均次数是低于全国平均水平的。

（三）未披露会议次数较多

一些上市公司的监事会现场会议次数、监事会通讯会议次数以及监事会现场和通讯结合会议次数之和少于其通过《年度监事会工作报告》所公布的会议次数，产生这样问题的原因是部分公司在某些监事会会议召开后并未将其以《监事会决议公告》的形式披露出来，说明河北省上市公司在监事会信息披露方面存在不足。

四 关于河北上市公司监事会运行的对策建议

（一）提升职工监事的参与度

监事会职工监事比例等出现不合理的现象，根本原因还是公司监事的任选机制出现了问题。为了实现监事会的监督高效有力，要从监事的选举入手。目前对于股东代表监事的选举有累积投票制与"人头制"两种方案。《公司法》第一百零五条对累积投票制提出了软性规定，即可以依照公司章程或者股东大会决议实行累积投票制。这种制度可以最大限度地让中小股东的代表被选举为监事会成员，有利于维护中小股东的利益。"人头制"是指投票不按照持股比例进行，每位股东所持有的票数都是相等的，最后按照票数的多少决定监事会成员。两种投票制度事实上都有维护中小股东利益的作用。在保持监事会存在的上市公司中，监事选举决定着监事会的独立性，对于之后的监事会运行至关重要，因此企业对于监事选举应该做强制性规定，不应在公司章程中留有余地。

（二）提高监事会的运行效率

从上文的数据中不难看出，一些上市公司即使是在疫情期间也大都采取召开现场会议的模式，这样无疑会加大监事参加监事会的难度，减少监事会召开的次数，企业应顺应时代发展，多采用通讯会议或者现场和通讯会议相结合的方式召开监事会，以便监事会可以更快捷、更有效率地召开。同时，为了让监事会更好地运行以发挥其职能，可以在公司章程中规定监事会的召开频次。

（三）加强对监事会会议信息的披露

通过分析发现河北上市公司监事会会议信息披露并不完整，有个别会议并未披露。信息披露是企业将自身生产经营状况传递给投资者以及公众的重要手段，也是投资者、公众了解企业的重要途径。监事会会议信息的披露，将直接反映监事会的运行状况，因此企业在召开监事会后一定要对会议内容进行完整的披露。

B.5
河北上市公司高管薪酬
研究报告（2023）

张 静[*]

摘　要： 高管薪酬是缓解股东与管理层之间代理冲突的重要手段。高管薪酬激励体系如运用得当，将有效降低股东与管理层之间的代理冲突；反之，如果薪酬激励体系设置失当，就可能使管理层与股东之间的利益冲突增加，损害股东利益和公司价值。本报告根据高管货币薪酬激励约束、高管股权激励约束两类指标对河北上市公司高管薪酬和激励情况进行研究，当前河北上市公司存在高管货币薪酬水平较低、薪酬结构单一、缺乏精神激励、股权激励形式单一、股权激励有效期较短等问题，并基于此提出了合理稳步提高高管货币薪酬水平、构建多元化的高管薪酬结构、完善精神激励机制、采用多元化的股权激励模式、适当延长股权激励有效期等河北上市公司高管薪酬和激励发展的若干政策建议。本报告为有效规范高管行为和保护股东权益，以及完善河北上市公司高管薪酬激励体系建设提供有益参考。

关键词： 上市公司　高管薪酬　河北

公司高层管理人员处于公司治理体系的内核，是公司中重要的治理群体与联结点。积极有效的薪酬体系设计可以激励公司高层管理人员发挥自身潜力，实现企业与管理层利益协同，提升股东权益与公司绩效。基于此，本报

---

* 张静，博士，河北经贸大学工商管理学院副教授，组织行为与人力资源开发研究中心主任，硕士研究生导师，主要研究领域为组织行为与人力资源开发。

告以《中华人民共和国公司法》等相关规定为依据，结合 2018～2022 年上市公司年报和国泰安数据库中的数据，根据高管货币薪酬激励约束、高管股权激励约束两类指标对河北上市公司高管薪酬和激励情况进行分析，并针对存在的问题提出了有效应对策略。

一　高管薪酬相关理论

（一）高管货币薪酬激励

作为现代公司治理体系的重要组成部分，有效的高管薪酬契约直接关系如何降低企业代理成本和保护投资者利益等关键性问题。党的二十大报告中指出，"加强企业主导的产学研深度融合，强化目标导向，提高科技成果转化和产业化水平，强化企业科技创新主体地位"，为新时代新征程更好发挥企业创新主力军作用指明了方向，而高管薪酬激励体系建设是企业蓬勃发展的重要保障之一。相反，不科学的薪酬激励制度将会造成企业运行效率低下和优秀人才流失。[1]

货币薪酬激励作为一种货币性激励措施，其衡量的重点是高管短期内能否完成企业绩效，无法实现企业的长期利益需求。股权激励作为一种长期薪酬激励手段，能够提升被激励对象的风险承担能力、以激励的时滞性促进被激励者关注长远利益、加强团队合作与监督以实现长远目标。高管激励作为一种公司治理的手段，可以将高管个人利益与公司整体利益联系起来，有利于促进高管在公司经营时做出有利于实现企业长远价值的决策。[2]

1. 高管薪酬构成

高管薪酬激励作为一种有效的激励手段是公司治理中的一个重要部分，是指通过薪酬奖励来满足高管的需求，以保证并提高其工作积极性的激励方

---

[1] 尹夏楠、明华、耿建芳：《高管薪酬激励对企业资源配置效率的影响研究——基于产权性质和行业异质性视角》，《中国软科学》2021年第 A1 期，第 260～267 页。

[2] 刘冠辰、李元祯、李萌：《私募股权投资、高管激励与企业创新绩效——基于专利异质性视角的考察》，《经济管理》2022年第 8 期，第 116～134 页。

式。根据支付形式，Smith 和 Watts 认为高管薪酬可以分成由企业业绩所决定的薪酬，即奖金、津贴等货币薪酬，以及由市场对公司生产经营状况的认可程度所决定的薪酬，如股权激励。[①]

高管货币薪酬激励是企业中最常见的一种短期激励方式，主要由基本工资和绩效工资组成。一般来讲，基本工资是固定数额，用来满足员工的日常生活需求；绩效工资则与企业业绩挂钩，通常以业绩的固定比例作为绩效奖励进行发放。

高管股权激励是上市公司普遍采用的一种长期激励制度，是指授予达到激励条件的高管一定的公司股权，使其享有和公司股东共分利润、共同经营的权利。高管股权激励作为减少或避免经营者逆向选择和道德风险的有效手段，其核心思想是通过赠予管理层公司股权，使管理层利益与股东利益达成一致，进而形成利益共同体，增强高管的归属感，使其减少短期行为，自觉为企业的健康有序发展呕心沥血并保护各自合理利益。高管股权激励模式分为多种，比较常见的包括股票期权、股票增值权、限制性股票、虚拟股、管理层收购、业绩股票等，而且这些模式早已在国外企业中发挥了一定的效用。在我国，上市公司结合国内资本市场具体情况，通常选用限制性股票、股票期权或者混合模式等激励模式对高管进行激励。

2. 高管货币薪酬

科学合理的高管货币薪酬设计既要做到管理层与股东同进退又要避免激励差异过大而引发负面效应。货币薪酬激励作为高管薪酬体系结构中重要的一部分，其水平会影响高管的经营决策、创新绩效等。[②] 当高管货币薪酬激励水平较低时，高管可能会采取高风险过度投资行为以提高自己的报酬，给企业带来较大的风险和损失。[③] 如果高管薪酬激励水平过高，容易造成高管

---

① C. W. Smith, R. L. Watts, "Incentive and Tax Effects of Executive Compensation Plans," *Australian Journal of Management* 7（1982）：139-157.

② 詹雷、王瑶瑶：《管理层激励、过度投资与企业价值》，《南开管理评论》2013 年第 3 期，第 36~46 页。

③ 罗宏、曾永良、宛玲羽：《薪酬攀比、盈余管理与高管薪酬操纵》，《南开管理评论》2016 年第 2 期，第 19~31、74 页。

的薪酬攀比心理，进而进行盈余管理、股价操纵等，忽略企业长远发展。有吸引力的高管薪酬激励可以激励企业管理者面对风险和不确定性"迎难而上"，振奋高管的创新精神。[①]

货币薪酬激励作为一种货币性激励措施，它是对个人工作的肯定以及生活的保障，但并不能将高管个人利益和企业长远利益紧密结合起来。在20世纪50年代的美国，股权激励作为企业的长效激励机制应运而生。

（二）高管股权激励理论及历史沿革

1. 高管股权激励

随着公司控制权与所有权的分离，管理层与股东之间的代理问题成为公司治理中的一个重要问题，原有的货币薪酬制度无法满足企业的长期利益需求，而作为长效激励机制的高管股权激励有助于解决公司两权分离所产生的委托代理问题，表现为利益趋同效应。[②] 股权激励是指上市公司以自身的股票为标的，对其董事及高管进行的长期激励，通过高管与企业及股东间的利益捆绑，消减管理者对高风险的规避情绪，增强其与公司之间的利益共享，提高利益一致性。在高管薪酬激励契约中，货币薪酬通常与企业当期利润联系紧密，使管理者更喜欢短期回报较高的投资项目，从而配置较多的短期金融资产；而股权激励的出现抑制了此类短期行为，股权激励使高管团队更倾向投资长期回报率高的研发和创新项目，注重企业价值的可持续增长，提高企业核心竞争力与动态能力，促进企业升级。[③] 此外，股权激励可以增强高管对公司的归属感，降低高管离职率，从而达到保留人才的目的。[④]

[①] 王佳希：《环境不确定性、风险承担与企业创新》，《商业研究》2023年第2期，第127～134页。

[②] 董竹、马鹏飞：《高管持股："堑壕防御"还是"利益趋同"——基于内部控制的决定作用》，《西安交通大学学报》（社会科学版）2019年第3期，第23～31页。

[③] 肖曙光、杨洁：《高管股权激励促进企业升级了吗——来自中国上市公司的经验证据》，《南开管理评论》2018年第3期，第66～75页。

[④] 陈健、刘益平、邱强：《股权激励与高管离职——基于上市公司的经验数据》，《现代财经》2017年第3期，第23～34页。

自股权激励实施以来，学术界围绕高管激励问题形成了丰富的研究成果，主要集中在以下三个方面。其一，股权激励的影响因素研究：高管持股受到大股东持股比例、控股股东性质、外部监管等因素的影响。[①] 其二，股权激励与企业绩效：高管股权激励能显著提升企业绩效和企业发明专利创新绩效，股权激励合约设定的业绩目标通过改进内部控制的有效性推动企业业绩目标的实现。[②] 其三，股权激励计划的实施效果：高管股权激励能有效降低高管离职率，降低高管急功近利倾向，显著提高企业 R&D 投入，推动企业承担社会责任，促进企业变革和升级。[③]

2. 高管股权激励的历史沿革

股权激励起源于 20 世纪 50 年代。1956 年，路易斯·凯尔索等人基于二元经济学理论设计了员工持股计划（ESOP）。随后，员工持股计划、股票期权计划等股权激励模式纷纷出现。股权激励的实施弥补了企业长效激励机制的缺失，帮助其搭建了一套将现金、红利与期权相结合的短中长期激励机制。由于股权激励良好的实施效果与激励作用，其在 20 世纪 80~90 年代日益兴盛，欧美企业股权激励薪酬在高管薪酬总额中的占比逐年提升。到 20 世纪末，在美国排前 1000 名的公司中，有 90% 的公司对高管授予了股票期权，股票期权在高管总收入中的占比也从 1976 年的不到 20% 上升到 2000

---

① 董竹、马鹏飞：《高管持股："堑壕防御"还是"利益趋同"——基于内部控制的决定作用》，《西安交通大学学报》（社会科学版）2019 年第 3 期，第 23~31 页。

② 戴璐、宋迪：《高管股权激励合约业绩目标的强制设计对公司管理绩效的影响》，《中国工业经济》2018 年第 4 期，第 117~136 页；刘冠辰、李元祯、李萌：《私募股权投资、高管激励与企业创新绩效——基于专利异质性视角的考察》，《经济管理》2022 年第 8 期，第 116~134 页；万里霜：《上市公司股权激励、代理成本与企业绩效关系的实证研究》，《预测》2021 年第 2 期，第 76~82 页。

③ 陈健、刘益平、邱强：《股权激励与高管离职——基于上市公司的经验数据》，《现代财经》2017 年第 3 期，第 23~34 页；赵世芳、江旭、应千伟等：《股权激励能抑制高管的急功近利倾向吗——基于企业创新的视角》，《南开管理评论》2020 年第 6 期，第 76~87 页；姜涛、王怀明：《高管激励对高新技术企业 R&D 投入的影响——基于实际控制人类型视角》，《研究与发展管理》2012 年第 4 期，第 53~60 页；张东旭、陈昕：《高管股权激励能推动企业承担社会责任吗？》，《南京审计大学学报》2023 年第 3 期，第 62~71 页；肖曙光、杨洁：《高管股权激励促进企业升级了吗——来自中国上市公司的经验证据》，《南开管理评论》2018 年第 3 期，第 66~75 页。

年的 50%，通用、可口可乐、强生、迪士尼等 10 家大公司的股票期权收益甚至占到高管总收入的 95% 以上。[①]

我国从 20 世纪 90 年代开始将股权激励引入企业内部管理，万科是我国第一家实施股权激励的上市公司。2005 年底中国证监会颁布了《上市公司股权激励管理办法（试行）》，首次明确了上市公司实施股权激励计划的基本要求、实施程序和信息披露等内容。2008 年中国证监会陆续推出 3 个股权激励有关事项备忘录，对公司在股权激励中的授予条件、业绩指标、绩效考核指标、公开披露等提出更加明确的规定与要求。为进一步促进上市公司建立健全激励与约束机制，中国证监会于 2016 年 7 月发布《上市公司股权激励管理办法》，增强了公司在激励设计中的自主权，进一步规范和推进企业实施股权激励。由此，公司股权激励有关制度规范及标准体系逐渐确立，高管股权激励体系进入了新的时代。荣正咨询数据显示，截至 2022 年 12 月 31 日，中国 A 股上市公司中共 2624 家实施了股权激励，2022 年全年 A 股股权激励计划总公告数为 762 个，其中首期公告数量为 362 个，多期公告数量为 400 个。[②] 股权激励已成为中国资本市场重要的公司治理机制。

二　河北上市公司高管薪酬和激励现状

（一）高管货币薪酬激励约束情况

1. 河北上市公司和全国上市公司高管货币薪酬情况

表 1 对 2018~2022 年河北上市公司和全国上市公司高管货币薪酬进行了统计分析。

[①]　沈小燕：《上市公司股权激励契约类型的选择》，《南通大学学报》（社会科学版）2013 年第 2 期，第 126~134 页。

[②]　根据上海荣正企业咨询服务（集团）股份有限公司《2022 年度 A 股上市公司股权激励实践统计与分析报告》数据整理。

表1　2018~2022年河北上市公司和全国上市公司高管货币薪酬平均值

单位：万元

地区	2018年	2019年	2020年	2021年	2022年
河北	542.05	714.70	656.08	673.68	583.79
全国	519.61	572.86	862.86	891.71	642.90

注：不含高管领取的津贴。

资料来源：国泰安数据库和上市公司年报。

从表1可以看出，2018~2022年全国上市公司高管货币薪酬平均值与河北上市公司高管货币薪酬平均值总体呈动态变化的态势。2018~2019年河北上市公司高管货币薪酬平均值高于全国，2020年同比下降8.20%，同年全国上市公司高管货币薪酬平均值超越河北，同比增加50.62%。2021年河北上市公司和全国上市公司高管货币薪酬平均值相较于2020年均呈现进一步增长的趋势。2022年河北上市公司高管货币薪酬平均值同比下降13.34%，同年全国上市公司高管货币薪酬平均值同比下降27.90%，虽薪酬平均值均有所下降，但全国上市公司高管货币薪酬平均值仍高于河北省上市公司高管货币薪酬平均值。

2.河北上市公司各板块高管货币薪酬

表2对2018~2022年河北上市公司各板块高管货币薪酬平均值进行了统计分析。

表2　2018~2022年河北上市公司各板块高管货币薪酬平均值

单位：万元

所属板块	2018年	2019年	2020年	2021年	2022年
沪市A股	708.06	1073.80	907.82	863.48	742.40
深市A股	510.42	435.36	395.31	485.56	514.56
中小企业板	569.17	812.73	999.11	1058.34	912.14
创业板	187.65	203.26	196.50	285.46	265.29
北交所	—	—	—	313.08	297.55

注："—"代表当年公司未上市。

资料来源：国泰安数据库和上市公司年报。

从表 2 可以看出，2018～2019 年沪市 A 股高管货币薪酬平均值最高，其次为中小企业板和深市 A 股，创业板高管货币薪酬平均值最低。2018～2021 年中小企业板高管货币薪酬平均值总体保持增长趋势，2020 年同比增加 22.93%，超越沪市 A 股达到了最高，2021 年保持稳定增长，2022 年略微呈现下降趋势，但仍保持河北上市公司各板块高管货币薪酬平均值最高水平，其次为沪市 A 股、深市 A 股和北交所，创业板高管货币薪酬平均值仍为最低。

3. 河北各上市公司高管货币薪酬

截至 2022 年 12 月 31 日，河北共有上市公司 74 家，2022 年河北上市公司高管货币薪酬平均值为 583.79 万元，其中共有 21 家企业的高管薪酬值高于河北平均值，占比 28.38%。表 3 对 2018～2022 年河北各上市公司高管货币薪酬具体情况进行了列示。

表 3　2018～2022 年河北各上市公司高管薪酬

单位：万元

所属板块	证券代码	证券简称	2018 年	2019 年	2020 年	2021 年	2022 年
沪市 A 股	600135	乐凯胶片	306.87	155.39	157.25	226.26	237.06
	600149	廊坊发展	167.63	141.19	92.48	195.47	168.22
	600230	沧州大化	94.69	99.20	95.60	143.11	162.70
	600340	华夏幸福	3571.34	12799.26	8527.01	5997.35	2949.01
	600409	三友化工	1262.34	1154.92	1311.37	1231.38	1423.79
	600480	凌云股份	553.39	517.79	382.96	523.18	566.64
	600482	中国动力	336.25	335.69	141.68	324.45	383.19
	600550	保变电气	362.56	172.14	376.35	339.62	375.74
	600559	老白干酒	85.00	185.50	146.80	163.00	252.00
	600722	金牛化工	24.75	25.73	86.55	62.36	90.84
	600803	新奥股份	1164.50	995.28	1454.50	2816.00	2520.00
	600812	华北制药	455.30	347.05	433.19	731.71	249.22
	600906	财达证券	—	—	—	459.91	1338.81
	600956	新天绿能	—	—	1123.02	1486.99	1156.28
	600965	福成股份	209.00	203.00	198.00	207.99	188.48

续表

所属板块	证券代码	证券简称	2018 年	2019 年	2020 年	2021 年	2022 年
沪市 A 股	600997	开滦股份	191.93	243.02	242.72	368.36	336.93
	601000	唐山港	550.15	633.45	674.74	615.75	425.60
	601258	庞大集团	921.51	817.20	892.55	1610.85	673.66
	601326	秦港股份	415.85	475.52	520.50	520.56	689.70
	601633	长城汽车	2186.12	1465.55	1469.50	1184.48	1658.88
	603050	科林电气	211.54	358.76	412.97	73.62	482.62
	603156	养元饮品	253.81	145.00	175.00	282.03	259.00
	603176	汇通集团	—	—	—	365.30	430.83
	603385	惠达卫浴	2132.38	2228.36	1839.61	2167.54	1791.73
	603938	三孚股份	120.49	124.64	125.57	202.08	217.65
	605196	华通线缆	—	—	—	151.06	273.90
深市 A 股	000158	常山北明	660.70	696.22	461.66	1002.38	532.77
	001301	尚太科技	—	—	—	—	672.64
	000401	冀东水泥	801.65	934.28	878.13	991.93	959.47
	000413	东旭光电	726.76	321.74	5.06	267.25	254.12
	000600	建投能源	334.75	345.31	514.72	678.65	518.03
	000709	河钢股份	485.97	299.28	345.07	418.22	573.59
	000778	新兴铸管	749.13	613.16	555.86	700.75	414.60
	000848	承德露露	266.20	314.94	251.15	118.62	268.22
	000856	冀东装备	276.56	212.50	215.76	219.31	320.81
	000889	中嘉博创	215.56	224.43	215.93	266.66	329.93
	000923	河钢资源	210.12	259.27	80.32	22.50	338.49
	000937	冀中能源	1017.30	553.26	547.72	471.16	754.15
	000958	电投产融	380.35	449.91	672.36	669.27	752.52
中小企业板	002049	紫光国微	607.89	337.23	1054.73	1216.22	1213.61
	002108	沧州明珠	699.08	889.48	1034.69	1011.00	794.02
	002146	荣盛发展	3170.52	4537.94	4757.52	5072.50	3121.02
	002282	博深股份	214.09	240.55	337.14	304.94	387.38
	002342	巨力索具	154.80	159.70	159.70	192.00	219.80
	002442	龙星化工	230.31	254.34	480.97	465.46	484.79
	002459	晶澳科技	174.27	1292.63	1744.26	1804.78	1877.82
	002494	华斯股份	46.32	46.32	46.32	64.92	64.92
	002603	以岭药业	267.27	547.87	658.58	983.02	1073.08
	002691	冀凯股份	127.17	133.62	71.46	90.34	111.95
	002960	青鸟消防	—	500.33	644.85	716.05	790.25
	003031	中瓷电子	—	—	—	778.80	807.00

所属板块	证券代码	证券简称	2018 年	2019 年	2020 年	2021 年	2022 年
创业板	300107	建新股份	136.97	170.26	133.01	216.11	247.25
	300137	先河环保	104.59	159.40	239.54	242.40	231.18
	300138	晨光生物	311.58	543.34	401.24	859.26	616.68
	300152	新动力	292.13	68.81	74.08	136.50	202.17
	300255	常山药业	278.75	205.08	207.08	536.29	506.43
	300368	汇金股份	274.66	321.96	352.20	225.12	201.27
	300371	汇中股份	158.95	196.38	383.30	356.03	253.55
	300428	立中集团	112.01	133.13	151.51	258.13	223.01
	300446	乐凯新材	120.00	126.61	153.20	73.62	120.26
	300491	通合科技	86.81	184.83	122.09	269.98	222.99
	300765	新诺威	—	126.11	139.45	151.20	150.39
	300847	中船汉光	—	—	91.12	188.65	167.05
	300869	康泰医学	—	—	92.16	185.85	204.52
	300922	天秦装备	—	—	211.01	148.50	292.84
	300981	中红医疗	—	—	—	442.48	233.36
	300990	同飞股份	—	—	—	277.30	433.19
	301197	工大科雅	—	—	—	—	122.16
	301298	东利机械	—	—	—	—	346.98
北交所	838163	方大新材	—	—	—	358.73	279.45
	836247	华密新材	—	—	—	—	229.23
	835985	海泰新能	—	—	—	—	421.98
	832171	志晟信息	—	—	—	372.11	328.15
	830964	润农节水	—	—	—	208.40	228.95

注："—"代表当年公司未上市。

资料来源：国泰安数据库和上市公司年报。

（二）高管股权激励约束

1. 高管持股

（1）河北上市公司和全国上市公司高管持股数量

表 4 对 2018～2022 年河北上市公司和全国上市公司的高管持股数量进行了统计分析。

表4　2018~2022年河北上市公司和全国上市公司高管持股数量平均值

单位：万股

地区	2018年	2019年	2020年	2021年	2022年
河北	5402.70	4156.35	1054.76	1675.03	1917.28
全国	4019.25	3952.43	3467.07	3399.41	3247.79

注：高管持股数量是指高管报告期末持股数量。

资料来源：国泰安数据库和上市公司年报。

2018~2019年，全国上市公司和河北上市公司高管持股数量平均值均处于平稳下降态势，且河北上市公司高管持股数量平均值高于全国上市公司高管持股数量平均值。2020年，河北上市公司和全国上市公司高管持股数量平均值都呈现明显下降态势，河北沪市A股上市公司高管持股数量平均值锐减，导致河北上市公司高管持股数量平均值出现大幅波动，同比下降74.62%，而全国上市公司高管持股数量平均值同比下降12.28%。2020~2022年，全国上市公司高管持股数量平均值处于平稳下降态势。2021年，河北上市公司高管持股数量平均值迅速回升，同比上升58.81%，但仍低于全国上市公司高管持股数量平均值。2022年，河北上市公司高管持股数量平均值同比上升14.46%。

（2）河北各板块上市公司高管持股数量

表5对2018~2022年河北上市公司各板块高管持股数量平均值进行了统计分析。

表5　2018~2022年河北上市公司各板块高管持股数量平均值

单位：万股

所属板块	2018年	2019年	2020年	2021年	2022年
沪市A股	9906.38	8906.87	1096.60	1030.70	1008.01
深市A股	211.16	150.90	144.45	124.08	1552.39
中小企业板	2859.84	2592.26	2623.53	3641.86	3778.00
创业板	4266.31	589.00	533.68	1917.94	1818.45
北交所	—	—	—	4300.21	3484.32

注："—"代表当年公司未上市。

资料来源：国泰安数据库和上市公司年报。

2018~2019 年河北沪市 A 股上市公司高管持股数量平均值最大，2020 年锐减。2020~2022 年河北中小企业板上市公司高管持股数量平均值最大，且逐年增加。总体而言，2018~2022 年河北沪市 A 股高管持股数量平均值持续下降，河北深市 A 股和中小企业板两大板块高管持股数量平均值呈现波动上升的趋势。

（3）河北各上市公司高管持股数量

2022 年河北上市公司高管持股数量平均值为 1917.28 万股，其中 14 家的高管持股数量高于河北平均值，占河北上市公司总数的 18.92%。14 家中，从 A 股各板块角度来看，创业板占比最大，有 5 家高管持股数量高于河北平均值。表 6 对 2018~2022 年河北各上市公司的高管持股数量具体情况进行了列示。

表 6　2018~2022 年河北各上市公司高管持股数量

单位：万股

所属板块	证券代码	证券简称	2018 年	2019 年	2020 年	2021 年	2022 年
沪市 A 股	600135	乐凯胶片	0.00	0.00	0.00	0.00	0.00
	600149	廊坊发展	0.00	0.00	0.00	0.00	0.00
	600230	沧州大化	0.00	0.00	0.00	45.74	45.74
	600340	华夏幸福	12965.01	1913.01	2486.91	2415.41	1237.93
	600409	三友化工	0.00	0.00	0.00	0.00	0.00
	600480	凌云股份	82.34	80.02	48.16	22.29	17.09
	600482	中国动力	49.72	49.72	49.72	0.00	0.00
	600550	保变电气	0.00	0.00	0.00	0.00	0.06
	600559	老白干酒	0.00	0.00	0.00	0.00	195.00
	600722	金牛化工	0.00	0.00	0.00	0.00	0.00
	600803	新奥股份	0.00	0.00	0.00	835.00	461.01
	600812	华北制药	0.42	0.42	0.42	0.42	0.42
	600906	财达证券	—	—	—	0.00	0.00
	600956	新天绿能	—	—	10.00	10.00	10.00
	600965	福成股份	1765.67	1765.67	0.00	1765.67	0.00
	600997	开滦股份	0.00	0.00	0.00	0.00	0.00
	601000	唐山港	0.00	0.00	0.00	0.00	0.00

续表

所属板块	证券代码	证券简称	2018 年	2019 年	2020 年	2021 年	2022 年
沪市 A 股	601258	庞大集团	182450.98	175401.98	458.50	458.50	0.00
	601326	秦港股份	0.00	0.00	0.00	0.00	0.00
	601633	长城汽车	0.00	0.00	406.00	110.25	490.55
	603050	科林电气	2006.40	2034.89	1840.32	1758.26	1731.26
	603156	养元饮品	14998.28	11081.77	15663.96	13298.13	15663.96
	603176	汇通集团	—	—	—	0.00	0.00
	603385	惠达卫浴	3485.25	3477.45	4148.18	4198.18	4200.18
	603938	三孚股份	146.25	146.25	109.72	107.04	132.97
	605196	华通线缆	—	—	—	1773.25	2022.15
深市 A 股	000158	常山北明	2476.24	1747.79	1530.41	1295.29	9537.72
	001301	尚太科技	—	—	—	—	10531.90
	000401	冀东水泥	0.28	0.00	0.00	0.18	0.18
	000413	东旭光电	22.50	24.60	13.60	0.00	0.00
	000600	建投能源	0.90	0.90	0.90	0.90	0.80
	000709	河钢股份	0.19	0.19	0.20	0.01	0.00
	000778	新兴铸管	6.13	6.13	150.70	166.86	92.77
	000848	承德露露	4.84	5.32	11.69	0.00	0.00
	000856	冀东装备	0.00	0.00	0.00	0.00	0.00
	000889	中嘉博创	0.00	0.00	0.00	1.81	1.81
	000923	河钢资源	0.00	0.00	0.00	0.00	0.00
	000937	冀中能源	0.00	0.00	0.00	0.00	0.00
	000958	电投产融	22.87	25.87	25.87	23.87	15.90
中小企业板	002049	紫光国微	76.58		57.43	0.00	0.00
	002108	沧州明珠	0.00	0.00	0.00	0.00	80.00
	002146	荣盛发展	2391.59	2389.59	2436.78	2436.78	3719.00
	002282	博深股份	0.00	0.00	0.00	0.00	0.00
	002342	巨力索具	434.25	380.25	414.00	468.00	108.00
	002442	龙星化工	59.70	59.70	162.29	341.29	306.59
	002459	晶澳科技	220.35		106.00	144.67	348.40
	002494	华斯股份	0.00	0.00	0.00	0.00	0.00
	002603	以岭药业	25351.16	25351.16	25164.83	39140.38	38921.53
	002691	冀凯股份	64.73	64.73	64.73	64.73	538.24
	002960	青鸟消防	—	269.39	452.76	605.96	618.87
	003031	中瓷电子	—	—	—	500.49	695.34

所属板块	证券代码	证券简称	2018 年	2019 年	2020 年	2021 年	2022 年
创业板	300107	建新股份	97.45	73.09	65.22	1388.89	1373.89
	300137	先河环保	1794.58	1794.58	1794.58	1638.65	1638.65
	300138	晨光生物	983.92	983.92	983.92	11661.70	11347.46
	300152	新动力	0.00	28.10	18.00	22.00	29.15
	300255	常山药业	33758.10	405.10	315.23	344.23	279.98
	300368	汇金股份	4216.14	291.54	117.89	0.00	0.00
	300371	汇中股份	607.36	850.30	877.98	877.98	869.58
	300428	立中集团	0.00	0.00	0.00	3456.00	3085.83
	300446	乐凯新材	517.12	742.44	612.56	187.56	0.00
	300491	通合科技	688.38	1309.88	791.43	3365.82	2609.22
	300765	新诺威	—	0.00	0.00	0.00	0.00
	300847	中船汉光	—	—	0.00	0.00	0.00
	300869	康泰医学			1035.32	1428.31	1204.15
	300922	天秦装备	—	—	859.42	4763.39	6387.36
	300981	中红医疗				0.00	0.10
	300990	同飞股份	—	—	—	1552.50	2794.50
	301197	工大科雅	—	—		—	595.00
	301298	东利机械	—	—		—	517.20
北交所	838163	方大新材	—	—	—	8225.80	8217.60
	836247	华密新材	—	—			1886.39
	835985	海泰新能	—	—			1218.00
	832171	志晟信息	—	—	—	2849.56	4274.33
	830964	润农节水				1825.26	1825.26

资料来源：国泰安数据库和上市公司年报。

2. 高管股权激励计划

（1）河北上市公司和全国上市公司高管股权激励计划

表 7 和表 8 分别对 2018~2022 年河北上市公司和全国上市公司实施高管股权激励计划数量和比例进行了统计分析。

表7　2018~2022年河北上市公司和全国上市公司实施高管股权激励计划数量

单位：家

地区	2018年	2019年	2020年	2021年	2022年
河北	3	4	6	5	10
全国	409	337	443	818	743

资料来源：国泰安数据库和上市公司年报。

表8　2018~2022年河北上市公司和全国上市公司实施高管股权激励计划比例

单位：%

地区	2018年	2019年	2020年	2021年	2022年
河北	5.56	7.14	10.00	7.25	13.51
全国	11.47	8.97	9.46	17.47	14.66

资料来源：国泰安数据库和上市公司年报。

2018~2020年全国上市公司和河北上市公司实施高管股权激励计划比例处于动态变化态势。2021年全国实施高管股权激励计划的上市公司比例迎来爆发式增长，2022年略有下降。2021年河北省实施股权激励计划的上市公司比例相较于2020年略有下降，在2022年实现爆发式增长，主要集中于创业板。

（2）河北各板块上市公司高管股权激励数量

表9对2018~2022年河北上市公司各板块高管股权激励数量进行了统计分析。

表9　2018~2022年河北上市公司各板块高管股权激励数量

单位：家

所属板块	2018年	2019年	2020年	2021年	2022年
沪市A股	2	2	3	4	4
深市A股	0	1	0	0	0
中小企业板	0	0	2	1	1
创业板	1	1	1	0	4
北交所	0	0	0	0	1

资料来源：国泰安数据库和上市公司年报。

2018~2022 年，五个板块高管股权激励数量呈现动荡变化的态势。其中，河北沪市 A 股上市公司高管股权激励数量平均值最多。创业板高管股权激励数量变动最大，原因可能为创新、高成长的科技类公司对于人才和技术的需求更大，实施股权激励计划较多。

表 10 对 2018~2022 年河北各上市公司高管股权激励计划具体情况进行了列示。

表 10　2018~2022 年河北各上市公司高管股权激励计划

所属板块	证券代码	证券简称	2018 年	2019 年	2020 年	2021 年	2022 年
沪市 A 股	600135	乐凯胶片	0	0	0	0	0
	600149	廊坊发展	0	0	0	0	0
	600230	沧州大化	0	0	1	1	0
	600340	华夏幸福	1	1	1	0	0
	600409	三友化工	0	0	0	0	0
	600480	凌云股份	0	0	0	0	1
	600482	中国动力	0	0	0	0	0
	600550	保变电气	0	0	0	0	0
	600559	老白干酒	0	0	0	0	1
	600722	金牛化工	0	0	0	0	0
	600803	新奥股份	0	0	0	1	0
	600812	华北制药	0	0	0	0	0
	600906	财达证券	—	—	0	0	0
	600956	新天绿能	—	—	0	0	0
	600965	福成股份	0	0	0	0	0
	600997	开滦股份	0	0	0	0	0
	601000	唐山港	0	0	0	0	0
	601258	庞大集团	0	0	0	0	0
	601326	秦港股份	0	0	0	0	0
	601633	长城汽车	0	1	1	1	1
	603050	科林电气	1	0	0	0	0
	603156	养元饮品	0	0	0	0	0

所属板块	证券代码	证券简称	2018 年	2019 年	2020 年	2021 年	2022 年
沪市 A 股	603176	汇通集团	—	—	—	0	0
	603385	惠达卫浴	0	0	0	1	0
	603938	三孚股份	0	0	0	0	0
	605196	华通线缆	—	—	—	0	1
深市 A 股	000158	常山北明	0	0	0	0	0
	001301	尚太科技	—	—	—	—	0
	000401	冀东水泥	0	0	0	0	0
	000413	东旭光电	0	0	0	0	0
	000600	建投能源	0	0	0	0	0
	000709	河钢股份	0	0	0	0	0
	000778	新兴铸管	0	1	0	0	0
	000848	承德露露	0	0	0	0	0
	000856	冀东装备	0	0	0	0	0
	000889	中嘉博创	0	0	0	0	0
	000923	河钢资源	0	0	0	0	0
	000937	冀中能源	0	0	0	0	0
	000958	电投产融	0	0	0	0	0
中小企业板	002049	紫光国微	0	0	0	0	0
	002108	沧州明珠	0	0	0	0	0
	002146	荣盛发展	0	0	0	0	0
	002282	博深股份	0	0	0	0	0
	002342	巨力索具	0	0	0	1	0
	002442	龙星化工	0	0	0	0	0
	002459	晶澳科技	0	0	1	0	1
	002494	华斯股份	0	0	0	0	0
	002603	以岭药业	0	0	0	0	0
	002691	冀凯股份	0	0	0	0	0
	002960	青鸟消防	—	0	1	0	0
	003031	中瓷电子	—	—	—	0	0

所属板块	证券代码	证券简称	2018 年	2019 年	2020 年	2021 年	2022 年
	300107	建新股份	0	0	0	0	1
	300137	先河环保	0	0	0	0	0
	300138	晨光生物	0	0	0	0	0
	300152	新动力	0	1	0	0	0
	300255	常山药业	0	0	0	0	0
	300368	汇金股份	0	0	1	0	0
	300371	汇中股份	1	0	0	0	0
	300428	立中集团	0	0	0	0	1
创业板	300446	乐凯新材	0	0	0	0	0
	300491	通合科技	0	0	0	0	1
	300765	新诺威	—	0	0	0	0
	300847	中船汉光	—	—	0	0	0
	300869	康泰医学	—	—	0	0	0
	300922	天秦装备	—	—	0	0	0
	300981	中红医疗	—	—	—	0	0
	300990	同飞股份	—	—	—	0	1
	301197	工大科雅	—	—	—	—	0
	301298	东利机械	—	—	—	—	0
	838163	方大新材	—	—	—	0	1
	836247	华密新材	—	—	—	—	0
北交所	835985	海泰新能	—	—	—	—	0
	832171	志晟信息	—	—	—	0	0
	830964	润农节水	—	—	—	0	0

注："—"代表该公司在当前年份未上市，"0"代表未实施高管股权激励计划，"1"代表实施了高管股权激励计划。

资料来源：国泰安数据库和上市公司年报。

3. 高管股权激励标的物

表 11 对 2018~2022 年河北各上市公司高管股权激励标的物具体情况进行了列示。

表 11　2018～2022 年河北各上市公司高管股权激励标的物

所属板块	证券代码	证券简称	2018 年	2019 年	2020 年	2021 年	2022 年
沪市 A 股	600135	乐凯胶片	*	*	*	*	*
	600149	廊坊发展	*	*	*	*	*
	600230	沧州大化	*	*	R	R	*
	600340	华夏幸福	O&R	O&R	R	*	*
	600409	三友化工	*	*	*	*	*
	600480	凌云股份	*	*	*	*	R
	600482	中国动力	*	*	*	*	*
	600550	保变电气	*	*	*	*	*
	600559	老白干酒	*	*	*	*	R
	600722	金牛化工	*	*	*	*	*
	600803	新奥股份	*	*	*	R	*
	600812	华北制药	*	*	*	*	*
	600906	财达证券	—	—	—	*	*
	600956	新天绿能	—	*	*	*	*
	600965	福成股份	*	*	*	*	*
	600997	开滦股份	*	*	*	*	*
	601000	唐山港	*	*	*	*	*
	601258	庞大集团	*	*	*	*	*
	601326	秦港股份	*	*	*	*	*
	601633	长城汽车	*	O	R	O	O&R
	603050	科林电气	R	*	*	*	*
	603156	养元饮品	*	*	*	*	*
	603176	汇通集团	—	—	—	*	*
	603385	惠达卫浴	*	*	*	R	*
	603938	三孚股份	*	*	*	*	*
	605196	华通线缆	—	—	—	*	R
深市 A 股	000158	常山北明	*	*	*	*	*
	001301	尚太科技	—	—	—	—	*
	000401	冀东水泥	*	*	*	*	*
	000413	东旭光电	*	*	*	*	*
	000600	建投能源	*	*	*	*	*
	000709	河钢股份	*	*	*	*	*
	000778	新兴铸管	*	R	*	*	*
	000848	承德露露	*	*	*	*	*

续表

所属板块	证券代码	证券简称	2018 年	2019 年	2020 年	2021 年	2022 年
深市 A 股	000856	冀东装备	*	*	*	*	*
	000889	中嘉博创	*	*	*	*	*
	000923	河钢资源	*	*	*	*	*
	000937	冀中能源	*	*	*	*	*
	000958	电投产融	*	*	*	*	*
中小企业板	002049	紫光国微	*	*	*	*	*
	002108	沧州明珠	*	*	*	*	*
	002146	荣盛发展	*	*	*	*	*
	002282	博深股份	*	*	*	*	*
	002342	巨力索具	*	*	*	R	*
	002442	龙星化工	*	*	*	*	*
	002459	晶澳科技	*	*	R	*	O&R
	002494	华斯股份	*	*	*	*	*
	002603	以岭药业	*	*	*	*	*
	002691	冀凯股份	*	*	*	*	*
	002960	青鸟消防	—	*	O	*	*
	003031	中瓷电子	—	—	—	*	*
创业板	300107	建新股份	*	*	*	*	O&R
	300137	先河环保	*	*	*	*	*
	300138	晨光生物	*	*	*	*	*
	300152	新动力	*	O	*	*	*
	300255	常山药业	*	*	*	*	*
	300368	汇金股份	*	*	R	*	*
	300371	汇中股份	R	*	*	*	*
	300428	立中集团	*	*	*	*	R
	300446	乐凯新材	*	*	*	*	*
	300491	通合科技	*	*	*	*	R
	300765	新诺威	—	*	*	*	*
	300847	中船汉光	—	—	*	*	*
	300869	康泰医学	—	—	*	*	*
	300922	天秦装备	—	—	*	*	*
	300981	中红医疗	—	—	—	*	*
	300990	同飞股份	—	—	—	*	R
	301197	工大科雅	—	—	—	—	*
	301298	东利机械	—	—	—	—	*

续表

所属板块	证券代码	证券简称	2018 年	2019 年	2020 年	2021 年	2022 年
北交所	838163	方大新材	—	—	—	*	R
	836247	华密新材	—	—	—	—	*
	835985	海泰新能	—	—	—	—	*
	832171	志晟信息	—	—	—	*	*
	830964	润农节水	—	—	—	*	*

注：O＝股票期权（Option stock），R＝限制性股票（Restrict stock）。"—"代表该公司在当前年份未上市，"＊"代表该公司在当前年份尚未实施股权激励计划。

资料来源：国泰安数据库和上市公司年报。

表 11 显示，河北深市 A 股、创业板和北交所对高管偏爱采用限制性股票进行股权激励，而沪市 A 股上市公司高管股权激励标的物更加多元，对高管实施综合激励。总体而言，2018～2022 年，河北上市公司采用股票期权对高管进行激励的情况较少，更多的是采用限制性股票激励。

4. 高管股权激励有效期

表 12 对 2018～2022 年河北各上市公司高管股权激励有效期进行了列示。

表 12　2018～2022 年河北各上市公司高管股权激励有效期

单位：年

所属板块	证券代码	证券简称	2018 年	2019 年	2020 年	2021 年	2022 年
沪市 A 股	600135	乐凯胶片	*	*	*	*	*
	600149	廊坊发展	*	*	*	*	*
	600230	沧州大化	*	*	6	6	*
	600340	华夏幸福	5	5	5	*	*
	600409	三友化工	*	*	*	*	*
	600480	凌云股份	*	*	*	*	6
	600482	中国动力	*	*	*	*	*
	600550	保变电气	*	*	*	*	*
	600559	老白干酒	*	*	*	*	5
	600722	金牛化工	*	*	*	*	*
	600803	新奥股份	*	*	*	6	*

续表

所属板块	证券代码	证券简称	2018 年	2019 年	2020 年	2021 年	2022 年
沪市 A 股	600812	华北制药	*	*	*	*	*
	600906	财达证券	—	—	—	*	*
	600956	新天绿能	—	—	—	*	*
	600965	福成股份	*	*	*	*	*
	600997	开滦股份	*	*	*	*	*
	601000	唐山港	*	*	*	*	*
	601258	庞大集团	*	*	*	*	*
	601326	秦港股份	*	*	*	*	*
	601633	长城汽车	*	4	4	4	4
	603050	科林电气	5	*	*	*	*
	603156	养元饮品	*	*	*	*	*
	603176	汇通集团	—	—	—	*	*
	603385	惠达卫浴	*	*	*	4	*
	603938	三孚股份	*	*	*	*	*
	605196	华通线缆	—	—	—	*	4
深市 A 股	000158	常山北明	*	*	*	*	*
	001301	尚太科技	—	—	—	—	*
	000401	冀东水泥	*	*	*	*	*
	000413	东旭光电	*	*	*	*	*
	000600	建投能源	*	*	*	*	*
	000709	河钢股份	*	*	*	*	*
	000778	新兴铸管	*	5	*	*	*
	000848	承德露露	*	*	*	*	*
	000856	冀东装备	*	*	*	*	*
	000889	中嘉博创	*	*	*	*	*
	000923	河钢资源	*	*	*	*	*
	000937	冀中能源	*	*	*	*	*
	000958	电投产融	*	*	*	*	*
中小企业板	002049	紫光国微	*	*	*	*	*
	002108	沧州明珠	*	*	*	*	*
	002146	荣盛发展	*	*	*	*	*
	002282	博深股份	*	*	*	*	*
	002342	巨力索具	*	*	*	5	*
	002442	龙星化工	*	*	*	*	*

续表

所属板块	证券代码	证券简称	2018 年	2019 年	2020 年	2021 年	2022 年
中小企业板	002459	晶澳科技	*	*	5	*	4
	002494	华斯股份	*	*	*	*	*
	002603	以岭药业	*	*	*	*	*
	002691	冀凯股份	*	*	*	*	*
	002960	青鸟消防	—	*	5	*	*
	003031	中瓷电子	—	—	—	*	*
创业板	300107	建新股份	*	*	*	*	4
	300137	先河环保	*	*	*	*	*
	300138	晨光生物	*	*	*	*	*
	300152	新动力	*	4	*	*	*
	300255	常山药业	*	*	*	*	*
	300368	汇金股份	*	*	5	*	*
	300371	汇中股份	4	*	*	*	*
	300428	立中集团	*	*	*	*	5
	300446	乐凯新材	*	*	*	*	*
	300491	通合科技	*	*	*	*	4
	300765	新诺威	—	*	*	*	*
	300847	中船汉光	—	—	*	*	*
	300869	康泰医学	—	—	*	*	*
	300922	天秦装备	—	—	*	*	*
	300981	中红医疗	—	—	—	*	*
	300990	同飞股份	—	—	—	*	5
	301197	工大科雅	—	—	—	—	*
	301298	东利机械	—	—	—	—	*
北交所	838163	方大新材	—	—	—	*	5
	836247	华密新材	—	—	—	—	*
	835985	海泰新能	—	—	—	—	*
	832171	志晟信息	—	—	—	*	*
	830964	润农节水	—	—	—	*	*

注："—"代表该公司在当前年份尚未上市，"＊"代表该公司在当前年份尚未实施股权激励计划。

资料来源：国泰安数据库和上市公司年报。

表 12 显示，2018~2022 年河北上市公司股权激励计划有效期多集中于 4~5 年，有效期为 6 年的企业较少。2022 年，河北上市公司设置股权激励计划的 10 家企业中，只有 1 家企业将激励有效期设置为 6 年，9 家企业将激励有效期设置为 5 年及以下，占比 90%。

三　河北上市公司高管薪酬激励问题分析

（一）高管货币薪酬水平较低

2020~2022 年河北上市公司高管货币薪酬平均值显著低于全国上市公司高管货币薪酬平均值，主要原因在于近年来沪市 A 股河北上市公司高管货币薪酬水平逐年下降。高管薪酬与公司线性业绩正相关，薪酬激励有效性不足时，高管与股东的利益一致性会大大降低。[①] 高管货币薪酬不足将抑制高管创新主动性，影响高管创新投资决策意愿，降低企业创新水平，阻碍企业科技创新主体发展。而增加高管货币薪酬可以激励企业管理者面对风险和不确定性"迎难而上"，振奋高管的创新精神。此外，当高管薪酬水平较低时，高管为企业创造的收益归股东所有，而自己只能获得少量的薪酬，高管可能会通过增加过度投资行为甚至非法侵占公司利益而使自身获得补偿。同时这种投入和产出的不平衡，可能会使高管工作积极性降低或投资无效项目而导致投资失败，进而增加企业的股权代理成本。

（二）高管薪酬结构单一

2018~2022 年河北部分上市公司仍采用以货币薪酬为主的单一薪酬结构，实施高管股权激励的强度并不大，公司高管"零持股"现象严重。货币薪酬主要由基础年薪与绩效年薪两部分构成。基础年薪保障高管的基本生

---

① 覃予、傅元略、杨隽萍：《高管薪酬激励是否应兼顾分配公平？》，《财经研究》2013 年第 8 期，第 110~121 页。

活所需。绩效年薪确保对高管当期业绩奖励的及时性，促进组织绩效目标的实现。河北上市公司高级管理人员的薪酬奖励大多采用单纯的货币报酬，而货币报酬中的薪酬与奖励方式只取决于高管在位期内的整体绩效表现。这样薪酬与奖励系统最大的缺点便是易导致高管只关注短期内公司的整体收益状况，而忽略公司长远的业务成长，用公司长远的可持续发展换取短期内超额的整体收益。这也是近年来中国国内频现的大中型商业公司最高管理层贪污腐败现象的主要成因。

（三）重视物质报酬，缺乏精神激励

通过对 2022 年河北 74 家上市公司目前的薪酬结构与制度研究可以发现，对企业高管工作的薪酬激励方式主要是物质报酬。公司高管一般不同于普通员工，但根据马斯洛的需要与分层理论可以得知，这些公司高管的基本物质需求、安全需求大多已经得到了满足，进一步的需求就是精神上的鼓励。并且高管要耗费很多的精力和时间去达成自己事业的成就，完成属于自己的事业目标，从而使个人的地位有所提升，最终实现自己的人生价值。[①]而给予充分的物质奖励几乎是所有的企业为了吸引人才都能实现的，但企业内部怎样在精神层面吸引人才、感召人才、增强人才的归属感、激发企业员工的创造力，以及怎样提升企业高管对本企业进行积极奉献的境界，才是整个企业体制需要关注的。

（四）高管股权激励形式单一

2018~2022 年河北上市公司高管股权激励方式主要为限制性股票，采用股票期权激励的情况较少。限制性股票指激励对象按照股权激励计划规定的条件，从上市公司获得的一定数量的本公司股票。股票期权指上市公司授予激励对象在未来一定期限内以预先确定的价格和条件购买本公司一定数量股

---

① 魏红梅：《我国金融上市公司高管薪酬激励与公司经营绩效实证研究》，《现代经济信息》2009 年第 14 期，第 159~160 页。

票的权利。与股票期权模式相比，限制性股票模式并没有显著提升企业长期绩效。[1] 在股票期权激励模式下，当股票价格上升时，激励对象可以通过行权获得潜在收益，当股票价格低于行权价时，激励对象可以不行权而规避自身的损失，有利于激励对象承担风险、弱化管理层机会主义倾向、提高全要素生产率。限制性股票能有效降低代理成本、稳定经营团队，但高管会侧重于实现既定业绩要求，直接承担股票股价波动的风险，当股价持续下跌时，高管可能会遭受损失，激励效果会大打折扣。

（五）高管股权激励有效期较短

2018~2022 年河北上市公司股权激励有效期多集中于 4~5 年，较国外公司股权激励平均有效期 10 年来说偏短，无法完全发挥长期激励作用。中国证监会规定，实施股权激励的有效期一般不超过 10 年。股权激励有效期反映了企业高管未来获得收益的时间限制，直接影响激励的有效性。行权有效期过短可能会使股权激励成为高管的福利，在暴利驱动下，为了达到顺利行权及高价套现、获取巨额利益的目的，高管可能会解锁即抛，将不惜采取大打重组牌、盈余操纵行为、财务造假和虚假信息披露等手段，[2] 掏空公司价值，伤害投资者利益，易导致企业短期行为，无法完全发挥股权激励的作用。在 10 年上限内，股权激励有效期越长，行权门槛越高，激励对象操纵行权指标的能力被显著地削弱。[3] 高管想要长期获得股权激励带来的收益，就必须使公司业绩在有效期内保持良好的增长，[4] 更多地为公司谋利益，提高公司资源配置效率。

① 陈文哲、石宁、梁琪等：《股权激励模式选择之谜——基于股东与激励对象之间的博弈分析》，《南开管理评论》2022 年第 1 期，第 189~203 页。

② 刘井建、纪丹宁、王健：《高管股权激励计划、合约特征与公司现金持有》，《南开管理评论》2017 年第 1 期，第 43~56 页。

③ 吕长江、郑慧莲、严明珠等：《上市公司股权激励制度设计：是激励还是福利?》，《管理世界》2009 年第 9 期，第 133~147、188 页。

④ V. Laux, "Stock Option Vesting Conditions, CEO Turnover, and Myopic Investment," *Journal of Financial Economics* 3 (2012)：513-526.

四 关于河北上市公司高管薪酬激励的对策建议

（一）合理稳步提高高管货币薪酬水平

高管货币薪酬作为一种短期的激励方式，是对个人工作的肯定以及生活的保障，货币薪酬保持在合理稳定水平将有助于企业目标的实现与长久发展。一方面，公司发展要重视高层次管理人才的引进；另一方面，为了充分调动公司高管工作的积极性，使其最大限度地发挥自己的才能和专业能力，高管货币薪酬水平要在合理的区间内稳步增长，以保障公司高管的基本生活需求，使其劳动价值有所实现，如此其在工作时，才能无后顾之忧。需要指出的是，高管货币薪酬机制一般是由绩效的考核来决定的，在绩效考核机制上，国内上市公司还存在绩效评价体制机制不完善、评价的标准不统一等问题，因此，高管货币薪酬水平的提高还要建立在公司完善的绩效评价体系的基础之上。

（二）构建多元化的高管薪酬结构

一个完善的高管薪酬体制不光需要货币激励，还需要给予高管更多长效薪酬激励。高管薪酬的组合表现如下。基础年薪：高管的固定薪酬。绩效年薪：也称目标奖金，反映高管的短期业绩，其功能在于确保对当期业绩奖励的及时性。基础年薪与绩效年薪的确定主要参考市场薪酬水平。效益奖金：利润分享的一种形式，与绩效年薪同为高管的浮动薪酬，反映高管的短期业绩，其功能在于确保对当期业绩奖励的及时性，相当于高管作为"人力资本"的分红。长效激励薪酬：包括限制性股票、股票期权等，其出发点是激励高管考虑企业长期利益，加大了薪酬杠杆的激励力度和约束力度，其功能在于促使高管行为长期化，降低代理成本，吸引和保留高管团队。此外，股权激励可以克服货币薪酬存在的会计信息噪声问题，制作薪酬契约时需将两者综合考虑。截至 2022 年 12 月 31 日，河北上市公司高管持股数量与全国平均水平还有一定差距，所以，河北上市公司应更注重长期股权激励在薪酬结构中的重要性，进一步推进股权激励方案的施行，加大股权激励的实施力度，提高高管的持股比例，从多个方面不断增强薪酬的激励成效。

（三）完善精神激励机制

兼顾物质与精神奖励的全面报酬模式能够满足企业高管的不同层次需求，推动河北上市公司总体成长与公司管理者的自我成长相互促进、相辅相成，并进一步增强管理者社会责任感和归属感，由此可以考虑从多个方面来建立非经济薪酬机制。如对公司高管进行成就感激励，所有的员工都有受他人尊重并实现自己价值的需求，公司可以尽力帮助高管满足追求成功、自我实现的高层次需要，员工在此获得了归属感与成就感也会更加乐于工作，并会把工作目标视为最高的个人理想。还可对高管采取个人声誉激励的方式，有较好信誉的人会在长期的职业生涯规划当中获取更高额的投资回报，从而在社会交往中更容易得到交际机遇，更有助于实现公司高管在职业生涯规划中的利益要求。因此，公司应该注重高管的精神需求，并将其作为高管薪酬激励的一个关键部分加以利用，帮助高管更好地工作。

（四）采用多元化的股权激励模式

代理问题严重、投资风险较大或人员稳定、能力确定、处于成熟期发展阶段的公司以获利空间为导向，偏好选择限制性股票的激励方式。资金压力较大、选择公开发行作为标的物来源、处于成长期和衰退期的上市公司，存在择时机会主义，倾向于在公司股价较低时推出激励计划，以增加管理层利益，为达到更好的激励效果，偏好选择股票期权激励模式。不同公司的发展阶段、发展状况不同，激励方式的适用性和有效性也会不同，因此，上市公司在制定股权激励方案时，应结合公司实际情况和发展方向、发展阶段、利益相关者的特征，选择与本公司适配并能使激励效果最大化的股权激励模式。同时，由于股权激励方案的实施效果会受到激励对象的个人特征、风险偏好和外部环境等因素的影响，公司在选择方案时可根据高管风险偏好测试结果，考虑两种激励模式的不同效果和股权激励强度，通过增加股票期权比重或采取限制性股票和股票期权并行的战略，弥补不同激励模式的短板，有针对性地设置高管股权激励方案。

（五）适当延长股权激励有效期

上市公司要充分认识到股权激励对企业长期发展的贡献，使股权激励真正发挥长期激励的效果。股权激励期限的长短直接影响激励的有效性，在股权激励有效期 10 年的上限内，有效期越长，股权激励的时间价值就越大。适当延长股权激励有效期，高管会更加着眼于公司的长期发展，通过增强决策的科学性、降低投资偏误和在职消费、提升经营管理水平和资源配置效率，持续提高公司业绩和股价，进而促进公司高质量发展。因此，河北上市公司可适当延长股权激励的有效期，将目前 4~6 年延长至 8~10 年，在强化股权激励效果的同时，避免高管的短视行为，吸引和保留人才，从而促进企业绩效与企业价值的提升，确保公司的整体价值。

B.6
河北上市公司社会责任
研究报告（2023）

李桂荣*

摘　要： 社会责任作为公司治理的重要内容，贯穿于上市公司的战略、运营和管理等各个方面。本报告从社会责任披露情况和社会责任履行情况两个层面对河北上市公司社会责任情况进行分析，发现河北上市公司在社会责任方面存在社会责任信息披露内容缺乏完整性、安全责任意识欠缺和部分维度社会责任表现不理想等问题，并基于此提出了相应的对策建议，如完善公司内部治理、增强公司安全责任意识和强化社会责任系统性管理等。本报告为提升上市公司社会责任信息披露质量，促进上市公司履行社会责任，保护公司各利益相关者的合法权益进而实现可持续发展提供有益参考。

关键词： 上市公司　社会责任　河北

在经济步入高质量发展阶段的背景下，河北上市公司只有在公司治理中融入社会责任才能获得可持续、高质量发展。基于此，本报告从介绍社会责任的相关理论和制度沿革入手，结合 2018～2022 年国泰安数据库、上市公司年报、历年《中国统计年鉴》以及和讯网中的数据，从社会责任披露情况和社会责任履行情况两个层面对河北上市公司社会责任情况进行分析，并针对其中存在的问题提出了有效应对策略。

---

* 李桂荣，博士，河北经贸大学工商管理学院院长，教授，硕士研究生导师，河北省重点学科财务会计方向带头人，主要研究领域为会计政策与公司治理。

一 社会责任相关理论和制度沿革

（一）社会责任相关理论

企业社会责任的概念最早由美国学者欧利文·谢尔顿于 1924 年在《管理的哲学》中提出，书中强调企业管理者要重视社会责任，通过提高利益相关者的生活质量，继而为企业可持续发展做出贡献。如今学界对于企业社会责任这一概念的内涵已经基本形成共识，认为企业不仅要对股东负责，追求盈利，更要对员工、用户、合作伙伴和社区负责，承担与多方利益相关者密切相关的责任。涉及企业社会责任的理论众多，本报告阐述了其中最核心的社会责任理论、可持续发展理论以及三重底线理论这三大基本理论。

1. 社会责任理论

社会责任理论作为企业社会责任的基础理论，于 20 世纪 80 年代在西方发达国家兴起，并随着全球化进程持续发展，是指企业在追求经济利润的同时，应该承担起对社会和环境的责任。该理论建立在企业既是经济组织又是社会组织这一基础之上，它强调企业要把社会整体利益放在首位，不能简单地谋求利润最大化。[1] 社会责任理论以企业社会责任意识与社会责任行为为核心，其中社会责任意识就是企业对自身应承担社会责任的意识，而社会责任行为正是建立在这一认知基础之上的特定行为。[2] 在实践中，作为重要的市场主体，企业在生态环境可持续发展中承担着重要职责，能够通过为社会提供高质量的产品与服务、保护环境、扶持公益事业等途径彰显其社会责任行为。

2. 可持续发展理论

1987 年世界环境与发展委员会在《我们的共同未来》中正式提出了可持续发展的概念，将可持续发展界定为符合当前生存需求而又不损害未来发

---

[1] M. Clarkson, "A Stakeholder Framework for Analyzing and Evaluating Corporate Social Performance," *Academy of Management Review* 20 (1995): 92-117.

[2] 陈宏辉、贾生华：《企业社会责任观的演进与发展：基于综合性社会契约的理解》，《中国工业经济》2003 年第 12 期，第 85~92 页。

展需要的健康发展模式，其目的是追求经济效益，但也要重视生态环境保护和社会发展。可持续发展理论涉及经济、环境和社会三个维度。其中良好的经济效益为保证可持续发展提供了物质基础，主动的环保行为为符合可持续发展要求提供了基础条件，实现社会可持续发展则为这一理论的终极目标。1994 年，我国将可持续发展战略首次纳入《中国 21 世纪议程》，并着手进行可持续发展的理论探索和实践。在我国进入崭新发展阶段的背景下，经济高速增长所导致的资源高消耗和环境问题亟待解决。在微观层面上，企业作为经济主体是中国可持续发展战略的践行者。企业要在国家可持续发展战略的指导下积极承担环保责任和社会责任，同时谋求自身的经营效益，用企业自身可持续发展来促进国家可持续发展。

3.三重底线理论

企业并不是一个孤立的个体，而是一个融合于环境变化和社会发展之中的综合体。三重底线理论主张企业与社会之间的关系应当遵守三重底线——经济底线、环境底线以及社会底线，这三重底线构成了企业协调各种社会关系的重要依据。

其中，经济底线首先要求公司生产经营必须符合法律法规的要求，其次以股东利益最大化为经营目标，这不仅是公司存在的基本意义，也是其具备坚守环境底线和社会底线的基本前提；环境底线是指企业在生产经营过程中必须遵循自然规律、重视环境保护、不为生产经营而牺牲环境，表现在公司对环境保护和污染治理等问题的态度和实践上；社会底线需要企业在生产经营过程中维护员工、消费者及其他利益相关者的合法权益，注重对外部利益相关者做出承诺和履行责任，向社会贡献自身的力量。三重底线理论需要企业能统筹经济底线、环境底线与社会底线，使三者均衡发展。因此，企业在生产经营的过程中，不能只注重自身的经济收益，更不能以破坏生态环境、摒弃社会责任为代价去追求更高的利润，而应将三重底线作为公司行为约束机制，追求可持续发展。

（二）社会责任相关制度沿革

1997 年，社会责任国际组织（Social Accountability International，SAI）发

布全球首个社会责任管理体系认证标准 SA8000。此标准主要是对企业经营活动中涉及的社会责任问题进行研究，内容涵盖员工权益、劳工环境以及商业道德等。2010 年，国际标准化组织（International Standard Organization，ISO）发布了更权威、更合理的社会责任指南标准 ISO26000，进一步明确了企业的社会责任。在国内，2006 年 9 月 25 日，深圳证券交易所发布《上市公司社会责任指引》，将社会责任引入上市公司，鼓励上市公司主动履行社会责任并自愿公开社会责任相关建设信息。2015 年，国家质检总局、国家标准委联合颁布了一系列社会责任国家标准，主要有《社会责任指南》、《社会责任报告编写指南》和《社会责任绩效分类指引》。与此同时，我国有关法律法规还规定了企业所需承担社会责任的内容。2018 年《中华人民共和国公司法》指出企业需维护员工合法权益，并接受公众监督。在与企业产品质量及环境保护相关的法规中，对企业所需承担的与股东、债权人、供应商和消费者的权益保护责任也有相应规定。《上市公司治理准则（2018 年修订）》还建议，企业应重视所在区域的环境问题和公益事业建设活动。由此，公司社会责任有关制度规范及标准体系逐渐确立。

二 河北上市公司社会责任状况分析

（一）河北上市公司社会责任披露情况

社会责任披露情况向股东、债权人等利益相关者传达了公司的社会责任意识及其践行社会责任的表现。[①] 上市公司应真实、准确、完整地对外披露社会责任信息。《公开发行证券的公司信息披露内容与格式准则第 2 号——年度报告的内容与格式（2017 年修订）》第四十二条规定："鼓励公司结合行业特点，主动披露积极履行社会责任的工作情况，包括但不限于：公司

---

① 沈艺峰、沈洪涛：《论公司社会责任与相关利益者理论的全面结合趋势》，《中国经济问题》2003 年第 2 期，第 51～60 页。

履行社会责任的宗旨和理念，股东和债权人权益保护、职工权益保护、供应商、客户和消费者权益保护、环境保护与可持续发展、公共关系、社会公益事业等方面情况。"在此基础上，本报告根据股东权益保护、债权人权益保护、安全生产、公共关系和社会公益事业四个指标对河北上市公司社会责任披露情况进行分析。

1. 河北上市公司股东权益保护情况

（1）河北上市公司各板块股东权益保护信息披露

2018~2022 年，河北上市公司各板块股东权益保护信息披露公司数量及披露比例整体呈上升趋势，但存在差异。河北深市 A 股和北交所上市公司股东权益保护信息披露情况较好，2021 年和 2022 年披露比例均为 100.00%。2018~2022 年，虽然河北沪市 A 股上市公司股东权益保护信息披露数量最多，但整体披露比例并不高，为 63%~74%。2022 年，河北沪市 A 股上市公司股东权益保护信息披露公司数量为 19 家，披露比例为 73.08%。2018~2022 年，河北中小企业板上市公司股东权益保护信息披露比例均保持较高的水平，为 81%~92%。河北创业板上市公司股东权益保护信息披露比例稳步提升，由 2018 年的 70.00% 提升至 2022 年的 83.33%（见表1）。

表1　2018~2022 年河北上市公司各板块股东权益保护信息披露数量及披露比例

单位：家，%

所属板块	2018 年		2019 年		2020 年		2021 年		2022 年	
	数量	比例	数量	比例	数量	比例	数量	比例	数量	比例
沪市 A 股	14	63.64	14	63.64	15	65.22	19	73.08	19	73.08
深市 A 股	10	83.33	11	91.67	11	91.67	12	100.00	13	100.00
中小企业板	9	90.00	10	90.91	9	81.82	11	91.67	11	91.67
创业板	7	70.00	8	72.73	11	78.57	13	81.25	15	83.33
北交所	—	—	—	—	—	—	3	100.00	5	100.00

资料来源：国泰安数据库和上市公司年报。

（2）河北上市公司股东权益保护信息披露

2018~2022 年河北上市公司股东权益保护信息披露数量以及披露比例整体呈上升趋势，说明河北上市公司股东权益保护意识增强。2022 年河北上市公司中有 63 家披露了股东权益保护信息，披露比例为 85.14%（见图 1）。

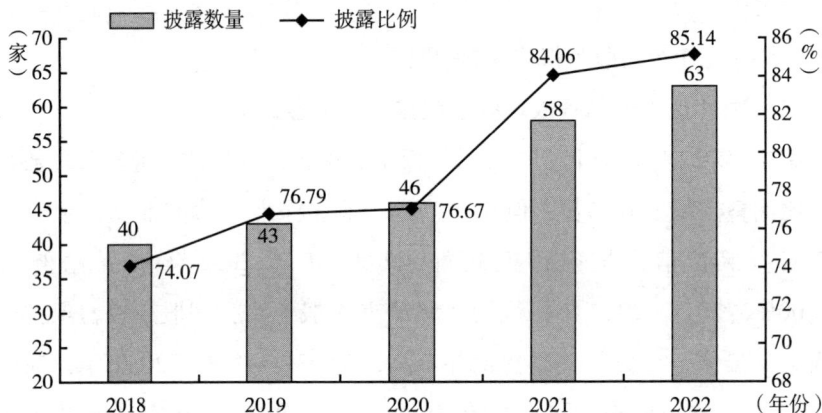

图 1　2018~2022 年河北上市公司股东权益保护信息披露数量及披露比例

资料来源：国泰安数据库和上市公司年报。

表 2 对 2018~2022 年河北上市公司股东权益保护信息披露的具体情况进行了列示。

表 2　2018~2022 年河北上市公司股东权益保护信息披露情况

所属板块	证券代码	证券简称	2018 年	2019 年	2020 年	2021 年	2022 年
	600135	乐凯胶片	0	0	0	0	0
	600149	廊坊发展	0	0	0	0	0
	600230	沧州大化	0	0	0	0	0
	600340	华夏幸福	1	1	1	1	1
沪市 A 股	600409	三友化工	1	1	1	1	1
	600480	凌云股份	1	1	1	1	1
	600482	中国动力	1	1	1	1	1
	600550	保变电气	1	1	1	1	1
	600559	老白干酒	1	1	1	1	1

所属板块	证券代码	证券简称	2018 年	2019 年	2020 年	2021 年	2022 年
沪市 A 股	600722	金牛化工	0	0	0	0	0
	600803	新奥股份	1	1	1	1	1
	600812	华北制药	1	1	1	1	1
	600965	福成股份	1	1	1	1	1
	600997	开滦股份	1	1	1	1	1
	601000	唐山港	1	1	1	1	1
	601258	庞大集团	0	0	0	0	0
	601326	秦港股份	1	1	1	1	1
	601633	长城汽车	1	1	1	1	1
	603050	科林电气	0	0	0	0	0
	603156	养元饮品	0	0	0	1	1
	603385	惠达卫浴	1	1	1	1	1
	603938	三孚股份	0	0	0	0	0
	600956	新天绿能	—	—	1	1	1
	605196	华通线缆	—	—	—	1	1
	603176	汇通集团	—	—	—	1	1
	600906	财达证券	—	—	—	1	1
深市 A 股	000158	常山北明	1	1	1	1	1
	000401	冀东水泥	1	1	1	1	1
	000413	东旭光电	1	1	1	1	1
	000600	建投能源	1	1	1	1	1
	000709	河钢股份	1	1	1	1	1
	000778	新兴铸管	1	1	1	1	1
	000848	承德露露	0	0	1	1	1
	000856	冀东装备	1	1	1	1	1
	000889	中嘉博创	1	1	1	1	1
	000923	河钢资源	1	1	1	1	1
	000937	冀中能源	1	1	1	1	1
	000958	电投产融	0	1	0	1	1
	001301	尚太科技	—	—	—	—	1
中小企业板	002049	紫光国微	1	1	0	1	1
	002108	沧州明珠	1	1	1	1	1
	002146	荣盛发展	1	1	1	1	1
	002282	博深股份	0	0	0	0	0

续表

所属板块	证券代码	证券简称	2018 年	2019 年	2020 年	2021 年	2022 年
中小企业板	002342	巨力索具	1	1	1	1	1
	002442	龙星化工	1	1	1	1	1
	002459	晶澳科技	1	1	1	1	1
	002494	华斯股份	1	1	1	1	1
	002603	以岭药业	1	1	1	1	1
	002691	冀凯股份	1	1	1	1	1
	002960	青鸟消防	—	1	1	1	1
	003031	中瓷电子	—	—	—	1	1
创业板	300107	建新股份	1	1	1	1	1
	300137	先河环保	1	1	1	1	1
	300138	晨光生物	0	0	0	0	0
	300152	新动力	0	0	0	0	0
	300255	常山药业	1	1	1	1	1
	300368	汇金股份	0	0	0	0	0
	300371	汇中股份	1	1	1	1	1
	300428	立中集团	1	1	1	1	1
	300446	乐凯新材	1	1	1	1	1
	300491	通合科技	1	1	1	1	1
	300765	新诺威	—	1	1	1	1
	300847	中船汉光	—	—	1	1	1
	300869	康泰医学	—	—	1	1	1
	300922	天秦装备	—	—	1	1	1
	300981	中红医疗	—	—	—	1	1
	300990	同飞股份	—	—	—	1	1
	301197	工大科雅	—	—	—	—	1
	301298	东利机械	—	—	—	—	1
北交所	830964	润农节水	—	—	—	1	1
	832171	志晟信息	—	—	—	1	1
	838163	方大新材	—	—	—	1	1
	836247	华密新材	—	—	—	—	1
	835985	海泰新能	—	—	—	—	1

注："1"代表披露了股东权益保护信息，"0"代表未披露股东权益保护信息，"—"代表当年公司未上市。

资料来源：国泰安数据库和上市公司年报。

2. 河北上市公司债权人权益保护情况

（1）河北上市公司各板块债权人权益保护信息披露

2018～2022 年，除北交所外，河北上市公司各板块债权人权益保护信息披露数量及披露比例均整体呈上升趋势。2018～2022 年，河北创业板上市公司债权人权益保护信息披露比例上升相对较快。2018～2022年，虽然河北沪市 A 股上市公司债权人权益保护信息披露数量最多，但整体披露比例并不高，为 63%～70%。2022 年，河北沪市 A 股债权人权益保护信息披露公司数量为 18 家，披露比例为 69.23%。河北中小企业板、深市 A 股和北交所上市公司债权人权益保护信息披露数量及披露比例相对稳定（见表 3）。

表 3　2018～2022 年河北上市公司各板块债权人权益保护信息
披露数量及披露比例

单位：家，%

所属板块	2018 年		2019 年		2020 年		2021 年		2022 年	
	数量	比例	数量	比例	数量	比例	数量	比例	数量	比例
沪市 A 股	14	63.64	14	63.64	15	65.22	18	69.23	18	69.23
深市 A 股	10	83.33	10	83.33	9	75.00	10	83.33	11	84.62
中小企业板	8	80.00	9	81.82	8	72.73	10	83.33	10	83.33
创业板	7	70.00	8	72.73	11	78.57	13	81.25	16	88.89
北交所	—	—	—	—	—	—	3	100.00	5	100.00

资料来源：国泰安数据库和上市公司年报。

（2）河北上市公司债权人权益保护信息披露

2018～2022 年河北上市公司债权人权益保护信息披露数量及披露比例整体呈上升趋势，河北上市公司债权人权益保护意识整体增强。2022 年河北上市公司中有 60 家披露了债权人权益保护信息，披露比例为 81.08%（见图 2）。

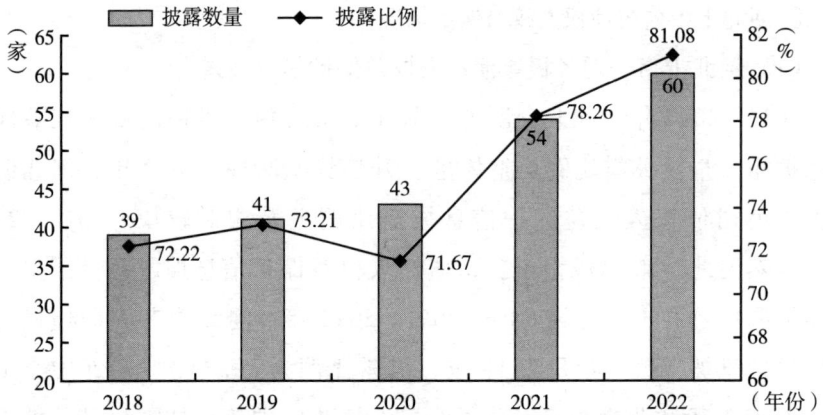

图 2　2018~2022 年河北上市公司债权人权益保护信息披露数量及披露比例

资料来源：国泰安数据库和上市公司年报。

表 4 对 2018~2022 年河北上市公司债权人权益保护信息披露情况进行了列示。

表 4　2018~2022 年河北上市公司债权人权益保护信息披露情况

所属板块	证券代码	证券简称	2018 年	2019 年	2020 年	2021 年	2022 年
沪市 A 股	600135	乐凯胶片	0	0	0	0	0
	600149	廊坊发展	0	0	0	0	0
	600230	沧州大化	0	0	0	0	0
	600340	华夏幸福	1	1	1	1	1
	600409	三友化工	1	1	1	1	1
	600480	凌云股份	1	1	1	1	1
	600482	中国动力	1	1	1	1	1
	600550	保变电气	1	1	1	1	1
	600559	老白干酒	1	1	1	1	1
	600722	金牛化工	0	0	0	0	0
	600803	新奥股份	1	1	1	1	1
	600812	华北制药	1	1	1	1	1
	600965	福成股份	1	1	1	1	1
	600997	开滦股份	1	1	1	1	1
	601000	唐山港	1	1	1	1	1
	601258	庞大集团	0	0	0	0	0
	601326	秦港股份	1	1	1	1	1

续表

所属板块	证券代码	证券简称	2018 年	2019 年	2020 年	2021 年	2022 年
沪市 A 股	601633	长城汽车	1	1	1	1	1
	603050	科林电气	0	0	0	0	0
	603156	养元饮品	0	0	0	0	0
	603385	惠达卫浴	1	1	1	1	1
	603938	三孚股份	0	0	0	0	0
	600956	新天绿能	—	—	1	1	1
	605196	华通线缆	—	—	—	1	1
	603176	汇通集团	—	—	—	1	1
	600906	财达证券	—	—	—	1	1
深市 A 股	000158	常山北明	1	1	1	1	1
	000401	冀东水泥	1	1	1	1	1
	000413	东旭光电	1	1	1	1	1
	000600	建投能源	1	1	1	1	1
	000709	河钢股份	1	1	1	1	1
	000778	新兴铸管	1	1	1	1	1
	000848	承德露露	0	0	0	0	0
	000856	冀东装备	1	1	0	1	1
	000889	中嘉博创	1	1	1	1	1
	000923	河钢资源	1	1	1	1	1
	000937	冀中能源	1	1	1	1	1
	000958	电投产融	0	0	0	0	0
	001301	尚太科技	—	—	—	—	1
中小企业板	002049	紫光国微	1	1	0	1	1
	002108	沧州明珠	1	1	1	1	1
	002146	荣盛发展	1	1	1	1	1
	002282	博深股份	0	0	0	0	0
	002342	巨力索具	1	1	1	1	1
	002442	龙星化工	1	1	1	1	1
	002459	晶澳科技	1	1	1	1	1
	002494	华斯股份	1	1	1	1	1
	002603	以岭药业	1	1	1	1	1
	002691	冀凯股份	0	0	0	0	0
	002960	青鸟消防	—	1	1	1	1
	003031	中瓷电子	—	—	—	1	1

所属板块	证券代码	证券简称	2018 年	2019 年	2020 年	2021 年	2022 年
创业板	300107	建新股份	1	1	1	1	1
	300137	先河环保	1	1	1	1	1
	300138	晨光生物	0	0	0	0	0
	300152	新动力	0	0	0	0	0
	300255	常山药业	1	1	1	1	1
	300368	汇金股份	0	0	0	0	0
	300371	汇中股份	1	1	1	1	1
	300428	立中集团	1	1	1	1	1
	300446	乐凯新材	1	1	1	1	1
	300491	通合科技	1	1	1	1	1
	300765	新诺威	—	1	1	1	1
	300847	中船汉光	—	—	1	1	1
	300869	康泰医学	—	—	1	1	1
	300922	天秦装备	—	—	1	1	1
	300981	中红医疗	—	—	—	1	1
	300990	同飞股份	—	—	—	1	1
	301197	工大科雅	—	—	—	—	1
	301298	东利机械	—	—	—	—	1
北交所	830964	润农节水	—	—	—	1	1
	832171	志晟信息	—	—	—	1	1
	838163	方大新材	—	—	—	1	1
	836247	华密新材	—	—	—	—	1
	835985	海泰新能	—	—	—	—	1

注："1"代表披露了债权人权益保护信息，"0"代表未披露债权人权益保护信息。

资料来源：国泰安数据库和上市公司年报。

3. 河北上市公司安全生产情况

（1）河北上市公司各板块安全生产信息披露

2018~2022 年河北上市公司各板块安全生产信息披露数量及披露比例虽呈上升趋势，但整体披露水平较低。河北沪市 A 股上市公司安全生产信息披露数量最多，2022 年为 18 家。河北深市 A 股、创业板、中小企业板和北交所上市公司的披露比例均处于较低水平，其中北交所在 2021 年披露比例最低，说明整体上河北上市公司安全生产信息披露不到位（见表 5）。

表 5 2018~2022 年河北上市公司各板块安全生产信息披露数量及披露比例

单位：家，%

所属板块	2018 年		2019 年		2020 年		2021 年		2022 年	
	数量	比例	数量	比例	数量	比例	数量	比例	数量	比例
沪市 A 股	10	45.45	10	45.45	17	73.91	18	69.23	18	69.23
深市 A 股	6	50.00	5	41.67	8	66.67	8	66.67	8	61.54
中小企业板	6	60.00	4	36.36	8	72.73	8	66.67	8	66.67
创业板	4	40.00	3	27.27	8	57.14	10	62.50	11	61.11
北交所	—	—	—	—	—	—	0	0.00	1	20.00

资料来源：国泰安数据库和上市公司年报。

（2）河北上市公司安全生产信息披露

2018~2022 年河北上市公司安全生产信息披露数量及披露比例虽整体处于上升趋势，但披露水平较低。2022 年河北上市公司中仅有 46 家披露了安全生产信息，披露比例为 62.16%（见图 3）。

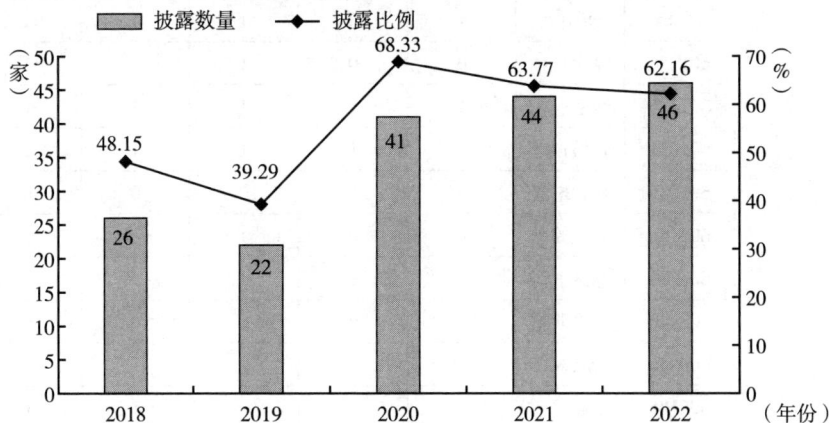

图 3 2018~2022 年河北上市公司安全生产信息披露数量及披露比例

资料来源：国泰安数据库和上市公司年报。

表 6 对 2018～2022 年河北上市公司安全生产信息披露情况进行了列示。

表 6　2018～2022 年河北上市公司安全生产信息披露情况

所属板块	证券代码	证券简称	2018 年	2019 年	2020 年	2021 年	2022 年
沪市 A 股	600135	乐凯胶片	0	0	0	0	0
	600149	廊坊发展	0	0	0	0	0
	600230	沧州大化	0	0	0	0	0
	600340	华夏幸福	0	1	1	1	1
	600409	三友化工	1	1	1	1	1
	600480	凌云股份	1	1	1	1	1
	600482	中国动力	0	1	1	1	1
	600550	保变电气	1	1	1	1	1
	600559	老白干酒	0	0	1	1	1
	600722	金牛化工	1	0	1	1	1
	600803	新奥股份	0	0	1	1	1
	600812	华北制药	1	1	1	1	1
	600965	福成股份	0	0	0	0	0
	600997	开滦股份	1	1	1	1	1
	601000	唐山港	1	0	1	1	1
	601258	庞大集团	0	0	1	1	1
	601326	秦港股份	1	1	1	1	1
	601633	长城汽车	1	1	1	1	1
	603050	科林电气	0	0	0	0	0
	603156	养元饮品	0	0	1	1	1
	603385	惠达卫浴	1	1	1	1	1
	603938	三孚股份	0	0	0	0	0
	600956	新天绿能	—	—	1	1	1
	605196	华通线缆	—	—	—	1	1
	603176	汇通集团	—	—	—	0	0
	600906	财达证券	—	—	—	0	0

续表

所属板块	证券代码	证券简称	2018 年	2019 年	2020 年	2021 年	2022 年
深市 A 股	000158	常山北明	0	0	0	0	0
	000401	冀东水泥	1	1	1	1	1
	000413	东旭光电	0	0	1	1	1
	000600	建投能源	1	0	1	1	1
	000709	河钢股份	0	1	1	1	1
	000778	新兴铸管	1	1	1	1	1
	000848	承德露露	0	0	0	0	0
	000856	冀东装备	1	0	0	0	0
	000889	中嘉博创	0	0	1	1	1
	000923	河钢资源	1	1	1	1	1
	000937	冀中能源	1	1	1	1	1
	000958	电投产融	0	0	0	0	0
	001301	尚太科技	—	—	—	—	0
中小企业板	002049	紫光国微	1	0	1	1	1
	002108	沧州明珠	1	0	1	1	1
	002146	荣盛发展	1	1	1	1	1
	002282	博深股份	0	0	0	0	0
	002342	巨力索具	0	0	0	0	0
	002442	龙星化工	1	1	1	1	1
	002459	晶澳科技	0	1	1	1	1
	002494	华斯股份	1	0	1	1	1
	002603	以岭药业	1	1	1	1	1
	002691	冀凯股份	0	0	0	0	0
	002960	青鸟消防	—	0	1	1	1
	003031	中瓷电子	—	—	—	0	0
创业板	300107	建新股份	1	0	1	1	1
	300137	先河环保	0	0	1	1	1
	300138	晨光生物	1	1	0	0	0
	300152	新动力	0	0	0	0	0
	300255	常山药业	1	0	0	0	0
	300368	汇金股份	0	0	0	0	0
	300371	汇中股份	0	0	1	1	1

续表

所属板块	证券代码	证券简称	2018 年	2019 年	2020 年	2021 年	2022 年
创业板	300428	立中集团	0	0	1	1	1
	300446	乐凯新材	1	1	1	1	1
	300491	通合科技	0	0	0	0	0
	300765	新诺威	—	1	1	1	1
	300847	中船汉光	—	—	0	0	1
	300869	康泰医学	—	—	1	1	1
	300922	天秦装备	—	—	1	1	1
	300981	中红医疗	—	—	—	1	1
	300990	同飞股份	—	—	—	1	1
	301197	工大科雅	—	—	—	—	0
	301298	东利机械	—	—	—	—	0
北交所	830964	润农节水	—	—	—	0	0
	832171	志晟信息	—	—	—	0	1
	838163	方大新材	—	—	—	0	0
	836247	华密新材	—	—	—	—	0
	835985	海泰新能	—	—	—	—	0

注："1"代表披露了安全生产信息，"0"代表未披露安全生产信息。
资料来源：国泰安数据库和上市公司年报。

4. 河北上市公司公共关系和社会公益事业情况

（1）河北上市公司各板块公共关系和社会公益事业信息披露

2018～2022 年，河北上市公司各板块公共关系和社会公益事业信息披露数量及披露比例存在差异。在披露数量方面，河北沪市 A 股上市公司公共关系和社会公益事业信息披露数量最多，2022 年为 22 家；在披露比例方面，2022 年河北深市 A 股、中小企业板上市公司公共关系和社会公益事业信息披露比例均达到 100.00%，河北北交所上市公司公共关系和社会公益事业信息披露比例最低（见表 7）。

表7　2018~2022 年河北上市公司各板块公共关系和社会公益
事业信息披露数量及披露比例

单位：家，%

所属板块	2018 年		2019 年		2020 年		2021 年		2022 年	
	数量	比例	数量	比例	数量	比例	数量	比例	数量	比例
沪市 A 股	14	63.64	14	63.64	18	78.26	21	80.77	22	84.62
深市 A 股	10	83.33	10	83.33	12	100.00	12	100.00	13	100.00
中小企业板	7	70.00	4	36.36	9	81.82	12	100.00	12	100.00
创业板	10	100.00	9	81.82	13	92.86	16	100.00	16	88.89
北交所	—	—	—	—	—	—	0	0.00	2	40.00

资料来源：国泰安数据库和上市公司年报。

（2）河北上市公司公共关系和社会公益事业信息披露

2018~2022 年河北上市公司公共关系和社会公益事业信息披露数量及披
露比例均处于波动上升趋势，整体上河北上市公司维护公共关系和开展社会
公益事业的意识得到增强。2022 年河北上市公司中有 65 家披露了公共关系
和社会公益事业信息，披露比例为 87.84%（见图 4）。

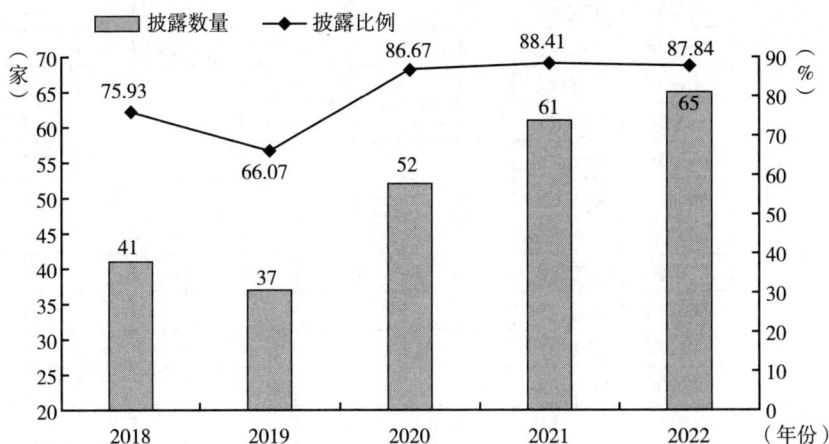

图4　2018~2022 年河北上市公司公共关系和社会公益事业信息披露数量及披露比例

资料来源：国泰安数据库和上市公司年报。

表 8 对 2018～2022 年河北上市公司公共关系和社会公益事业信息披露情况进行了列示。

表 8 2018～2022 年河北上市公司公共关系和社会公益事业信息披露

所属板块	证券代码	证券简称	2018 年	2019 年	2020 年	2021 年	2022 年
沪市 A 股	600135	乐凯胶片	0	0	0	0	0
	600149	廊坊发展	0	0	0	0	0
	600230	沧州大化	0	0	0	0	0
	600340	华夏幸福	1	1	1	1	1
	600409	三友化工	1	1	1	1	1
	600480	凌云股份	1	1	1	1	1
	600482	中国动力	1	1	1	1	1
	600550	保变电气	1	1	1	1	1
	600559	老白干酒	1	1	1	1	1
	600722	金牛化工	0	0	0	0	0
	600803	新奥股份	1	1	1	1	1
	600812	华北制药	1	1	1	1	1
	600965	福成股份	0	0	1	1	1
	600997	开滦股份	1	1	1	1	1
	601000	唐山港	1	1	1	1	1
	601258	庞大集团	0	0	1	1	1
	601326	秦港股份	1	1	1	1	1
	601633	长城汽车	1	1	1	1	1
	603050	科林电气	1	1	1	1	1
	603156	养元饮品	1	1	1	1	1
	603385	惠达卫浴	0	0	1	1	1
	603938	三孚股份	0	0	0	0	0
	600956	新天绿能	—	—	1	1	1
	605196	华通线缆	—	—	—	1	1
	603176	汇通集团	—	—	—	1	1
	600906	财达证券	—	—	—	1	1
深市 A 股	000158	常山北明	1	1	1	1	1
	000401	冀东水泥	1	1	1	1	1
	000413	东旭光电	1	1	1	1	1
	000600	建投能源	1	1	1	1	1

所属板块	证券代码	证券简称	2018 年	2019 年	2020 年	2021 年	2022 年
深市 A 股	000709	河钢股份	1	1	1	1	1
	000778	新兴铸管	1	1	1	1	1
	000848	承德露露	1	0	1	1	1
	000856	冀东装备	0	0	1	1	1
	000889	中嘉博创	1	1	1	1	1
	000923	河钢资源	1	1	1	1	1
	000937	冀中能源	1	1	1	1	1
	000958	电投产融	0	1	1	1	1
	001301	尚太科技	—	—	—	—	1
中小企业板	002049	紫光国微	0	0	1	1	1
	002108	沧州明珠	0	0	0	1	1
	002146	荣盛发展	1	1	1	1	1
	002282	博深股份	1	0	1	1	1
	002342	巨力索具	1	0	1	1	1
	002442	龙星化工	1	1	1	1	1
	002459	晶澳科技	1	1	1	1	1
	002494	华斯股份	0	0	1	1	1
	002603	以岭药业	1	1	1	1	1
	002691	冀凯股份	1	0	1	1	1
	002960	青鸟消防	—	0	0	1	1
	003031	中瓷电子	—	—	—	1	1
创业板	300107	建新股份	1	1	1	1	1
	300137	先河环保	1	1	1	1	1
	300138	晨光生物	1	1	1	1	1
	300152	新动力	1	0	1	1	1
	300255	常山药业	1	0	1	1	1
	300368	汇金股份	1	1	1	1	1
	300371	汇中股份	1	1	1	1	1
	300428	立中集团	1	1	1	1	1
	300446	乐凯新材	1	1	1	1	1
	300491	通合科技	1	1	1	1	1
	300765	新诺威	—	1	0	1	1
	300847	中船汉光	—	—	1	1	1
	300869	康泰医学	—	—	1	1	1

续表

所属板块	证券代码	证券简称	2018 年	2019 年	2020 年	2021 年	2022 年
创业板	300922	天秦装备	—	—	1	1	1
	300981	中红医疗	—	—	—	1	1
	300990	同飞股份	—	—	—	1	1
	301197	工大科雅	—	—	—	—	0
	301298	东利机械	—	—	—	—	0
北交所	830964	润农节水	—	—	—	0	0
	832171	志晟信息	—	—	—	0	0
	838163	方大新材	—	—	—	0	0
	836247	华密新材	—	—	—	—	1
	835985	海泰新能	—	—	—	—	1

注："1"代表披露了公共关系和社会公益事业信息，"0"代表未披露公共关系和社会公益事业信息。

资料来源：国泰安数据库和上市公司年报。

（二）河北上市公司社会责任履行情况

随着企业社会责任意识持续增强，越来越多的上市公司积极以各种形式承担社会责任，并主动披露有关社会责任的履行情况。相关机构发布了一系列规章和规范性文件推动上市公司在年度报告中披露社会责任履行情况或发布单独的社会责任报告。《证券法》要求上市公司及时、全面、准确地披露社会责任履行情况。基于此，本报告从河北上市公司废水主要污染物排放、废气主要污染物排放、社会责任表现评分、股东责任表现评分以及员工责任表现评分五个方面对河北上市公司社会责任履行情况进行分析。

1. 河北上市公司废水主要污染物排放情况①

总体而言，2018~2021 年全国上市公司废水和河北上市公司废水化学需氧量、氨氮、总氮、总磷的排放量均整体呈增长趋势。具体而言，2021 年，全国上市公司废水化学需氧量、氨氮、总氮、总磷的排放量分别为 2531.00 万吨、86.75 万吨、316.66 万吨、33.81 万吨；河北上市公司废水化学需氧量、

———————

① 本部分数据仅更新至 2021 年。

氨氮、总氮、总磷的排放量分别为 153.53 万吨、3.71 万吨、13.33 万吨、1.46 万吨，占全国比重分别为 6.07%、4.28%、4.21%、4.32%（见表9）。

表9　2018~2021 年河北与全国上市公司废水主要污染物排放量

单位：万吨

地区	污染物	2018 年	2019 年	2020 年	2021 年
全国	化学需氧量	584.22	567.14	2564.76	2531.00
	氨氮	49.44	46.25	98.40	86.75
	总氮	120.21	117.65	322.34	316.66
	总磷	6.42	5.94	33.67	33.81
河北	化学需氧量	23.81	22.38	127.42	153.53
	氨氮	2.09	1.83	3.22	3.71
	总氮	5.08	4.61	11.45	13.33
	总磷	0.27	0.20	1.12	1.46

资料来源：历年《中国统计年鉴》。

值得关注的是，2018~2021 年全国和河北上市公司废水化学需氧量、氨氮、总氮和总磷排放量的增长率均较高。且河北上市公司废水化学需氧量、氨氮和总磷排放量的增长率分别为 544.81%、77.51% 和 440.74%，高于全国上市公司废水化学需氧量、氨氮和总磷排放量的增长率（见表10）。

表10　2018~2021 年河北与全国上市公司废水主要污染物排放量增长率

单位：%

地区	污染物	增长率
全国	化学需氧量	333.23
	氨氮	75.47
	总氮	163.42
	总磷	426.64

续表

地区	污染物	增长率
河北	化学需氧量	544.81
	氨氮	77.51
	总氮	162.40
	总磷	440.74

资料来源：历年《中国统计年鉴》。

2. 河北上市公司废气主要污染物排放情况

总体而言，2018~2021年全国和河北上市公司废气二氧化硫、氮氧化物和颗粒物排放量水平整体呈下降趋势。具体而言，2021年，全国上市公司废气二氧化硫、氮氧化物和颗粒物排放量分别为274.78万吨、988.38万吨和537.60万吨；2021年河北上市公司废气二氧化硫、氮氧化物和颗粒物排放量分别为17.07万吨、82.24万吨和34.98万吨，占全国比重分别为6.21%、8.32%和6.51%（见表11）。

表11　2018~2021年河北与全国上市公司废气主要污染物排放量

单位：万吨

地区	污染物	2018年	2019年	2020年	2021年
全国	二氧化硫	516.12	457.29	318.22	274.78
	氮氧化物	1288.44	1233.85	1019.66	988.38
	颗粒物	1132.26	1088.48	611.40	537.60
河北	二氧化硫	34.32	28.69	16.17	17.07
	氮氧化物	115.50	101.65	76.97	82.24
	颗粒物	53.83	48.22	37.07	34.98

资料来源：历年《中国统计年鉴》。

值得关注的是，2018~2021年全国和河北上市公司废气二氧化硫、氮氧化物和颗粒物排放量水平均显著下降。河北上市公司废气二氧化硫和氮氧化物排放量的下降率分别为50.26%和28.80%，下降幅度大于全国上市公司废气二氧化硫和氮氧化物排放量的下降幅度（见表12），说明河北上市公司废气污染治理效果较好，环境保护意识增强。

表 12   2018~2021 年河北与全国废气主要污染物排放量下降率

单位：%

地区	污染物	下降率
全国	二氧化硫	46.76
	氮氧化物	23.29
	颗粒物	52.52
河北	二氧化硫	50.26
	氮氧化物	28.80
	颗粒物	35.02

资料来源：历年《中国统计年鉴》。

3. 河北上市公司社会责任表现评分情况

2018~2021 年，全国上市公司社会责任表现评分均值分别为 19.31、19.26、19.45 和 19.43，4 年均值为 19.36，增幅较小，为 0.62%。相比而言，河北上市公司社会责任表现评分均值较高。2018~2021 年，河北上市公司社会责任表现评分均值均高于全国上市公司社会责任表现评分均值，分别为 20.67、21.22、20.97 和 21.69，4 年均值为 21.14，增幅为4.93%。河北上市公司社会责任表现评分均值在 2018~2021 年 4 年中的增长幅度约是全国上市公司的 8 倍（见表13），说明河北上市公司的社会责任履行情况较好。

表 13   2018~2021 年河北与全国上市公司社会责任表现评分均值对比

地区	2018 年	2019 年	2020 年	2021 年
河北	20.67	21.22	20.97	21.69
全国	19.31	19.26	19.45	19.43

资料来源：和讯网社会责任评分。

表 14 对 2018～2021 年河北上市公司社会责任表现评分情况进行了列示。

表 14 2018～2021 年河北上市公司社会责任表现评分情况

证券代码	证券简称	2018 年	2019 年	2020 年	2021 年
600135	乐凯胶片	13.04	15.22	15.62	*
600149	廊坊发展	24.04	28.36	28.80	*
600230	沧州大化	29.47	17.13	4.70	*
600340	华夏幸福	41.35	41.33	30.84	*
600409	三友化工	28.70	23.13	21.94	20.55
600480	凌云股份	20.59	19.35	22.67	*
600482	中国动力	20.66	17.90	18.61	*
600550	保变电气	-1.89	11.69	10.96	*
600559	老白干酒	28.51	29.66	28.05	*
600722	金牛化工	13.45	12.32	12.10	*
600803	新奥股份	27.39	27.26	29.65	29.55
600812	华北制药	16.83	16.87	22.40	*
600965	福成股份	28.59	27.05	20.59	*
600997	开滦股份	25.01	23.28	24.02	*
601000	唐山港	25.42	27.03	29.87	*
601258	庞大集团	-2.21	17.22	13.40	*
601326	秦港股份	22.84	24.41	23.98	*
601633	长城汽车	29.57	24.79	21.45	*
603050	科林电气	20.90	19.69	20.07	*
603156	养元饮品	34.86	34.70	35.35	*
603385	惠达卫浴	25.24	28.82	26.12	*
603938	三孚股份	22.69	21.30	19.69	20.74
600956	新天绿能	—	—	28.06	23.1
603176	汇通集团				*
600906	财达证券	—	—	—	*
000158	常山北明	19.23	18.56	13.93	*
000401	冀东水泥	23.85	27.27	26.78	23.5
000413	东旭光电	22.75	4.14	3.63	*
000600	建投能源	26.05	27.32	28.95	*
000709	河钢股份	19.63	13.68	16.84	*

证券代码	证券简称	2018 年	2019 年	2020 年	2021 年
000778	新兴铸管	23.95	21.29	21.90	*
000848	承德露露	35.31	34.84	34.64	*
000856	冀东装备	12.84	13.01	11.61	12.72
000889	中嘉博创	19.64	-2.56	17.42	*
000923	河钢资源	16.81	22.94	24.86	*
000937	冀中能源	20.46	20.54	22.97	*
000958	电投产融	20.23	*	*	*
002049	紫光国微	21.77	22.69	26.03	*
002108	沧州明珠	22.44	20.79	24.06	*
002146	荣盛发展	38.13	38.22	36.37	*
002282	博深股份	16.07	18.02	19.09	*
002342	巨力索具	10.95	11.55	10.86	*
002442	龙星化工	20.73	11.50	14.88	*
002459	晶澳科技	1.37	21.81	23.01	*
002494	华斯股份	16.75	18.48	2.24	*
002603	以岭药业	25.69	25.28	34.26	*
002691	冀凯股份	12.74	14.46	9.41	*
002960	青鸟消防	—	26.95	25.63	*
003031	中瓷电子	—	—	—	*
300107	建新股份	28.3	27.63	18.06	*
300137	先河环保	19.15	22.79	22.84	*
300138	晨光生物	18.00	21.06	24.40	*
300152	新动力	-0.08	11.65	6.78	*
300255	常山药业	16.52	21.43	22.14	*
300368	汇金股份	4.22	15.99	18.02	*
300371	汇中股份	27.90	27.67	27.72	*
300428	立中集团	23.66	22.43	21.47	*
300446	乐凯新材	26.15	21.31	1.19	*
300491	通合科技	9.84	14.62	16.76	*
300847	中船汉光	—	—	21.58	*
300869	康泰医学	—	—	28.59	*
300922	天秦装备	—	—	28.33	*
300981	中红医疗	—	—	—	*
300990	同飞股份	—	—	—	*

续表

证券代码	证券简称	2018 年	2019 年	2020 年	2021 年
605196	华通线缆	—	—	—	*
001301	尚太科技	—	—	—	*
300765	新诺威	—	*	*	*
301197	工大科雅	—	—	—	*
301298	东利机械	—	—	—	*
830964	润农节水	—	—	—	*
832171	志晟信息	—	—	—	*
838163	方大新材	—	—	—	*
836247	华密新材	—	—	—	—
835985	海泰新能	—	—	—	—

注:"*"代表和讯网未披露,"—"代表当年未上市。

资料来源:和讯网社会责任评分。

4. 河北上市公司股东责任表现评分情况

2018~2021 年,全国上市公司股东责任表现评分均值分别为 13.43、13.31、13.37 和 13.48,4 年均值为 13.40,增幅较小,为 0.37%。相比而言,河北上市公司股东责任表现评分均值较高。2018~2021 年,河北上市公司股东责任表现评分均值均高于全国上市公司股东责任表现评分均值,分别为 14.25、14.29、14.16 和 14.45,4 年均值为 14.29,增幅为 1.40%(见表 15)。河北上市公司股东责任表现评分均值在 2018~2021 年 4 年中的增长幅度约是全国上市公司的 3.8 倍,说明河北上市公司股东责任表现较好。

表 15　2018~2021 年河北与全国上市公司股东责任表现评分均值对比

地区	2018 年	2019 年	2020 年	2021 年
河北	14.25	14.29	14.16	14.45
全国	13.43	13.31	13.37	13.48

资料来源:和讯网社会责任评分。

表 16 对 2018~2021 年河北上市公司股东责任表现评分情况进行了列示。

表 16　2018~2021 年河北上市公司股东责任表现评分情况

证券代码	证券简称	2018 年	2019 年	2020 年	2021 年
600135	乐凯胶片	12.03	12.03	9.99	*
600149	廊坊发展	7.76	9.36	10.58	*
600230	沧州大化	21.90	10.69	8.53	*
600340	华夏幸福	22.35	22.33	11.84	*
600409	三友化工	20.61	15.48	15.93	12.09
600480	凌云股份	11.13	10.62	11.26	*
600482	中国动力	12.63	11.44	10.94	*
600550	保变电气	-2.67	5.95	6.26	*
600559	老白干酒	18.73	18.98	15.90	*
600722	金牛化工	10.02	8.56	7.52	*
600803	新奥股份	18.76	17.76	16.65	16.73
600812	华北制药	6.26	6.26	11.83	*
600965	福成股份	18.09	19.71	16.49	*
600997	开滦股份	20.40	18.51	18.69	*
601000	唐山港	18.77	19.70	22.02	*
601258	庞大集团	-1.98	6.93	8.19	*
601326	秦港股份	17.84	19.41	18.98	*
601633	长城汽车	19.56	18.17	13.02	*
603050	科林电气	16.90	16.60	17.56	*
603156	养元饮品	25.23	25.20	25.16	*
603385	惠达卫浴	18.79	20.43	19.11	*
603938	三孚股份	19.29	17.91	16.00	17.45
600956	新天绿能	—	—	18.73	14.96
603176	汇通集团	—	—		*
600906	财达证券	—	—		*
000158	常山北明	9.06	8.49	8.08	*
000401	冀东水泥	18.34	21.82	21.19	18.29
000413	东旭光电	15.12	4.81	-0.49	*
000600	建投能源	13.05	15.48	17.09	*
000709	河钢股份	14.93	8.69	12.65	*
000778	新兴铸管	17.95	15.59	16.04	*

证券代码	证券简称	2018 年	2019 年	2020 年	2021 年
000848	承德露露	23.02	22.13	22.06	*
000856	冀东装备	7.29	7.29	6.14	7.18
000889	中嘉博创	12.98	-2.42	6.85	*
000923	河钢资源	10.20	16.43	18.20	*
000937	冀中能源	14.67	14.94	17.34	*
000958	电投产融	12.50	*	*	*
002049	紫光国微	16.38	16.09	18.78	*
002108	沧州明珠	17.29	13.96	17.29	*
002146	荣盛发展	22.34	22.01	20.27	*
002282	博深股份	12.00	12.56	14.22	*
002342	巨力索具	7.31	7.34	7.71	*
002442	龙星化工	16.31	7.21	9.31	*
002459	晶澳科技	6.18	13.48	15.71	*
002494	华斯股份	9.83	7.83	-2.71	*
002603	以岭药业	18.59	18.11	25.32	*
002691	冀凯股份	8.98	8.98	4.85	*
002960	青鸟消防	—	20.61	21.35	*
003031	中瓷电子	—	—	—	*
300107	建新股份	24.12	24.05	15.58	*
300137	先河环保	15.53	19.21	18.11	*
300138	晨光生物	14.33	15.54	15.56	*
300152	新动力	-2.56	7.21	7.31	*
300255	常山药业	5.09	13.76	13.36	*
300368	汇金股份	8.82	11.10	11.79	*
300371	汇中股份	23.11	22.73	23.04	*
300428	立中集团	17.37	15.15	13.88	*
300446	乐凯新材	22.69	18.51	3.45	*
300491	通合科技	4.40	10.95	12.82	*
300847	中船汉光	—	—	16.41	*
300869	康泰医学	—	—	21.37	*
300922	天秦装备	—	—	20.41	*
300981	中红医疗	—	—	—	*
300990	同飞股份	—	—	—	*

证券代码	证券简称	2018 年	2019 年	2020 年	2021 年
605196	华通线缆	—	—	—	*
001301	尚太科技	*	*	*	*
300765	新诺威	—	*	*	*
301197	工大科雅	—	—	—	—
301298	东利机械	—	—	—	—
830964	润农节水	—	—	—	*
832171	志晟信息	—	—	—	*
838163	方大新材	—	—	—	*
836247	华密新材	—	—	—	—
835985	海泰新能	—	—	—	—

注："＊"代表和讯网未披露，"—"代表当年未上市。

资料来源：和讯网社会责任评分。

5. 河北上市公司员工责任表现评分情况

2018~2021 年，全国上市公司员工责任表现评分均值分别为 1.39、1.56、1.70 和 1.76，4 年均值为 1.60，增幅为 26.62%。相比而言，河北上市公司员工责任表现评分均值稍低。2018~2021 年，河北上市公司员工责任表现评分均值分别为 1.52、1.51、1.42 和 1.70，4 年均值为 1.54，增幅为 11.84%（见表 17）。河北上市公司员工责任表现评分均值在 2018~2021 年 4 年中的增长幅度稍小于全国上市公司，说明整体上河北上市公司员工责任表现不佳，但逐步提升。

表 17　2018~2021 年河北与全国上市公司员工责任表现评分均值对比

地区	2018 年	2019 年	2020 年	2021 年
河北	1.52	1.51	1.42	1.70
全国	1.39	1.56	1.70	1.76

资料来源：和讯网社会责任评分。

表 18 对 2018~2021 年河北上市公司员工责任表现评分情况进行了列示。

表 18　2018~2021 年河北上市公司员工责任表现评分情况

证券代码	证券名称	2018 年	2019 年	2020 年	2021 年
600135	乐凯胶片	0.83	0.77	0.77	*
600149	廊坊发展	4.00	4.00	4.00	*
600230	沧州大化	3.14	1.44	1.44	*
600340	华夏幸福	4.00	4.00	4.00	*
600409	三友化工	4.00	3.18	3.18	4
600480	凌云股份	1.74	1.53	1.53	*
600482	中国动力	1.61	1.45	1.45	*
600550	保变电气	0.83	0.74	0.74	*
600559	老白干酒	2.85	3.00	3.00	*
600722	金牛化工	2.94	2.92	2.92	*
600803	新奥股份	3.00	3.00	3.00	3.00
600812	华北制药	0.57	0.61	0.61	*
600965	福成股份	0.5	0.36	0.36	*
600997	开滦股份	0.19	0.27	0.27	*
601000	唐山港	2.61	3.15	3.15	*
601258	庞大集团	0.38	0.29	0.29	*
601326	秦港股份	0.00	0.00	0.00	*
601633	长城汽车	1.97	1.86	1.86	*
603050	科林电气	1.00	1.17	1.17	*
603156	养元饮品	1.10	1.08	1.08	*
603385	惠达卫浴	1.22	0.98	0.98	*
603938	三孚股份	0.15	0.16	0.16	0.11
600956	新天绿能	—	—	0.00	2.14
603176	汇通集团	—	—	—	*
600906	财达证券	—	—	—	*
000158	常山北明	0.17	0.20	0.20	*
000401	冀东水泥	0.51	0.85	0.85	0.42
000413	东旭光电	4.00	4.00	4.00	*
000600	建投能源	3.00	2.76	2.76	*
000709	河钢股份	0.62	0.60	0.60	*
000778	新兴铸管	1.00	0.89	0.89	*

续表

证券代码	证券名称	2018 年	2019 年	2020 年	2021 年
000848	承德露露	2.29	2.71	2.71	*
000856	冀东装备	0.55	0.72	0.72	0.54
000889	中嘉博创	0.63	0.52	0.52	*
000923	河钢资源	1.61	1.51	1.51	*
000937	冀中能源	0.79	0.60	0.60	*
000958	电投产融	0.17	*	*	*
002049	紫光国微	4.00	4.00	4.00	*
002108	沧州明珠	1.55	1.83	1.83	*
002146	荣盛发展	0.79	1.21	1.21	*
002282	博深股份	0.72	1.28	1.28	*
002342	巨力索具	0.95	1.12	1.12	*
002442	龙星化工	1.48	0.82	0.82	*
002459	晶澳科技	0.19	4.00	4.00	*
002494	华斯股份	1.02	0.65	0.65	*
002603	以岭药业	0.57	0.86	0.86	*
002691	冀凯股份	1.96	1.78	1.78	*
002960	青鸟消防	—	0.00	0.00	*
003031	中瓷电子	—	—	—	*
300107	建新股份	1.15	0.61	0.61	*
300137	先河环保	0.62	0.51	0.51	*
300138	晨光生物	1.27	1.33	1.33	*
300152	新动力	2.91	1.07	1.07	*
300255	常山药业	1.75	1.35	1.35	*
300368	汇金股份	0.40	1.03	1.03	*
300371	汇中股份	1.68	1.87	1.87	*
300428	立中集团	4.00	4.00	4.00	*
300446	乐凯新材	0.55	0.53	0.53	*
300491	通合科技	0.52	0.56	0.56	*
300847	中船汉光	—	—	0.01	*
300869	康泰医学	—	—	0.41	*
300922	天秦装备	—	—	0.00	*
300981	中红医疗	—	—	—	*
300990	同飞股份	—	—	—	*

续表

证券代码	证券名称	2018 年	2019 年	2020 年	2021 年
605196	华通线缆	—	—	—	*
001301	尚太科技	*	*	*	*
300765	新诺威	—	*	*	*
301197	工大科雅	—	—	—	—
301298	东利机械	—	—	—	—
830964	润农节水	—	—	—	*
832171	志晟信息	—	—	—	*
838163	方大新材	—	—	—	*
836247	华密新材	—	—	—	—
835985	海泰新能	—	—	—	—

注："＊"代表和讯网未披露，"—"代表当年未上市。

资料来源：和讯网社会责任评分。

三　河北上市公司社会责任方面存在的问题

（一）社会责任披露内容缺乏完整性

由 2018～2022 年河北上市公司社会责任披露的相关数据可以发现，河北上市公司社会责任信息披露较为片面，部分上市公司的社会责任信息完整性较差。基于当前我国的社会责任信息披露制度，社会责任相关信息的披露并非强制性披露。上市公司对于是否在年度报告中披露相关社会责任信息以及发布单独的社会责任报告具有较强的自主性，因此有的公司会只选择对自身具有积极影响的社会责任信息进行披露，而刻意隐瞒或者回避相对负面的社会责任信息。这种仅向外界传递积极社会责任信息的做法，可能会在短期内提升公司形象，但隐瞒了公司履行社会责任的真实情况。从社会责任信息使用者的角度来看，积极的信息和消极的信息对监管机构和广大投资者都具有一定的参考价值。如果公司披露的社会责任信息不完整，将损害社会公众的信息获取质量，影响投资者的判断决策，甚至受到监管机构的处罚。因此，这些公司更应该确保其公开报告中与社会责任相关的信息披露的完整性，并且接受和配合政府部门以及社会公众的监督，履行其应当承担的社会责任。

（二）安全责任意识欠缺

根据 2018~2022 年河北上市公司社会责任披露的相关数据，股东权益保护、债权人权益保护、公共关系和社会公益事业信息披露数量和披露比例整体呈上升态势，2022 年股东权益保护信息披露数量和披露比例分别为 63 家和 85.14%；债权人权益保护信息披露数量和披露比例分别为 60 家和 81.08%；公共关系和社会公益事业信息披露数量和披露比例分别为 65 家和 87.84%。相比而言，河北上市公司安全生产信息披露水平较低。安全生产对公司的重要性不言而喻，它不仅是公司员工的生命安全红线，更是决定公司能否持续发展的基本底线。具体看 2018~2022 年河北上市公司安全生产信息的披露情况，其中 2019 年披露数量和披露比例最低，分别为 22 家和 39.29%，到 2022 年，整体情况虽有所好转，但安全生产信息披露水平仍然较低，披露安全生产信息的公司仅为 46 家，有将近四成的上市公司未向社会公众披露相关的安全生产信息。这说明河北上市公司的安全生产意识有所欠缺，可能存在未向社会公布的安全隐患以及必要的安全生产信息。

（三）部分维度社会责任表现不理想

通过上述河北上市公司社会责任履行的分析数据可以明显地看出，河北上市公司的环境保护意识有待加强、员工责任表现较差。环境保护方面，河北上市公司废水氨氮、化学需氧量、总氮等污染物的排放量呈增长趋势。水资源作为一种重要的生命资源，废水污染物的肆意排放不仅会严重污染水资源造成环境污染，还会对未来人类的基本生活产生不可逆转的危害。如果公司能够努力做到保护环境，减少污染物排放，不仅能够保护环境，还能够为企业带来良好的声誉，从而提升公司的环境责任表现。员工责任方面，公司对员工的责任不仅体现为工资和福利的增加，还体现在员工培训、教育和职业发展等多方面。河北上市公司员工责任表现水平较低，意味着河北上市公司的员工权益暂未得到充分保障。

四 关于河北上市公司社会责任的对策建议

（一）完善公司内部治理

健全的企业内部治理机制，对提升公司社会责任信息公开质量有十分重要的作用。公司治理机制主要包括董事会治理和公司内部控制制度两个方面，其建设过程需兼顾公司股东、管理层及投资者与其他利益相关者的关系。公司可遴选社会责任问题专家担任顾问，在决策时充分考虑专家意见，也可将董事会席位分配给承担公司社会责任的专门董事，来提高管理层对公司社会责任意识的关注度，并通过自上而下的方式对管理层披露社会责任信息的质量进行把控。此外，公司可通过厘清社会责任行为主体职责和强化企业内部社会责任管理体系等方式让社会责任意识深入企业文化。通常企业的社会责任意识越强，其年度报告或单独披露的社会责任报告中社会责任信息披露质量越高。

（二）强化公司安全责任意识

安全生产作为公司可持续经营的基本底线，是公司创造经济效益、实现盈利的前提。作为经济社会的微观主体，公司处于与多方存在密切关系的社会综合体之中。公司的安全生产不仅关乎自身的健康发展，而且影响社会的稳定运行。鉴于此，为增强安全生产意识，履行安全生产责任，一方面，公司应发挥内部控制制度的优势，建立合理有效的安全生产机制，比如通过落实劳动安全卫生责任制、完善劳工休息制度、提高安全保障投入等方式维护劳动者安全，实现安全生产；另一方面，公司可能会在不可抗力因素的影响下发生各种安全事故，因此应在建立及时的安全事故预警制度的前提下，进一步完善安全事故发生后的应对举措，保护员工基本权益，提升公司安全生产能力。

（三）强化社会责任系统性管理

公司层面，公司应充分认识到履行社会责任有助于帮助企业规避风险和提升公司形象，可根据自身行业特点提升对社会责任的内涵要求和履责路径等方面的认识。河北上市公司要建立健全社会责任工作的领导机构以及社会责任制度，促进社会责任理念与公司发展战略、经营管理实际相结合，着力提高公司社会责任治理水平；构建履行社会责任公司文化，在践行公司社会责任的过程中协调推进公司经营和文化建设。政府层面，政府应加强对企业履行社会责任的引导与规范，进一步发挥监督审核、政策引导的作用。通过制定相应的政策指引，并根据河北上市公司实际情况，对公司履行社会责任的一般要求和重点内容等进行明确，形成规范性引导，大力推动河北上市公司发挥履行社会责任的引领示范作用，提升河北上市公司社会责任水平和核心竞争力，推动河北上市公司做大做强。

专 题 篇
Special Reports

B.7
河北上市公司员工变动
研究报告（2023）

石晓飞 *

摘　要： 人员规模控制及员工变动优化是上市公司在制定人力资源规划时必
须考虑的重要因素。因此，本报告聚焦河北上市公司员工变动状况，
进行相关探索。本报告通过文献研究总结上市公司员工变动的相关
理论，构建起上市公司员工变动的指标体系。同时，从员工正向变
动和裁员发生风险两大维度对河北上市公司员工变动状况进行研究。
本报告建议河北上市公司从裁员动机、裁员周期、管理者职责以及
政府支持四个途径进行管理要素的选择和匹配，以推动员工变动管
理规范化和上市公司社会责任提升。

关键词： 上市公司　员工变动　河北

---

* 石晓飞，博士，河北经贸大学工商管理学院副院长、公司治理与企业成长研究中心主任，教
授，硕士研究生导师，主要研究领域为公司治理。

合理的总量规模及人员结构，对一家企业尤其是上市公司的核心竞争力和长期发展有极其重要的影响，同时是其人力资源规划的核心目标。在制定未来一个时期人员补充方案时，上市公司有必要对不同方案下员工队伍的总量、年龄结构及学历结构变化趋势进行预测，以判断不同的规划方案下员工数量变化能否支撑组织未来发展需要。

为了全面了解河北上市公司的员工变动情况以及政府相关支持政策的实施效果，准确把握高质量发展背景下企业在经营发展中所面临的实际困难和政策需求，以推动相关政策的落地实施，本报告基于 2020~2022 年河北上市公司员工变动数据的分析结果，重点监测与基期相比的变化趋势与动向，同时进行了分行业分析，以期为政府部门提供决策参考，助力企业纾困解难。

一 员工变动相关理论

组织变革是企业发展的主题，在当前的组织变革中，结构调整和组织裁员都是常用的变革方式。本报告从员工变动类型以及员工变动的相关影响方面对现有员工变动相关理论进行分析。

（一）员工变动类型

根据企业员工变动的动机可以把员工变动行为划分为经济性员工变动、结构性员工变动和优化性员工变动三种类型。

1. 经济性员工变动

经济性员工变动指由市场因素或经营不善等造成企业经营状况严重不佳、盈利能力降低、生存发展受到挑战，为了减少运营成本而被迫采取的员工变动措施。经济性员工变动必须符合一定的条件才可援引《中华人民共和国劳动合同法》第四十一条的规定，也即企业实施经济性员工变动的准入性条件。

（1）裁减人员的限制

批量性解雇的劳动者从数量上看必须符合特定条件，即一次需解除劳动合同的数量为 20 人以上。对部分人数较少、规模较小的企业实行人员比例限制，人员比例为企业职工总数的 10% 以上。经济性员工变动是法律赋予公司的用工自主权利并规定了公司员工变动数量下限，主要在于防止公司滥用解除权的行为，其立法初衷在于既保证公司人员结构合理调整权又防止公司借经济性员工变动之名侵害劳动者利益并通过立法实现劳资间的均衡。

（2）裁减期限的限制

根据法律规定，进行员工负向变动时必须采用一次性裁减的方式，而不是采用分期分批的方式。在具体问题上，应当根据企业实际需要和国家法律法规有关要求确定是否进行一次性裁减，或者对不同类型企业采取有差别的裁减方式。在规定的时间范围内，人员裁减的总量必须严格控制在规定的限制范围内，不得超出。在我国，法律对员工变动时间的限制较少，在现实中经常发生由超过法定期限或超期进行员工变动所引发的纠纷。在超出规定期限的情况下进行员工变动，通常会被视为违反劳动合同解除规定。企业应根据自身情况制定合理的期限，并向当地劳动行政部门进行备案，而法律并未明确规定该期限的长短。用人单位应当在其法定职权范围之内，依法对劳动者实行有效监督。对于那些不符合一次性裁减人数下限的情况，企业无法通过经济性员工变动来实现人员裁减，只能依据其他形式的劳动合同解除进行。

（3）员工变动主体的限制

只有企业才有资格进行经济性员工变动，其他经济主体、国家机关、事业单位或社会团体则不在此列。所谓"用人单位"，即为实现自身利益最大化而对劳动者进行裁减和解雇的法人实体。根据《中华人民共和国劳动合同法》第二条，用人单位指的是我国境内的企业、个体经济组织、民办非企业单位等组织。在法律意义上，用人单位不是一个独立的实体。用人单位和企业并不是等同的，前者包含后者。在我国，对经济性员工变动进行规制应当遵循"谁适用"原则和"先分类后整体"原则。此外，企业以外的组织在进行员工裁减时，不得以经济利益为借口。《中华人民共和国劳动合同法》第四十一条规定了企业进行经济性员工变动时所必须满足的实体性条件，企业只有具备相应条件方可进行员工变动。

2. 结构性员工变动

结构性员工变动是指企业经营方向、所提供产品或服务改变，其内部组织机构发生改组、分立、撤并等，造成集中员工变动，即结构性员工变动。原有产品及服务在遭遇市场需求变化时，企业须适时调整产品线，压缩规模，将人员整体进行调整，与此同时，提供相关配套服务、管理支持的行业相应地丧失了生存的根基，员工变动人数将非常多。由于公司组织结构调整较为灵活，结构性员工变动可能出现在公司困难时期或公司迅速成长期间。因结构变化而被削减的人可能是某个业务或职能部门中的员工，结构性员工变动需根据公司的战略特点、人员结构、业务特点和企业文化的实际情况进行设置，所以在新机构敲定前员工变动人数很难预知，在新的组织结构敲定后，结构性员工变动人数就可以轻松统计了。

3. 优化性员工变动

优化性员工变动就是企业为了维护人力资源的素质而依据绩效考核结果对不合格者予以辞退。优化性员工变动旨在消除不适岗人员、调剂岗位空缺、增补新人。优化性员工变动的周期性很强，一般都是按季或者按年来进行，通常出现在季度绩效考核或者年度绩效考核之后，而企业员工变动的人数则由考核不合格人数来决定。优化性员工变动后，员工总量在短期内有所减少，且员工变动后产生的岗位空缺会在招聘周期中被逐步补充并恢复至员工变动之前的状态。下个考核周期后进行新一轮员工变动，员工变动总量周期性浮动。

（二）员工变动的相关影响

1. 员工变动对公司股价的影响

大量研究集中在股票价格对上市公司裁员的反应上。[①] 有学者指出，一家宣布大规模裁员的公司可能是在为了提高效率或者陷入了财务困境。前者

---

① 韩燕、崔鑫、成宇星：《上市公司信息数量对股价波动的影响研究》，《管理评论》2020年第12期，第27~36页。

在文献中被称为潜在收益假说，后者在文献中被称为财务困境假说。根据潜在收益假说，财务状况不佳的公司比财务状况良好的公司从裁员中获益更多。有学者表明，裁员是一种旨在改善公司业绩的成本削减措施，往往会对公司的股票市场业绩产生负面影响。① 过去关于公司裁员与公司股价相关关系的研究表明，上市公司裁员对股价的影响，主要取决于裁员的官方原因，裁员是永久性的还是临时性的，以及之前宣布的裁员数量。②

之前的相关研究表明，上市公司裁员会导致股价的负面反应，并且裁员原因还会影响股价的反应。研究结果也好坏参半，强调了股价与裁员原因或宣布裁员时市场状况的相关性。相关学者将裁员的前因分为两大类，即环境因素（如经济环境和行业类型）和组织因素（如人力资源政策和组织战略）。③ 至于后果，裁员可能会让一个组织改变其在行业内的竞争地位，并与财务困境做斗争。此外，裁员后利润率和劳动生产率有所提高。④ 并且根据相关结论，劳动力的减少不仅在短期内改善了财务绩效，而且会导致公司业绩的"边际改善"。现有针对具体行业的研究表明，在经济好转期间，股市对消费品行业公司的裁员公告反应尤其积极，而在经济低迷期间，股市对银行、金融服务和制造业公司的裁员公告反应尤其消极。同时有研究发现在高度依赖员工及其专业知识等无形资产的行业，裁员对股价的影响可能会特别负面。⑤

2. 员工变动对公司其他方面的影响研究

到目前为止，有关上市公司裁员的研究主要集中在分析裁员对公司绩效和员工以及公司社会责任的影响方面。相关研究分析了裁员对企业声誉的影响，

---

① D. Hillier, "Employee Layoffs, Shareholder Wealth and Firm Performance: Evidence from the UK," *Journal of Business Finance & Accounting* 34 (2007).

② 张再生、赵丽华:《国内外关于就业稳定性研究评述》,《理论与现代化》2011 年第 6 期,第 118~127 页。

③ S. Velásquez, "Layoff Announcements and Intra-Day Market Reactions," *Review of Managerial Science* 12 (2018).

④ Artiono, R. D. Hidayat, "Inomial Approach for the Valuation of Employee Stock Option with Some Features: Vesting Period, Exit Rate, Reload, and Reset," *B. E3S Web of Conferences* 328 (2021).

⑤ A. C. Schulz, S. Johann, "Downsizing and the Fragility of Corporate Reputation: An Analysis of the Impact of Contextual Factors," *Scandinavian Journal of Management* 34 (2018).

研究发现上市公司裁员会对公司的外部声誉产生负面影响。[①] 此外，研究表明，各种内部和外部利益相关者对企业裁员持负面看法。员工作为重要的内部利益相关者，可能会将公司员工人数的减少视为严重违反其与公司的道德契约，因为这会威胁到他们的工作安全。因此，裁员会削弱员工的承诺程度，降低其工作满意度。另外，裁员对工作绩效有负面影响，表现为组织创造力和创新能力的降低。

基于以上分析可以发现，上市公司员工变动不仅对公司股价有重要影响，而且影响公司绩效和员工以及公司社会责任。员工变动可能会对公司的未来发展产生重要影响，同时行业异质性、产权异质性以及员工变动原因等又会对上市公司后续发展产生不同程度的影响。因此，研究河北上市公司员工变动相关因素有其独特意义。

二　河北上市公司员工变动现状

（一）裁员

裁员作为一种"通过削减劳动力改善组织绩效的组织决策类型"，往往是企业变革进程中的最后手段，它给企业带来了积极和消极两方面的影响。这一效应主要体现为对留岗员工心理的冲击，企业减员的根本宗旨是"减员增效"，能否实现目标关键在于减员策略的制定和执行。企业裁员就像企业招聘与绩效考核一样，是企业经营过程中为了获取最大效益必不可少的事件。国外学者关于裁员的定义为"公司的经济、运营和定位等的变化导致的劳动力人数减少"，并认为企业裁员是为了提高竞争力而进行的人事规模缩减。[②] 现有关于裁员的定义则为：企业基于自身的人力资源需求，以单方面

---

① Hamdi Ben-Nasr, Hatem Ghouma, "Employee Welfare and Stock Price Crash Risk," *Journal of Corporate Finance* 48（2018）.

② Artiono, R. D. Hidayat, "Inomial Approach for the Valuation of Employee Stock Option with Some Features: Vesting Period, Exit Rate, Reload, and Reset," *B. E3S Web of Conferences* 328（2008）.

解除聘用合同的方式裁掉企业富余的员工和不适应企业发展的员工。①

表1对2020~2022年河北上市公司各板块发生裁员事件的数量及占比情况进行了说明。2020~2022年，河北省发生裁员事件的上市公司平均每年有29家。其中发生裁员事件的公司大部分集中在主板，2020年有22家公司在沪深A股，约占总数的36.67%，2021年有19家公司在沪深A股，约占总数的27.54%，2022年有18家公司在沪深A股，占总数的24.32%；中小企业板和创业板的上市公司发生裁员事件的数量较少，2020年共有7家，而2021年和2022年均共有9家；同时2022年河北省北交所上市公司中有2家发生裁员事件。2021年河北上市公司中有28家公司发生裁员，风险率为40.58%，2022年河北上市公司中则有29家公司发生裁员，风险率为39.19%。

表1 2020~2022年河北上市公司各板块发生裁员事件的数量及占比情况

单位：家，%

所属板块	2020年		2021年		2022年	
	数量	占比	数量	占比	数量	占比
沪市A股	12	20.00	13	18.84	12	16.22
深市A股	10	16.67	6	8.70	6	8.11
中小企业板	5	8.33	3	4.35	5	6.76
创业板	2	3.33	6	8.70	4	5.41
北交所	—	—	—	—	2	2.71

资料来源：国泰安数据库和上市公司年报。

近几年，制造业为河北上市公司发生裁员事件数量最多的行业，一方面是因为在河北上市公司产业结构中制造业居于主导地位，另一方面是因为疫情发生后，制造业受到较大影响。2022年，河北省制造业公司数量为55

① 梁平、周春兰：《企业核心员工流失的影响、原因及对策》，《重庆工学院学报》（社会科学版）2009年第8期，第33~35页。

家，占河北省上市公司的 74.32%。2020 年发生裁员事件数量为 21 家，为制造业的 46.67%；2021 年数量为 22 家，占比为 43.14%；2022 年数量为 20 家，占比为 36.36%。由此可见，2020~2022 年制造业发生裁员事件的数量呈现先上升后下降的趋势。此外，信息传输、软件和信息技术服务业，采矿业，房地产业以及批发和零售业也受到较大影响（见表 2）。

表 2　2020~2022 年河北上市公司分行业发生裁员事件的数量及占比情况

单位：家，%

所属行业	2020 年		2021 年		2022 年	
	数量	占比	数量	占比	数量	占比
制造业	21	46.67	22	43.14	20	36.36
电力、燃气及水的生产和供应业	1	25.00	1	25.00	2	50.00
采矿业	2	100.00	0	0.00	0	0.00
信息传输、软件和信息技术服务业	2	100.00	1	33.33	1	25.00
金融业	—	—	1	50.00	0	0.00
建筑业	—	—	—	—	0	0.00
交通运输、仓储和邮政业	1	50.00	1	50.00	2	100.00
水利、环境和公共设施管理业	0	0.00	0	0.00	1	100.00
批发和零售业	1	100.00	1	100.00	1	100.00
房地产业	1	50.00	1	50.00	2	100.00

数据来源：国泰安数据库和上市公司年报。

（二）裁员发生风险

根据《中华人民共和国公司法》《中华人民共和国证券法》《中华人民共和国劳动合同法》《中华人民共和国企业破产法》《企业经济性裁减人员规定》等相关法律、法规及有关学者对上市公司员工变动所做的一些研究，[①] 上市公司员工变动指标体系应包括两部分内容，下面进行详细说明。

---

① 庄家炽：《金融化、股东价值导向与就业不稳定性——以中国 A 股上市公司为例》，《社会发展研究》2021 年第 3 期，第 132~151 页。

借鉴学界对裁员的研究方法，[1] 从 2020 年开始，如果上市公司从 t 年到 $t+1$ 年公司员工总数减少超过 5%，则为发生裁员，即裁员风险事件发生。下面分别为河北上市公司各板块以及分行业裁员发生风险数量及占比情况。

表 3 对 2020~2022 年河北上市公司各板块裁员发生风险数量及占比情况进行了说明。2020~2022 年，河北省发生裁员风险的上市公司平均每年有 15 家。通过河北省上市公司板块分布情况分析，可以看出河北省大部分发生裁员风险事件的上市公司集中在主板。其中 2020 年有 9 家公司在沪深 A 股，约占总数的 15.00%，2021 年有 10 家公司在沪深 A 股，约占总数的 14.49%，2022 年有 7 家公司在沪深 A 股，约占总数的 9.46%；中小企业板和创业板发生裁员风险的数量较少，2020 年和 2021 年均共有 6 家，2022 年则共有 5 家；同时 2022 年河北省北交所有 1 家上市公司发生裁员风险。2020 年以来，河北上市公司裁员发生风险数量整体呈稳中向好趋势，2021 年河北上市公司中有 16 家公司发生裁员风险，风险率为 23.19%，2022 年河北上市公司中则有 13 家公司发生裁员风险，风险率为 17.57%。

表 3　2020~2022 年河北上市公司各板块裁员发生风险数量及占比情况

单位：家，%

所属板块	2020 年		2021 年		2022 年	
	数量	占比	数量	占比	数量	占比
沪市 A 股	6	10.00	6	8.70	4	5.41
深市 A 股	3	5.00	4	5.80	3	4.05
中小企业板	4	6.67	2	2.90	3	4.05
创业板	2	3.33	4	5.80	2	2.71
北交所	—	—	—	—	1	1.35

资料来源：国泰安数据库和上市公司年报。

---

[1] Ahmadjian, Robbins, "The Conflict of Capitalism: Foreign Shareholders and Corporate Restructuring in Japan in the 1990s," *American Sociological Review* 3 (2005); A. Budros, "New Capitalism and Organizational Rationality: Adopting Layoff Plans, 1979-1994," *Social Forces* 1 (1997).

表 4 显示，2020 年以来，制造业成为河北上市公司裁员发生风险数量最多的行业，这与河北省上市公司产业结构以制造业为主有一定的关系，不可否认的是，制造业受到疫情较大影响。2020~2022 年河北省上市公司主要分布在制造业，2022 年数量为 55 家，占河北省上市公司的 74.32%，2020年裁员发生风险数量为 8 家，为制造业的 17.78%；2021 年数量为 10 家，占比为 19.61%；2022 年数量为 9 家，占比为 16.36%。由此可见 2020~2022 年制造业发生裁员风险数量处于平稳态势。此外，信息传输、软件和信息技术服务业及批发和零售业也受到较大影响。

表 4　2020~2022 年河北上市公司分行业裁员发生风险数量及占比情况

单位：家，%

所属行业	2020 年		2021 年		2022 年	
	数量	占比	数量	占比	数量	占比
制造业	8	17.78	10	19.61	9	16.36
电力、燃气及水的生产和供应业	0	0.00	1	25.00	2	50.00
采矿业	0	0.00	0	0.00	0	0.00
信息传输、软件和信息技术服务业	1	50.00	1	33.33	1	25.00
金融业	—	—	—	—	0	0.00
建筑业	—	—	—	—	0	0.00
交通运输、仓储和邮政业	0	0.00	1	50.00	2	100.00
水利、环境和公共设施管理业	0	0.00	0	0.00	1	100.00
批发和零售业	1	100.00	1	100.00	1	100.00
房地产业	0	0.00	1	50.00	2	100.00

资料来源：国泰安数据库和上市公司年报。

表 5 列示了 2020~2022 年河北上市公司裁员的具体数量。

表 5　2020~2022 年河北上市公司裁员数量

单位：人，%

所属板块	证券代码	证券简称	2020 年	风险率	2021 年	风险率	2022 年	风险率
沪市 A 股	600135	乐凯胶片	−49	1.9	−71	2.8	−38	1.5
	600149	廊坊发展	*	*	−3	2.3	−2	1.6
	600230	沧州大化	−97	12.5	−173	6.5	−60	4.9

所属板块	证券代码	证券简称	2020 年	风险率	2021 年	风险率	2022 年	风险率
沪市 A 股	600340	华夏幸福	−2890	27.9	−6003	11.8	−2827	18.3
	600409	三友化工	−93	5.2	−104	5.9	*	*
	600480	凌云股份	*	*	*	*	*	*
	600482	中国动力	−279	12.4	*	*	*	*
	600550	保变电气	−331	7.5	−27	0.6	−126	3.1
	600559	老白干酒	*	*	*	*	*	*
	600722	金牛化工	−9	4.3	−8	4.1	*	*
	600803	新奥股份	*	*	*	*	−507	1.3
	600812	华北制药	−66	0.6	*	*	−549	4.8
	600965	福成股份	−574	19.1	−28	1.1	−242	10.1
	600997	开滦股份	*	*	−104	0.8	*	*
	601000	唐山港	*	*	−260	6.7	−40	1.1
	601258	庞大集团	−1231	8.7	−1387	10.8	−1354	11.9
	601326	秦港股份	−69	0.8	−165	1.6	−487	4.4
	601633	长城汽车	*	*	*	*	*	*
	603050	科林电气	*	*	*	*	*	*
	603156	养元饮品	−232	10.6	−107	5.4	*	*
	603385	惠达卫浴	*	*	*	*	−1094	11.1
	603938	三孚股份	*	*	*	*	*	*
	600956	新天绿能	*	*	*	*	*	*
	605196	华通线缆	—	—	*	*	*	*
	603176	汇通集团	—	—	*	*	*	*
	600906	财达证券	—	—	*	*	*	*
深市 A 股	000158	常山北明	−77	1.5	*	*	−495	9.7
	000401	冀东水泥	−711	2.9	−549	2.3	−508	2.2
	000413	东旭光电	−3533	43.6	−839	18.4	−236	6.3
	000600	建投能源	−34	0.7	*	*	*	*
	001301	尚太科技	—	—	—	—	*	*
	000709	河钢股份	*	*	−1902	5.4	−5870	17.6
	000778	新兴铸管	−154	0.9	−267	1.6	−626	4.0
	000848	承德露露	−87	7.5	*	*	*	*
	000856	冀东装备	−57	3.2	*	*	−13	0.7
	000889	中嘉博创	−1198	20.6	−2363	51.2	*	*
	000923	河钢资源	−117	2.8	*	*	*	*
	000937	冀中能源	−1743	4.3	*	*	*	*
	000958	电投产融	*	*	−693	24.4	*	*

续表

所属板块	证券代码	证券简称	2020 年	风险率	2021 年	风险率	2022 年	风险率
中小企业板	002049	紫光国微	−293	13.3	*	*	*	*
	002108	沧州明珠	*	*	−3	0.1	*	*
	002146	荣盛发展	*	*	−3461	13.9	−5339	25.1
	002282	博深股份	*	*	*	*	−80	8.4
	002342	巨力索具	−16	0.7	*	*	−51	2.1
	002442	龙星化工	−150	10.2	*	*	*	*
	002459	晶澳科技	*	*	*	*	*	*
	002494	华斯股份	−205	16.6	*	*	−71	6.8
	002603	以岭药业	*	*	−1757	10.3	−81	0.5
	002691	冀凯股份	−206	24.6	*	*	*	*
	002960	青鸟消防	*	*	*	*	*	*
	003031	中瓷电子	—	—	*	*	*	*
创业板	300107	建新股份	*	*	*	*	*	*
	300137	先河环保	*	*	*	*	−40	1.8
	300138	晨光生物	*	*	*	*	*	*
	300152	新动力	−332	51.7	−44	14.2	−8	3.0
	300255	常山药业	*	*	*	*	*	*
	300368	汇金股份	*	*	−64	6.4	*	*
	300371	汇中股份	*	*	−23	4.3	*	*
	300428	立中集团	*	*	*	*	*	*
	300446	乐凯新材	*	*	−20	5.4	*	*
	300491	通合科技	*	*	*	*	*	*
	300765	新诺威	−119	6.6	−148	8.8	*	*
	300847	中船汉光	*	*	−27	2.5	*	*
	300869	康泰医学	*	*	*	*	*	*
	300922	天秦装备	*	*	*	*	−33	16.9
	300981	中红医疗	—	—	*	*	−328	8.9
	300990	同飞股份	—	—	*	*	*	*
	301197	工大科雅	—	—	—	—	*	*
	301298	东利机械	—	—	—	—	*	*
北交所	838163	方大新材	—	—	*	*	−57	10.1
	836247	华密新材	—	—	—	—	*	*
	835985	海泰新能	—	—	—	—	*	*
	832171	志晟信息	—	—	*	*	*	*
	830964	润农节水	—	—	*	*	−2	0.5

注："—"代表该公司在当年未上市；"＊"代表该公司当年没有裁员发生风险事件。

资料来源：国泰安数据库和上市公司年报。

（三）员工正向变动

从 2020 年开始，如果上市公司从 t 年到 $t+1$ 年公司员工总数增加超过 5%，则为发生员工正向变动。下面分别为河北上市公司各板块以及分行业员工正向变动具体情况。

表 6 对 2020~2022 年河北上市公司各板块员工正向变动具体情况进行了说明。2020~2022 年，河北省发生员工正向变动的上市公司平均每年有 22 家。通过河北省上市公司板块分布情况分析，可以看出河北省上市公司发生员工正向变动情况在主板与中小企业板、创业板之间分布较为均匀。其中 2020 年有 7 家公司在沪深 A 股，约占总数的 11.67%，2021 年有 12 家公司在沪深 A 股，约占总数的 17.39%，2022 年有 12 家公司在沪深 A 股，约占总数的 16.22%；中小企业板和创业板发生员工正向变动的上市公司，2020 年有 10 家，2021 年有 11 家，2022 年则有 13 家；同时 2022 年河北省北交所上市公司中有 1 家公司发生员工正向变动事件。2020~2022 年，河北上市公司员工正向变动事件发生数量整体呈上升趋势，2021 年河北上市公司中有 23 家公司发生员工正向变动，变动率为 33.33%，2022 年河北上市公司中则有 26 家公司发生员工正向变动，变动率为 35.14%。

表 6　2020~2022 年河北上市公司各板块员工正向变动情况

单位：家，%

所属板块	2020 年		2021 年		2022 年	
	数量	占比	数量	占比	数量	占比
沪市 A 股	7	11.67	7	10.14	7	9.46
深市 A 股	0	0.00	5	7.25	5	6.76
中小企业板	4	6.67	6	8.70	6	8.11
创业板	6	10.00	5	7.25	7	9.46
北交所	—	—	—	—	1	1.35

资料来源：国泰安数据库和上市公司年报。

表 7 显示，2020~2022 年，制造业成为河北上市公司发生员工正向变动事件最多的行业，这与河北省上市公司产业结构以制造业为主有一定的关系，不可否认的是，制造业起到了良好的示范带头作用，凸显了上市公司应尽的社会责任。2020~2022 年，河北省上市公司主要分布在制造业，2022 年数量为 55 家，占河北省上市公司的 74.32%。2020 年制造业发生员工正向变动事件的数量为 16 家，为制造业的 35.56%；2021 年为 19 家，占比为 37.25%；2022 年为 19 家，占比为 34.55%。由此可见，2020~2022 年制造业发生员工正向变动数量趋于稳定。此外，2022 年，采矿业、金融业和建筑业内的上市公司发生员工正向变动数量较多。

表 7　2020~2022 年河北上市公司分行业员工正向变动情况

单位：家，%

所属行业	2020 年		2021 年		2022 年	
	数量	占比	数量	占比	数量	占比
制造业	16	35.56	19	37.25	19	34.55
电力、燃气及水的生产和供应业	1	25.00	2	50.00	0	0.00
采矿业	0	0.00	2	100.00	2	100.00
信息传输、软件和信息技术服务业	0	0.00	0	0.00	2	50.00
金融业	—	—	—	—	2	100.00
建筑业	—	—	—	—	1	100.00
交通运输、仓储和邮政业	0	0.00	0	0.00	0	0.00
水利、环境和公共设施管理业	0	0.00	0	0.00	0	0.00
批发和零售业	0	0.00	0	0.00	0	0.00
房地产业	0	0.00	0	0.00	0	0.00

资料来源：国泰安数据库和上市公司年报。

表 8 列示了 2020~2022 年河北上市公司员工正向变动的具体数量。

表 8　2020~2022 年河北上市公司员工正向变动具体数量

单位：人，%

所属板块	证券代码	证券简称	2020 年	变动率	2021 年	变动率	2022 年	变动率
沪市 A 股	600135	乐凯胶片	—	—	—	—	—	—
	600149	廊坊发展	2	1.4	—	—	—	—
	600230	沧州大化	—	—	—	—	—	—

续表

所属板块	证券代码	证券简称	2020 年	变动率	2021 年	变动率	2022 年	变动率
沪市 A 股	600340	华夏幸福	—	—	—	—	—	—
	600409	三友化工	—	—	—	—	215	1.2
	600480	凌云股份	1414	14.6	174	1.9	413	4.1
	600482	中国动力	—	—	563	3.2	2881	12.6
	600550	保变电气	—	—	—	—	—	—
	600559	老白干酒	34	1.1	418	7.5	774	12.2
	600722	金牛化工	—	—	—	—	5	2.6
	600803	新奥股份	439	8.7	35492	75.8	—	—
	600812	华北制药	—	—	592	6.2	—	—
	600965	福成股份	—	—	—	—	—	—
	600997	开滦股份	1174	9.1	—	—	2384	19.3
	601000	唐山港	6	0.2	—	—	—	—
	601258	庞大集团	—	—	—	—	—	—
	601326	秦港股份	—	—	—	—	—	—
	601633	长城汽车	3418	7.9	14760	23.5	9433	12.1
	603050	科林电气	353	18.6	140	5.7	469	21.7
	603156	养元饮品	—	—	—	—	55	2.9
	603385	惠达卫浴	687	8.1	768	8.9	—	—
	603938	三孚股份	60	5.1	398	34.6	46	3.9
	600956	新天绿能	—	—	101	4.6	75	3.1
	605196	华通线缆	—	—	—	—	43	2.1
	603176	汇通集团	—	—	—	—	45	5.5
	600906	财达证券	—	—	—	—	224	10.1
深市 A 股	000158	常山北明	—	—	61	0.9	—	—
	000401	冀东水泥	—	—	—	—	—	—
	000413	东旭光电	—	—	—	—	—	—
	000600	建投能源	—	—	491	10.5	242	4.8
	001301	尚太科技	—	—	—	—	—	—
	000709	河钢股份	897	2.8	—	—	—	—
	000778	新兴铸管	—	—	—	—	—	—
	000848	承德露露	—	—	89	7.9	98	8.4
	000856	冀东装备	—	—	61	5.5	—	—
	000889	中嘉博创	—	—	—	—	1605	71.3
	000923	河钢资源	—	—	81	21.6	70	17.4

续表

所属板块	证券代码	证券简称	2020 年	变动率	2021 年	变动率	2022 年	变动率
深市 A 股	000937	冀中能源	—	—	2320	55.6	1062	26.3
	000958	电投产融	20	1.1	—	—	517	24.1
中小企业板	002049	紫光国微	—	—	167	7.9	170	8.2
	002108	沧州明珠	56	2.9	—	—	74	3.5
	002146	荣盛发展	724	3.5	—	—	—	—
	002282	博深股份	287	19.7	3	0.2	—	—
	002342	巨力索具	—	—	227	9.8	—	—
	002442	龙星化工	—	—	37	3.2	79	5.8
	002459	晶澳科技	3021	11.5	4455	16.2	2953	9.9
	002494	华斯股份	—	—	20	2.1	—	—
	002603	以岭药业	7294	48.5	—	—	—	—
	002691	冀凯股份	—	—	104	14.5	70	9.5
	002960	青鸟消防	484	10.7	1542	36.9	516	11.6
	003031	中瓷电子	—	—	65	13.7	31	6.8
创业板	300107	建新股份	44	5.3	13	1.3	22	2.4
	300137	先河环保	189	4.9	152	4.1	—	—
	300138	晨光生物	13	1.3	406	22.5	42	2.4
	300152	新动力	—	—	—	—	—	—
	300255	常山药业	135	12.6	168	14.3	118	9.1
	300368	汇金股份	9	0.8	—	—	38	4.1
	300371	汇中股份	77	12.8	—	—	8	1.6
	300428	立中集团	1461	20.6	444	5.4	1446	15.8
	300446	乐凯新材	93	24.7	—	—	73	21.1
	300491	通合科技	68	12.8	98	17.4	263	35.1
	300765	新诺威	—	—	—	—	421	27.6
	300847	中船汉光	—	—	—	—	28	2.7
	300869	康泰医学	—	—	224	26.9	191	12.2
	300922	天秦装备	—	—	3	1.8	—	—
	300981	中红医疗	—	—	—	—	—	—
	300990	同飞股份	—	—	—	—	436	42.9
	301197	工大科雅	—	—	—	—	—	—
	301298	东利机械	—	—	—	—	—	—
北交所	838163	方大新材	—	—	—	—	—	—
	836247	华密新材						

所属板块	证券代码	证券简称	2020 年	变动率	2021 年	变动率	2022 年	变动率
	835985	海泰新能	—	—	—	—	—	—
北交所	832171	志晟信息	—	—	—	—	70	21.2
	830964	润农节水	—	—	—	—	—	—

资料来源：国泰安数据库和上市公司年报。

三 河北上市公司员工变动方面存在的问题

（一）裁员事件发生频率较高

由 2020～2022 年河北上市公司发生裁员事件的相关数据可以发现，2020～2022 年共有 86 家上市公司发生过裁员事件，其中有 11 家公司连续 3 年发生裁员事件，连续 2 年发生裁员事件的公司有 10 家。由此可以看出，河北上市公司裁员事件过于频繁。裁员事件的发生一方面受政策环境、国际局势、重大公共卫生事件等多方面因素的影响，另一方面受公司结构性调整的影响。然而无论是哪一方面的原因，裁员虽然能暂时性地帮助企业解决面临的困难，走出经营困境，但随着公司不断发展，如果上市公司的经营环境和业务情况发生改变，运营状态不再局限于裁员原有的条件和边界时，就会严重降低积极作用，甚至使公司经营状况恶化。

（二）部分行业裁员发生风险过大

分行业来看，根据 2020～2022 年河北上市公司分行业裁员发生风险的相关数据，制造业裁员发生风险明显偏大，2021 年制造业裁员发生风险数量为 10 家，占比为 19.61%。这固然与制造业公司数量众多、基数庞大有所关联，但从另一个方面来说，上市公司应对重大公共卫生事件经验不足，缺乏相应应对措施，也应引起重视。相比来说，采矿业起到了明显的表率作用，该行业连续 3 年裁员发生风险数量均为 0 家，这主要与采矿业中的上市公司均为上市年份较长的公司密不可分。此外，批发和零售业以及房地产业裁员发生风险数量也须引起重视，两个行业在 2022 年裁员发生风险数量的占比均为 100%。这些行业的大规模裁员极有可能会给在职的员工造成心理上的冲击，影响其工作积极性和凝聚力。当在职员工看到被裁员工受到不公正、不负责任的对待以后，会对自己的工作前景产生担忧，对企业的人才管理产生怀疑，甚至感到失望，进而降低工作积极性。

（三）公司内部社会责任意识有待提高

通过上述河北上市公司员工变动的分析数据可以明显地看出，河北上市公司的内部社会责任意识有待提高、员工责任表现较差。由河北上市公司裁员事件发生频繁以及部分行业裁员发生风险过大可以得出，河北上市公司的员工责任表现水平较低，即河北上市公司的员工权益没有得到充分保障。另外，河北上市公司的大规模裁员还会引发舆论风波，影响企业社会形象。裁员往往与企业经营陷入困境相伴相随，裁员不当可能会加剧对企业造成的负面影响。负面的社会形象对企业的影响是长期而且深远的。一方面，由于留下了负面雇主形象，未来企业在人才招聘时竞争力可能会下降；另一方面，裁员传递了企业经营困难的信号，可能会导致企业客户流失、供应中断等问题，还可能会导致上市公司的股价下跌，影响上市公司效益。

四 关于河北上市公司员工变动的对策建议

（一）加强关怀，做好员工管理

要安抚好员工的情绪，既要安抚好被裁员工的情绪，避免爆发舆论危机，也要安抚好在职员工的情绪，避免消极情绪在企业内扩散，影响员工工作热情。做好情绪管理，一方面要真诚沟通，承认公司裁员是无奈之举，表达对于员工被辞退的遗憾和惋惜，对于员工的实际困难，公司也会尽力帮助协调解决，以取得员工对企业难处的理解。另一方面要给员工留下缓冲时间来平复心情。让其做好工作交接，有序安排下一步职业发展，更能够展现出公司对员工的关怀，起到安抚员工情绪的作用。同时，可以通过帮助员工推荐简历、为员工提供职业生涯规划辅导、将员工简历纳入企业人才资源池等方式帮助员工缓解职业发展焦虑。

（二）完善福利保障政策

企业进行员工的情感管理时，为了表示对员工的关怀，往往会提供基于生活关怀、家人关怀、健康关怀等多方位的福利政策，但是这些政策在员工被裁时也存在隐患，特别是一些长期的、涉及重大金额的福利项目。因此，企业在为员工提供福利时要合理做出规划，明确员工离职、被裁员等情况下长期福利如何退出等问题。同时，在执行裁员计划的过程中，要根据员工的实际困难做出某些调整。企业在完善福利保障政策的同时，可以树立关心员工、对员工负责的正面形象。

（三）运用参与管理，强化精神激励

企业情感管理也包括精神层面的激励，而参与管理是企业精神激励的重要手段。通过与员工分享公司经营状况，让员工参与企业决策过程的方式，让员工感受到被重视和信任，从而增强员工的责任感，提升其工作投入度。在执行裁员计划的过程中也可以运用参与管理的方法。企业往往不愿意承认企业经营遇到困难的事实，裁员时或者归因于业务调整，或者是归咎于员工个人工作能力不足。这些理由不仅难以说服被裁的员工，也会让许多在职的员工产生猜疑，质疑企业的经营状况，担忧自己被裁，无法安心工作。企业可以实事求是地和员工说明企业的实际困难，明确未来的经营计划，并邀请员工为企业的经营发展献计献策。参与管理既安抚了员工的情绪，让员工能够安心工作，又能够让员工感受到被尊重，工作更具有自主性，实现对员工的精神激励。

B.8
河北上市公司资本效率
研究报告（2023）

石晓飞*

摘　要： 资本是企业生存与发展的基础，实体经济的发展对我国经济而言可谓举足轻重。要实现"十四五"发展目标和 2035 年远景目标，实体企业资本效率的提升是关键发力点。本报告基于资产管理能力和总资金管理绩效两个维度，根据应收账款周转率、存货周转率、固定资产周转率、总资产周转率、总资金回报率和总资金周转率六类指标对河北上市公司资本效率状况进行研究，剖析河北上市公司存在的流动资产周转率波动较大、固定资产周转率有待提高以及总资金周转率不稳定等问题，并提出完善流动资产管理、强化固定资产管理以及全流程资产管理等对策建议。本报告为提高河北上市公司资本效率、提升企业价值提供有益参考。

关键词： 上市公司　资本效率　河北

　　资本效率是投资者进行决策的重要依据，是政府对实体经济发展状况进行宏观调控的重要依据。本报告结合 2018~2022 年上市公司年报和国泰安数据库中的数据，主要从资产管理能力和总资金管理绩效两个维度，根据应收账款周转率、存货周转率、固定资产周转率、总资产周转率、总资金回报率和总资金周转率六类指标对河北上市公司资本效率进行剖析。

---

* 石晓飞，博士，河北经贸大学工商管理学院副院长、公司治理与企业成长研究中心主任，教授，硕士研究生导师，主要研究领域为公司治理。

一　资本效率相关理论

（一）资本效率的衡量

资本效率是指企业运用一定资金获取收入和利润的能力。企业通过有效配置和管理资金，提高资金的周转速度和运作水平，可以实现用一定数额资金创造最大价值流入的状态。目前资本效率通常用企业资产管理能力来表示，如应收账款周转率、存货周转率、固定资产周转率、总资产周转率等。资产周转率越高，表明企业对资产的利用效率越高，企业资产能够在较短的时间内带来更多的经济利益流入。

但此种方法忽略了职业经理人利用现有资本创造价值的能力。因此，有学者从资金存量、资金管理绩效、经营活动营运资金管理绩效等三个维度来构建衡量资本效率的指标体系，而其中最能反映企业利用资本产生经济效益的维度就是总资金管理绩效，其又可以进一步划分为总资金回报率和总资金周转率。①

（二）资本效率相关文献综述

资本效率反映了企业资本投入与产出的关系，直接关系投资者的预期回报是否得到满足。针对资本效率的相关研究已取得丰富的成果，其中关于资本效率影响因素的研究主要包括宏观环境和微观特征两个方面。宏观环境主要包括环境因素、政府行为以及相关政策等。首先，作为环境因素的重要方面，环境不确定性通过为管理层自利行为提供环境基础，加大了管理层谋取私利的可能，进而降低资本效率。② 其次，政府行为亦会对资本效率产生影

---

① 王竹泉、孙文君、王苑琢：《资本效率信息扭曲、信息使用者决策与资本错配》，《财会通讯》2021 年第 15 期，第 30~35 页。
② 申慧慧、吴联生：《股权性质、环境不确定性与会计信息的治理效应》，《会计研究》2012 年第 8 期，第 8~16 页。

响，如政府投资增加会显著抑制私有工业企业资本效率的提高，既不利于本地区效率的提高，又会对周边地区效率产生严重的抑制效应。[1] 相关政策对资本效率的影响亦不容忽视。减税降费为企业节省现金流并引导企业的资本配置方向，间接影响企业的资本配置效率和资本回报效率。[2] 微观特征主要包括财务宽裕、混合所有制改革和轻资产运营等。企业存在最优财务宽裕状态，在达到最优财务宽裕状态之前，财务宽裕会有效提高总资本效率；当超过最优值后，财务宽裕治理失效，导致总资本效率下降。[3] 作为一项重要的经济制度，混合所有制改革通过加强各大股东之间的相互制衡，防止管理层与大股东合谋做出损害公司利益的决策，有效提高企业资本效率。[4] 同时，混合所有制改革可以通过抑制国有企业信息不对称，改善企业信息质量，提高经理人经营决策的准确性，进而有效改善资本效率。轻资产企业利用积累的品牌效应、供应链关系等"轻"资源，以较低的资本撬动外部资源，从而实现企业资源的帕累托最优，提升资本效率。[5]

二 河北上市公司资本效率现状

（一）河北上市公司应收账款周转率情况

应收账款周转率是衡量企业资产管理能力的重要指标，是营业收入与应收账款平均余额的比值。应收账款周转率是一个正向指标，一般情况下，应

---

① 石先进、赵惠：《地方政府规模对工业企业资本效率的影响研究——基于空间面板模型回归的结果》，《宏观经济研究》2017年第7期，第32~46页。

② 张天洋、杨文、张园园：《减税降费提高了实体企业的资本效率吗？——来自特锐德2009—2019年的样本数据》，《财会通讯》2022年第14期，第137~142、176页。

③ 代飞、钟运स、徐凤菊：《财务宽裕能提高实体经济资本效率吗——基于营业活动重分类视角》，《财会月刊》2023年第13期，第31~39页。

④ 杨水利、田野：《非国有股东治理与企业资本运营效率——监管方式的调节作用》，《运筹与管理》2022年第10期，第183~190页。

⑤ 孙莹、张仙、宋秋华：《轻资产运营、股权性质与资本效率——以我国制造业上市公司为例的实证研究》，《商业研究》2020年第12期，第99~109页。

收账款周转率越高，企业应收账款的周转速度越快，企业利用应收账款创造收入的能力越强，企业的营运能力越强。

1. 河北上市公司和全国上市公司应收账款周转率

整体来看，2018~2022 年全国上市公司和河北上市公司应收账款周转率平均值呈现动态变化趋势。其中，全国上市公司应收账款周转率平均值呈剧烈变动趋势，河北上市公司应收账款周转率平均值呈波动下降趋势。具体来看，全国上市公司应收账款周转率在 2018~2020 年在 60 次上下波动，在 2021 年上升至 1114.26 次，随后在 2022 年下降至 111.10 次。河北上市公司应收账款周转率从 2018 年的 219.33 次下降至 2020 年的 138.56 次，随后波动下降至 2022 年的 29.88 次（见图 1）。

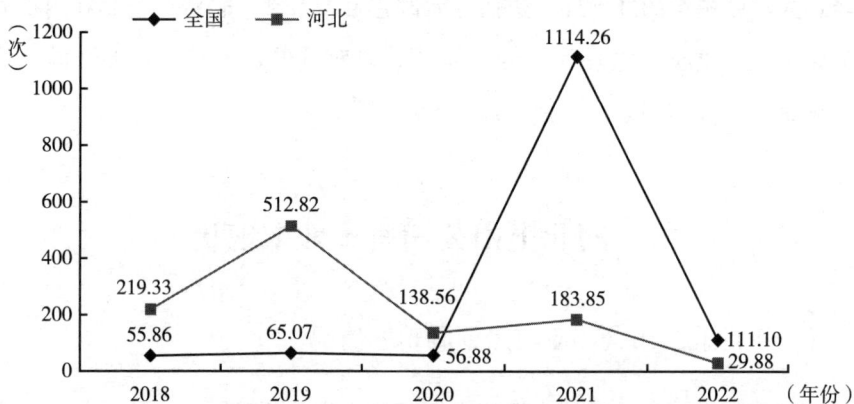

图 1　2018~2022 年河北上市公司和全国上市公司应收账款周转率平均值

资料来源：国泰安数据库和上市公司年报。

2. 河北上市公司各板块应收账款周转率

2018~2022 年河北不同板块上市公司应收账款周转率平均值存在较大差异。沪市 A 股上市公司应收账款周转率平均值波动较大，从 2018 年的 75.80 次下降至 2020 年的 26.74 次，2021 年上升至 87.05 次，2022 年下降至 57.77 次。2018~2021 年，深市 A 股上市公司应收账款周转率平均值远高于其他板块，且不同年份的平均水平存在较大差距，从 2018 年的 838.84 次上升至 2019

年的 2324.86 次，随后波动下降至 2022 年的 39.71 次。中小企业板、创业板和北交所上市公司应收账款周转率平均值呈较缓的波动趋势（见图 2）。

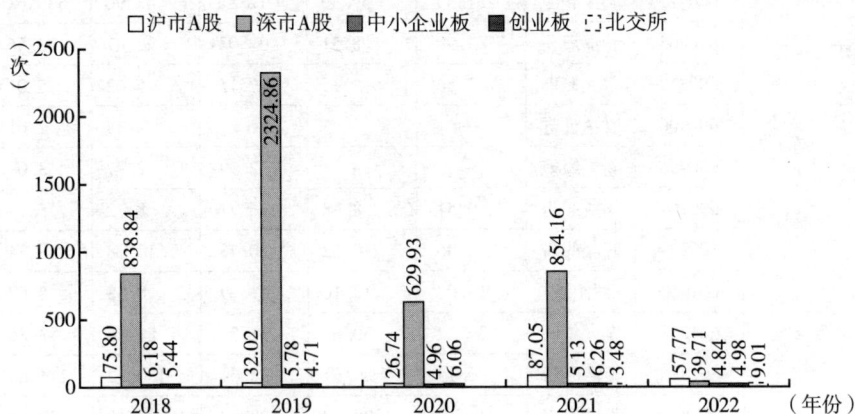

图 2　2018~2022 年河北上市公司各板块应收账款周转率平均值

资料来源：国泰安数据库和上市公司年报。

3. 河北上市公司应收账款周转率

表 1 对 2018~2022 年河北上市公司应收账款周转率的具体情况进行了列示。

表 1　2018~2022 年河北上市公司应收账款周转率

单位：次

所属板块	证券代码	证券简称	2018 年	2019 年	2020 年	2021 年	2022 年
沪市 A 股	600135	乐凯胶片	6.90	8.99	6.84	6.48	8.00
	600149	廊坊发展	8.45	8.57	8.89	11.85	9.62
	600230	沧州大化	517.34	65.48	50.89	1420.50	155.54
	600340	华夏幸福	3.14	2.59	1.84	0.72	0.59
	600409	三友化工	34.84	38.43	39.81	57.59	55.98
	600480	凌云股份	6.79	5.51	5.55	5.40	5.19
	600482	中国动力	2.75	2.14	2.14	2.69	3.64
	600550	保变电气	1.50	1.90	2.82	3.43	2.17
	600559	老白干酒	280.51	120.73	78.90	111.99	142.16

续表

所属板块	证券代码	证券简称	2018 年	2019 年	2020 年	2021 年	2022 年
沪市 A 股	600722	金牛化工	261.35	39.39	12.82	43.96	539.61
	600803	新奥股份	9.90	8.51	32.93	22.07	23.56
	600812	华北制药	7.56	8.12	7.15	5.62	5.01
	600906	财达证券	—	—	—	4.84	2.01
	600956	新天绿能	—	—	2.99	2.77	3.09
	600965	福成股份	9.51	8.48	6.71	8.72	8.14
	600997	开滦股份	10.06	10.62	10.43	13.28	18.34
	601000	唐山港	13.00	13.10	11.69	8.88	8.67
	601258	庞大集团	34.22	30.64	61.39	88.30	83.25
	601326	秦港股份	90.75	89.61	92.34	130.32	154.65
	601633	长城汽车	46.39	29.10	28.98	29.15	22.83
	603050	科林电气	2.01	1.90	1.94	1.86	2.10
	603156	养元饮品	294.83	183.95	118.46	245.35	213.61
	603176	汇通集团	—	—	—	2.43	2.18
	603385	惠达卫浴	5.80	5.26	4.87	4.72	3.66
	603938	三孚股份	19.95	21.45	24.72	26.76	24.90
	605196	华通线缆	—	—	—	3.72	3.40
深市 A 股	000158	常山北明	3.99	3.73	4.56	4.91	3.39
	000401	冀东水泥	18.19	16.21	17.75	21.63	22.75
	001301	尚太科技	—	—	—	—	4.85
	000413	东旭光电	2.53	1.35	0.69	0.66	0.79
	000600	建投能源	7.72	7.73	7.48	7.26	8.36
	000709	河钢股份	36.86	27.82	33.59	84.38	68.86
	000778	新兴铸管	24.69	22.89	21.95	25.83	21.84
	000848	承德露露	9942.23	27787.88	7442.57	10066.84	353.49
	000856	冀东装备	2.63	3.60	4.75	5.97	4.95
	000889	中嘉博创	3.48	3.25	2.97	2.93	3.26
	000923	河钢资源	5.24	5.18	4.80	6.22	5.70
	000937	冀中能源	7.17	11.48	12.79	20.74	16.10
	000958	电投产融	5.36	7.19	5.18	2.63	1.83

所属板块	证券代码	证券简称	2018 年	2019 年	2020 年	2021 年	2022 年
中小企业板	002049	紫光国微	2.58	2.86	2.20	2.65	2.60
	002108	沧州明珠	4.23	3.48	2.92	3.17	3.21
	002146	荣盛发展	30.43	19.94	14.91	7.96	5.47
	002282	博深股份	3.29	3.86	4.23	4.83	4.16
	002342	巨力索具	2.23	2.65	2.77	2.71	2.10
	002442	龙星化工	5.07	5.28	4.78	5.23	5.24
	002459	晶澳科技	1.07	9.99	6.99	9.03	10.44
	002494	华斯股份	4.14	4.60	4.66	7.76	7.25
	002603	以岭药业	7.36	6.71	7.81	7.38	7.51
	002691	冀凯股份	1.37	1.12	0.79	1.32	1.17
	002960	青鸟消防	—	3.08	2.54	2.88	2.54
	003031	中瓷电子	—	—	—	6.67	6.37
创业板	300107	建新股份	12.42	7.64	8.47	8.34	7.50
	300137	先河环保	3.09	2.24	1.83	1.54	1.37
	300138	晨光生物	12.31	11.43	13.35	14.15	18.07
	300152	新动力	0.84	1.10	1.72	0.97	1.22
	300255	常山药业	4.59	6.72	6.91	8.72	6.74
	300368	汇金股份	2.74	2.24	1.55	1.09	0.38
	300371	汇中股份	2.65	2.52	2.57	2.43	2.07
	300428	立中集团	10.66	5.63	6.92	6.20	6.22
	300446	乐凯新材	3.79	3.75	2.41	5.78	4.16
	300491	通合科技	1.26	1.55	1.19	1.32	1.63
	300765	新诺威	—	6.94	8.25	6.88	6.99
	300847	中船汉光	—	—	7.45	7.91	8.11
	300869	康泰医学	—	—	18.00	10.83	6.28
	300922	天秦装备	—	—	4.20	3.06	1.91
	300981	中红医疗	—	—	—	16.13	6.40
	300990	同飞股份	—	—	—	4.87	3.63
	301197	工大科雅	—	—	—	—	0.95
	301298	东利机械	—	—	—	—	5.96

续表

所属板块	证券代码	证券简称	2018 年	2019 年	2020 年	2021 年	2022 年
北交所	838163	方大新材	—	—	—	7.21	7.11
	836247	华密新材	—	—	—	—	5.05
	835985	海泰新能	—	—	—	—	30.17
	832171	志晟信息	—	—	—	1.88	1.25
	830964	润农节水	—	—	—	1.34	1.49

注："—"代表该公司在当年未上市。

资料来源：国泰安数据库和上市公司年报。

（二）河北上市公司存货周转率情况

存货周转率是企业一定时期内营业成本与平均存货余额的比值，是企业营运能力的重要指标之一，在企业管理决策中广泛使用。存货周转率越高，表示企业库存周转速度越快，变现能力越强；存货周转率越低，则表明企业存在库存积压，产品滞销，产生减值损失的可能性越大。

1.河北上市公司和全国上市公司存货周转率

整体来看，全国上市公司存货周转率平均值呈现剧烈波动趋势，河北上市公司存货周转率平均值则呈现平缓下降趋势，且全国上市公司存货周转率平均值始终高于河北上市公司。具体来看，全国上市公司存货周转率平均值从 2018 年的 933.68 次下降至 2019 年的 153.29 次，2021 年上升至 564.38 次，2022 年下降至 359.18 次。河北上市公司存货周转率平均值从 2018 年的 15.25 次下降至 2022 年的 9.40 次（见图 3）。

2.河北上市公司各板块存货周转率

2018~2022 年河北上市公司各板块中，沪市 A 股和深市 A 股上市公司存货周转率平均值均整体呈下降趋势。具体来看，沪市 A 股上市公司存货周转率从 2018 年的 24.76 次波动下降至 2022 年的 17.08 次；深市 A 股上市公司存货周转率平均值由 2018 年的 18.52 次下降至 2022 年的 10.81 次。中

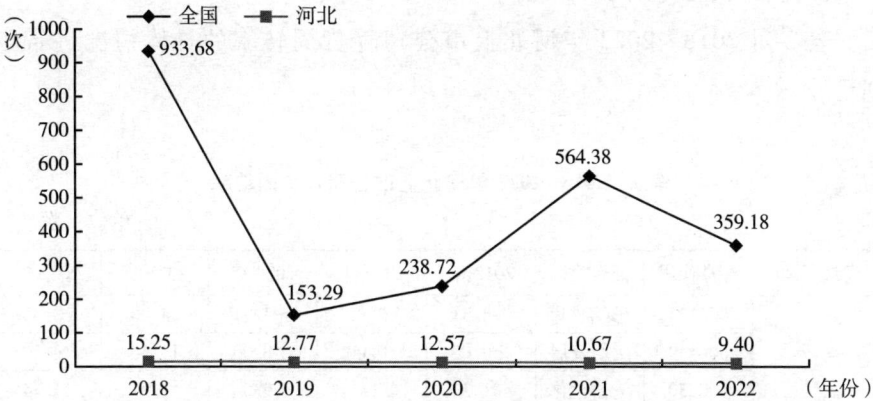

图 3　2018~2022 年河北上市公司和全国上市公司存货周转率平均值

资料来源：国泰安数据库和上市公司年报。

小企业板、创业板和北交所上市公司存货周转率平均值呈现动态变化趋势，但变化幅度不大。从各板块来看，沪市 A 股上市公司存货周转率平均值在五大板块中处于领先位置，深市 A 股上市公司存货周转率平均值仅次于沪市 A 股，中小企业板、创业板和北交所上市公司的存货周转率平均值则处于较低水平（见图 4）。

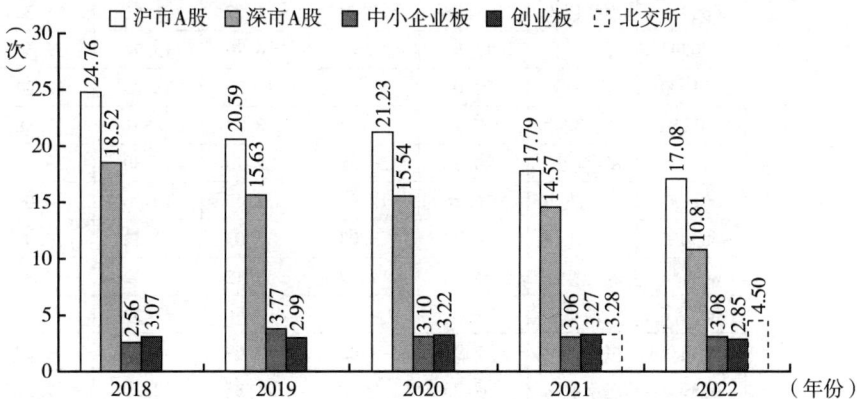

图 4　2018~2022 年河北上市公司各板块存货周转率平均值

资料来源：国泰安数据库和上市公司年报。

3. 河北上市公司存货周转率

表2对2018~2022年河北上市公司存货周转率的具体情况进行了列示。

表2 2018~2022年河北上市公司存货周转率

单位：次

所属板块	证券代码	证券简称	2018年	2019年	2020年	2021年	2022年
沪市A股	600135	乐凯胶片	4.31	3.92	3.91	4.20	3.44
	600149	廊坊发展	0.00	0.00	0.00	14.30	13.60
	600230	沧州大化	21.37	16.81	9.66	7.97	11.54
	600340	华夏幸福	0.20	0.22	0.27	0.24	0.20
	600409	三友化工	7.77	8.91	9.15	10.25	10.08
	600480	凌云股份	5.83	5.21	5.94	6.55	6.66
	600482	中国动力	3.52	3.08	2.52	2.30	2.48
	600550	保变电气	2.31	2.93	3.89	4.32	3.83
	600559	老白干酒	1.05	0.97	0.75	0.64	0.55
	600722	金牛化工	388.70	309.66	154.15	133.27	96.60
	600803	新奥股份	6.31	6.18	37.45	37.58	47.06
	600812	华北制药	2.80	3.01	3.20	2.77	2.85
	600906	财达证券	—	—	—	0.00	0.00
	600956	新天绿能	—	—	166.53	82.51	83.58
	600965	福成股份	1.38	1.33	1.27	1.51	1.20
	600997	开滦股份	13.85	14.17	14.70	15.94	17.54
	601000	唐山港	22.08	13.71	11.27	22.43	32.94
	601258	庞大集团	7.17	6.53	8.03	8.31	7.58
	601326	秦港股份	20.52	20.36	22.16	24.80	29.17
	601633	长城汽车	16.26	14.92	12.45	10.66	6.09
	603050	科林电气	2.73	3.03	3.03	2.32	2.03
	603156	养元饮品	4.96	4.72	3.12	4.42	4.39
	603176	汇通集团	—	—	—	47.53	46.55
	603385	惠达卫浴	2.92	3.05	3.09	3.03	2.28
	603938	三孚股份	8.75	10.20	11.85	10.29	7.59
	605196	华通线缆	—	—	—	4.51	4.30

续表

所属板块	证券代码	证券简称	2018 年	2019 年	2020 年	2021 年	2022 年
深市 A 股	000158	常山北明	4.27	3.94	3.87	3.59	2.94
	000401	冀东水泥	12.54	8.88	8.26	9.01	7.35
	001301	尚太科技	—	—	—	—	2.93
	000413	东旭光电	5.52	4.07	2.16	2.46	2.82
	000600	建投能源	26.98	23.60	21.68	20.77	18.60
	000709	河钢股份	4.57	4.80	4.46	6.67	6.27
	000778	新兴铸管	8.16	6.39	6.58	8.33	8.21
	000848	承德露露	3.86	3.58	3.66	4.93	4.92
	000856	冀东装备	11.57	13.30	14.44	24.43	17.51
	000889	中嘉博创	91.56	68.07	73.17	43.18	26.31
	000923	河钢资源	1.94	2.09	2.94	3.93	3.18
	000937	冀中能源	22.22	21.68	18.53	25.42	22.56
	000958	电投产融	28.99	27.16	26.78	22.17	16.95
中小企业板	002049	紫光国微	2.47	2.67	1.78	2.05	1.50
	002108	沧州明珠	7.29	6.72	6.26	5.01	5.09
	002146	荣盛发展	0.30	0.33	0.30	0.20	0.17
	002282	博深股份	2.31	2.32	2.44	2.58	2.44
	002342	巨力索具	1.75	1.92	2.39	2.82	2.60
	002442	龙星化工	6.50	7.09	6.56	7.13	7.08
	002459	晶澳科技	1.82	11.35	5.57	5.45	6.26
	002494	华斯股份	0.66	0.57	0.77	0.66	0.95
	002603	以岭药业	1.45	1.76	2.23	2.26	2.46
	002691	冀凯股份	1.06	1.02	0.64	1.02	0.90
	002960	青鸟消防	—	5.77	5.15	4.60	4.13
	003031	中瓷电子	—	—	—	2.90	3.34
创业板	300107	建新股份	5.26	4.72	4.46	5.25	5.79
	300137	先河环保	1.53	1.60	1.83	1.85	2.04
	300138	晨光生物	1.77	1.57	1.76	2.07	2.54
	300152	新动力	2.67	3.56	3.50	1.21	0.96
	300255	常山药业	0.45	0.45	0.45	0.60	0.55
	300368	汇金股份	3.10	3.71	3.43	3.70	2.09
	300371	汇中股份	2.18	2.89	3.26	2.18	1.32
	300428	立中集团	8.50	4.35	7.49	6.43	5.62
	300446	乐凯新材	2.75	2.56	1.21	1.55	2.03
	300491	通合科技	2.50	2.62	2.10	2.32	2.46
	300765	新诺威	—	4.83	4.97	4.55	6.56

续表

所属板块	证券代码	证券简称	2018 年	2019 年	2020 年	2021 年	2022 年
创业板	300847	中船汉光	—	—	4.50	4.32	4.07
	300869	康泰医学	—	—	2.84	1.32	0.88
	300922	天秦装备	—	—	3.29	3.28	2.58
	300981	中红医疗	—	—	—	4.81	3.21
	300990	同飞股份	—	—	—	6.91	4.68
	301197	工大科雅	—	—	—	—	1.42
	301298	东利机械	—	—	—	—	2.42
北交所	838163	方大新材	—	—	—	2.96	2.58
	836247	华密新材	—	—	—	—	3.41
	835985	海泰新能	—	—	—	—	8.37
	832171	志晟信息	—	—	—	5.06	6.29
	830964	润农节水	—	—	—	1.81	1.83

注："—"代表该公司在当年未上市。

资料来源：国泰安数据库和上市公司年报。

（三）河北上市公司固定资产周转率情况

固定资产周转率也称固定资产利用率，是指一定时期内企业营业收入与固定资产平均余额的比值，用来衡量企业资本效率。固定资产周转率越高，说明固定资产的利用率越高。固定资产周转率低，会导致企业资产沉淀，成本增加，利润减少。

1. 河北上市公司和全国上市公司固定资产周转率

2018~2022 年，河北上市公司和全国上市公司固定资产周转率平均值整体有所波动，且全国上市公司固定资产周转率平均值高于河北上市公司固定资产周转率。河北上市公司固定资产周转率平均值从 2018 年的 4.58 次下降至 2020 年的 4.07 次，2021 年和 2022 年保持在 4.78 次。全国上市公司固定资产周转率平均值从 2018 年的 6.64 次波动下降至 2022 年的 5.83 次（见图 5）。

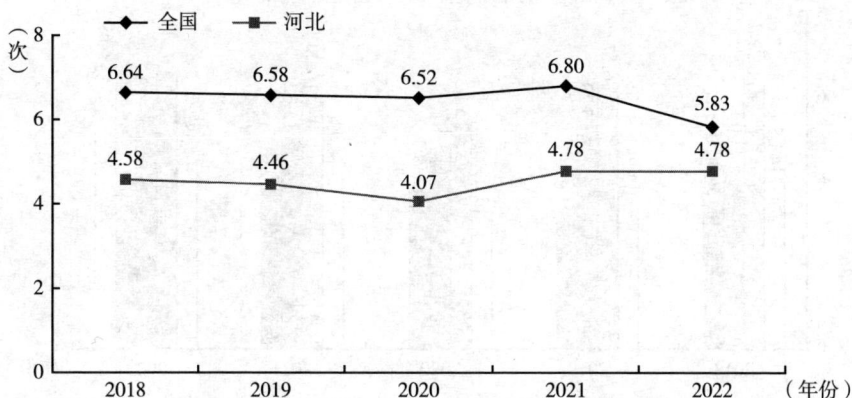

图 5　2018~2022 年河北上市公司和全国上市公司固定资产周转率平均值

资料来源：国泰安数据库和上市公司年报。

2. 河北上市公司各板块固定资产周转率

整体来看，不同板块上市公司的固定资产周转率平均值在 2018~2022年呈现波动变化趋势。沪市 A 股和深市 A 股上市公司固定资产周转率平均值均呈现先下降后上升的趋势。其中，沪市 A 股上市公司固定资产周转率从 2018 年的 4.26 次下降至 2020 年的 3.26 次，随后上升至 2022 年的 4.38次；深市 A 股上市公司固定资产周转率平均值从 2018 年的 6.29 次下降至2020 年的 5.32 次，随后上升至 2022 年的 6.54 次。中小企业板上市公司固定资产周转率平均值在 2018~2022 年呈现波动上升趋势，从 2018 年的 4.29次上升至 2022 年的 5.48 次。创业板上市公司固定资产周转率平均值从 2018年的 3.48 次下降至 2019 年的 3.02 次，2020 年和 2021 年分别为 3.76 次和3.79 次，2022 年下降至 3.09 次。北交所上市公司固定资产周转率平均值在2022 年呈现上升趋势（见图 6）。

3. 河北上市公司固定资产周转率

表 3 对 2018~2022 年河北上市公司固定资产周转率的具体情况进行了列示。

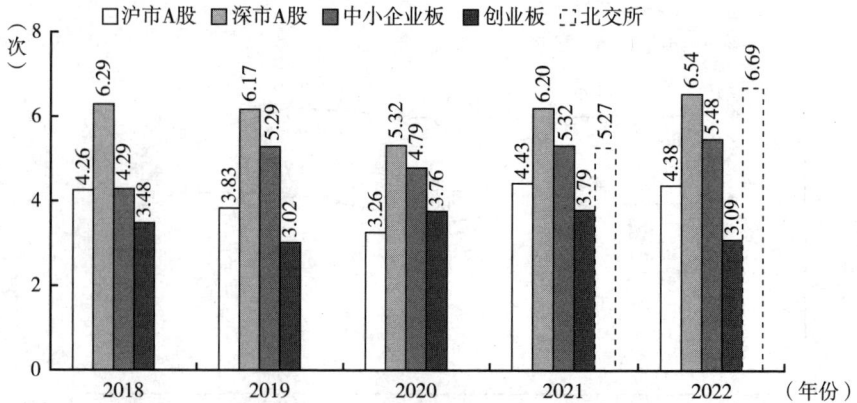

图6 2018~2022年河北上市公司各板块固定资产周转率平均值

资料来源：国泰安数据库和上市公司年报。

表3 2018~2022年河北上市公司固定资产周转率

单位：次

所属板块	证券代码	证券简称	2018年	2019年	2020年	2021年	2022年
沪市A股	600135	乐凯胶片	4.96	5.56	5.10	5.73	4.63
	600149	廊坊发展	0.48	0.65	0.71	0.85	0.89
	600230	沧州大化	2.12	1.11	0.94	0.75	1.14
	600340	华夏幸福	21.17	16.48	12.71	4.78	3.46
	600409	三友化工	1.40	1.33	1.15	1.53	1.62
	600480	凌云股份	4.78	4.14	4.26	4.61	4.79
	600482	中国动力	4.12	3.69	3.27	3.39	3.60
	600550	保变电气	2.24	2.58	3.21	3.58	3.23
	600559	老白干酒	4.83	4.29	4.04	3.72	3.04
	600722	金牛化工	4.79	5.15	3.03	4.18	4.75
	600803	新奥股份	2.08	1.73	3.15	2.21	2.51
	600812	华北制药	1.17	1.38	1.45	1.42	1.55
	600906	财达证券	—	—	—	9.96	8.23
	600956	新天绿能	—	—	0.54	0.55	0.57
	600965	福成股份	2.51	2.74	2.54	3.03	2.09
	600997	开滦股份	1.97	1.96	1.75	2.05	2.25
	601000	唐山港	0.89	0.92	0.63	0.57	0.62
	601258	庞大集团	5.23	2.95	3.93	4.48	4.45

所属板块	证券代码	证券简称	2018 年	2019 年	2020 年	2021 年	2022 年
沪市 A 股	601326	秦港股份	0.43	0.45	0.46	0.51	0.58
	601633	长城汽车	3.45	3.24	3.54	4.87	5.05
	603050	科林电气	5.97	6.21	6.83	5.79	4.64
	603156	养元饮品	12.61	10.77	5.85	8.23	6.76
	603176	汇通集团	—	—	—	25.05	29.59
	603385	惠达卫浴	2.83	2.73	2.25	2.35	1.90
	603938	三孚股份	3.78	4.27	3.70	4.01	4.12
	605196	华通线缆	—	—	—	6.92	7.87
深市 A 股	000158	常山北明	5.03	4.05	4.00	4.37	4.38
	000401	冀东水泥	1.20	1.14	1.11	1.14	1.07
	001301	尚太科技	—	—	—	—	3.26
	000413	东旭光电	2.72	1.83	0.74	0.67	0.75
	000600	建投能源	0.77	0.77	0.76	0.80	0.99
	000709	河钢股份	1.05	1.00	0.79	1.06	1.04
	000778	新兴铸管	2.51	2.50	2.54	3.03	2.56
	000848	承德露露	8.36	9.43	8.30	11.93	13.39
	000856	冀东装备	6.86	8.44	7.26	10.74	14.00
	000889	中嘉博创	40.26	35.91	27.48	29.33	35.73
	000923	河钢资源	4.58	6.23	8.43	8.79	5.25
	000937	冀中能源	1.55	1.56	1.42	2.04	2.21
	000958	电投产融	0.61	1.17	1.04	0.58	0.41
中小企业板	002049	紫光国微	10.35	18.35	16.90	23.31	22.66
	002108	沧州明珠	2.51	2.10	2.03	2.15	2.15
	002146	荣盛发展	17.34	14.31	11.53	7.18	5.35
	002282	博深股份	2.32	2.07	2.04	2.39	2.35
	002342	巨力索具	1.20	1.42	1.58	1.83	1.77
	002442	龙星化工	3.04	2.73	2.36	3.72	5.39
	002459	晶澳科技	1.02	3.94	2.35	3.19	4.09
	002494	华斯股份	1.17	1.16	0.90	1.22	1.04
	002603	以岭药业	1.82	2.20	3.10	3.02	2.99
	002691	冀凯股份	2.17	1.58	0.77	1.08	0.98
	002960	青鸟消防	—	8.38	9.08	11.89	13.30
	003031	中瓷电子	—	—	—	2.81	3.65

所属板块	证券代码	证券简称	2018 年	2019 年	2020 年	2021 年	2022 年
创业板	300107	建新股份	3.36	2.13	1.23	1.38	1.56
	300137	先河环保	5.56	5.59	5.13	4.74	4.61
	300138	晨光生物	4.89	4.33	4.13	4.24	4.82
	300152	新动力	2.18	2.03	2.41	1.18	1.42
	300255	常山药业	2.70	2.97	3.10	4.00	2.97
	300368	汇金股份	3.72	3.85	4.12	5.51	3.00
	300371	汇中股份	1.60	2.13	1.80	1.70	1.65
	300428	立中集团	7.02	3.60	6.79	8.50	7.83
	300446	乐凯新材	2.77	2.53	0.91	0.85	0.77
	300491	通合科技	1.00	1.80	2.09	2.72	4.02
	300765	新诺威	—	2.27	2.31	2.76	3.62
	300847	中船汉光	—	—	3.03	3.43	3.31
	300869	康泰医学	—	—	12.76	5.71	3.25
	300922	天秦装备	—	—	2.85	3.12	1.99
	300981	中红医疗	—	—	—	4.79	1.00
	300990	同飞股份	—	—	—	6.08	3.66
	301197	工大科雅	—	—	—	—	4.13
	301298	东利机械	—	—	—	—	1.99
北交所	838163	方大新材	—	—	—	3.06	3.28
	836247	华密新材	—	—	—	—	5.85
	835985	海泰新能	—	—	—	—	11.61
	832171	志晟信息	—	—	—	3.88	3.41
	830964	润农节水	—	—	—	8.87	9.30

注："—"代表该公司在当年未上市。

资料来源：国泰安数据库和上市公司年报。

（四）河北上市公司总资产周转率情况

总资产周转率是指一定时期内营业收入与资产平均余额的比值，反映公司通过各项资产形成营业收入的效率，是综合评价企业资产运营效率的重要指标。

1. 河北上市公司和全国上市公司总资产周转率

整体来看，河北上市公司和全国上市公司总资产周转率平均值在 2018~2022 年均呈现波动下降趋势。河北上市公司总资产周转率平均值从 2018 年的 0.62 次下降至 2020 年的 0.56 次，随后上升至 2021 年和 2022 年的 0.60 次。全国上市公司总资产周转率平均值 2018 年和 2019 年保持稳定，为 0.67 次，然后下降至 2020 年的 0.63 次，2021 年增加至 0.65 次，2022 年下降至 0.58 次（见图7）。

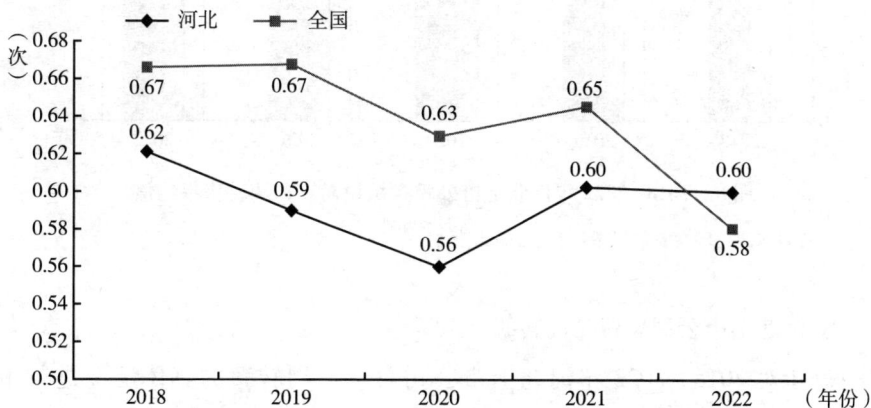

图 7 2018~2022 年河北上市公司和全国上市公司总资产周转率平均值

资料来源：国泰安数据库和上市公司年报。

2. 河北上市公司各板块总资产周转率

沪市 A 股和深市 A 股总资产周转率平均值在 2018~2022 年整体呈现先下降后上升的趋势。具体来看，沪市 A 股总资产周转率平均值从 2018 年的 0.66 次下降至 2020 年的 0.57 次，随后上升至 2021 年和 2022 年的 0.60 次；深市 A 股总资产周转率平均值从 2018 年的 0.60 次下降至 2020 年的 0.54 次，2021 年明显上升至 0.64 次，2022 年上升至 0.65 次。中小企业板总资产周转率平均值从 2018 年的 0.48 次上升至 2019 年的 0.62 次，在 2020 年下降至 0.52 次，2022 年上升至 0.62 次。创业板总资产周转率平均值在 2018~2022 年呈现较大的波动趋势，从 2018 年的 0.67 次下降至 2019 年的

0.55 次，2020 年上升至 0.59 次，2022 年降至 0.48 次。北交所总资产周转率平均值从 2021 年的 0.65 次上升至 2022 年的 0.93 次（见图 8）。

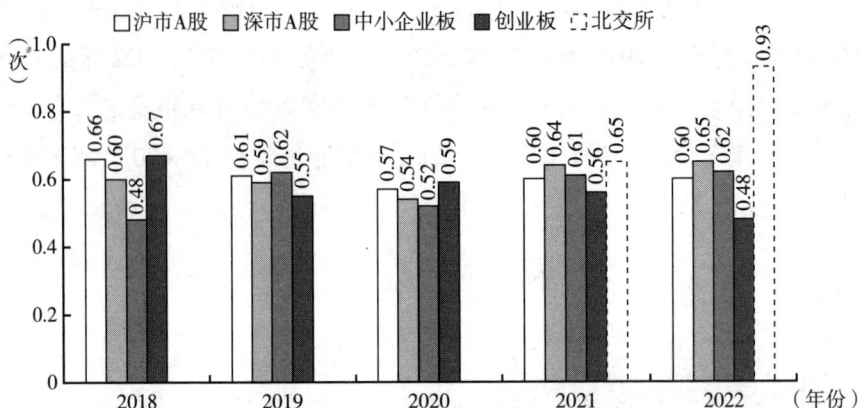

图 8　2018～2022 年河北上市公司各板块总资产周转率平均值

资料来源：国泰安数据库和上市公司年报。

3. 河北上市公司总资产周转率

表 4 对 2018～2022 年河北上市公司总资产周转率的具体情况进行了列示。

表 4　2018～2022 年河北上市公司总资产周转率

单位：次

所属板块	证券代码	证券简称	2018 年	2019 年	2020 年	2021 年	2022 年
沪市 A 股	600135	乐凯胶片	0.79	0.80	0.67	0.69	0.61
	600149	廊坊发展	0.14	0.27	0.29	0.33	0.33
	600230	沧州大化	0.99	0.44	0.29	0.35	0.69
	600340	华夏幸福	0.21	0.24	0.21	0.09	0.08
	600409	三友化工	0.82	0.82	0.72	0.92	0.88
	600480	凌云股份	0.98	0.86	0.90	0.96	0.97
	600482	中国动力	0.59	0.52	0.47	0.47	0.52
	600550	保变电气	0.39	0.50	0.66	0.73	0.62
	600559	老白干酒	0.86	0.69	0.56	0.57	0.56
	600722	金牛化工	0.77	0.63	0.33	0.44	0.48

续表

所属板块	证券代码	证券简称	2018 年	2019 年	2020 年	2021 年	2022 年
沪市 A 股	600803	新奥股份	0.60	0.57	1.32	0.98	1.17
	600812	华北制药	0.53	0.60	0.54	0.43	0.46
	600906	财达证券	—	—	—	0.04	0.03
	600956	新天绿能	—	—	0.24	0.25	0.25
	600965	福成股份	0.56	0.52	0.41	0.49	0.42
	600997	开滦股份	0.86	0.81	0.70	0.78	0.88
	601000	唐山港	0.45	0.47	0.32	0.25	0.24
	601258	庞大集团	0.87	0.76	1.15	1.25	1.15
	601326	秦港股份	0.27	0.26	0.25	0.24	0.25
	601633	长城汽车	0.88	0.85	0.70	0.83	0.76
	603050	科林电气	0.67	0.66	0.65	0.60	0.62
	603156	养元饮品	0.62	0.49	0.29	0.45	0.38
	603176	汇通集团	—	—	—	0.68	0.59
	603385	惠达卫浴	0.68	0.70	0.62	0.65	0.56
	603938	三孚股份	1.01	0.95	0.72	0.83	0.94
	605196	华通线缆	—	—	—	1.19	1.06
深市 A 股	000158	常山北明	0.72	0.67	0.68	0.69	0.58
	000401	冀东水泥	0.60	0.56	0.59	0.61	0.56
	001301	尚太科技	—	—	—	—	0.76
	000413	东旭光电	0.40	0.25	0.11	0.09	0.10
	000600	建投能源	0.44	0.43	0.43	0.42	0.49
	000709	河钢股份	0.61	0.58	0.48	0.62	0.58
	000778	新兴铸管	0.80	0.81	0.84	1.00	0.87
	000848	承德露露	0.75	0.76	0.60	0.76	0.74
	000856	冀东装备	1.04	1.16	1.11	1.54	1.53
	000889	中嘉博创	0.71	0.69	0.67	0.75	1.09
	000923	河钢资源	0.38	0.46	0.45	0.48	0.34
	000937	冀中能源	0.47	0.48	0.43	0.63	0.71
	000958	电投产融	0.32	0.19	0.12	0.09	0.11
中小企业板	002049	紫光国微	0.45	0.55	0.45	0.56	0.53
	002108	沧州明珠	0.77	0.62	0.57	0.55	0.45
	002146	荣盛发展	0.27	0.29	0.26	0.16	0.12
	002282	博深股份	0.42	0.43	0.41	0.43	0.38
	002342	巨力索具	0.42	0.49	0.55	0.60	0.50

续表

所属板块	证券代码	证券简称	2018 年	2019 年	2020 年	2021 年	2022 年
中小企业板	002442	龙星化工	1.05	1.01	0.89	1.29	1.48
	002459	晶澳科技	0.24	1.41	0.79	0.88	1.13
	002494	华斯股份	0.19	0.19	0.15	0.21	0.18
	002603	以岭药业	0.59	0.66	0.85	0.83	0.86
	002691	冀凯股份	0.42	0.37	0.22	0.33	0.29
	002960	青鸟消防	—	0.78	0.63	0.77	0.67
	003031	中瓷电子	—	—	—	0.68	0.79
创业板	300107	建新股份	1.01	0.52	0.33	0.39	0.46
	300137	先河环保	0.60	0.55	0.49	0.44	0.42
	300138	晨光生物	0.98	0.83	0.85	0.92	0.98
	300152	新动力	0.21	0.27	0.35	0.17	0.22
	300255	常山药业	0.45	0.53	0.56	0.61	0.42
	300368	汇金股份	0.52	0.48	0.49	0.44	0.16
	300371	汇中股份	0.41	0.47	0.48	0.52	0.44
	300428	立中集团	1.81	0.96	1.48	1.45	1.36
	300446	乐凯新材	0.41	0.40	0.17	0.18	0.21
	300491	通合科技	0.29	0.40	0.36	0.38	0.45
	300765	新诺威	—	0.59	0.45	0.46	0.67
	300847	中船汉光	—	—	0.84	0.78	0.79
	300869	康泰医学	—	—	1.01	0.37	0.22
	300922	天秦装备	—	—	0.35	0.26	0.16
	300981	中红医疗	—	—	—	0.91	0.23
	300990	同飞股份	—	—	—	0.74	0.57
	301197	工大科雅	—	—	—	—	0.28
	301298	东利机械	—	—	—	—	0.62
北交所	838163	方大新材	—	—	—	0.79	0.80
	836247	华密新材	—	—	—	—	0.90
	835985	海泰新能	—	—	—	—	1.84
	832171	志晟信息	—	—	—	0.57	0.47
	830964	润农节水	—	—	—	0.59	0.63

注："—"代表该公司在当年未上市。

资料来源：国泰安数据库和上市公司年报。

（五）河北上市公司总资金回报率情况

总资金回报率是指一段时间内企业获得的归属于股东和债权人的收益与

企业投入资本之比。企业的资金回报率是债权人是否愿意为企业提供贷款所关注的重要指标，同时是股东评价企业经营管理业绩的重要指标。总资金回报率是息税前利润与总资金平均余额的比值。其中，息税前利润=利润总额+财务费用+财务费用附注中的利息收入+对联营企业和合营企业的投资收益×[所得税率/（1-所得税率）]。总资金是指总资产扣除营业性负债的金额。

1. 河北上市公司和全国上市公司总资金回报率

整体来看，河北上市公司和全国上市公司总资金回报率平均值在2018~2022年呈现明显的波动趋势。相对于全国上市公司总资金回报率平均值而言，河北上市公司总资金回报率平均值波动性更大。河北上市公司总资金回报率平均值从2018年的8.02%上升至2019年的8.37%，随后继续上升至2020年的8.48%，2021年急剧下降至2.77%，2022年回升至6.18%。全国上市公司总资金回报率平均值从2018年的5.38%上升至2019年的5.85%，继续上升至2020年的7.12%，2021年略微上升至7.21%，2022年下降至5.34%（见图9）。

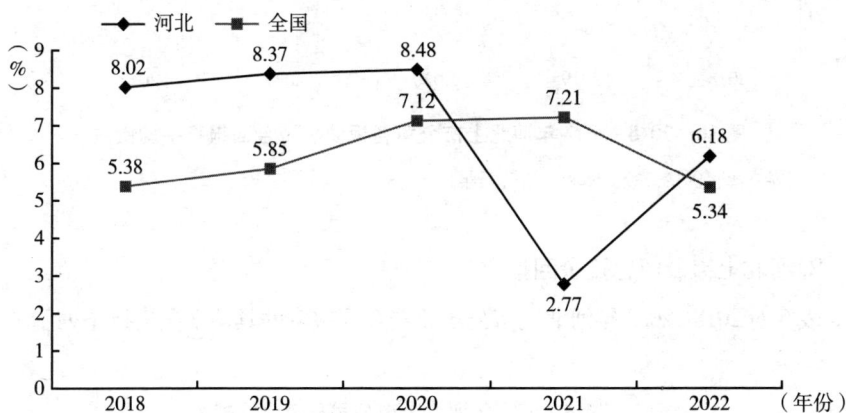

图9　2018~2022年河北上市公司和全国上市公司总资金回报率平均值

资料来源：国泰安数据库和上市公司年报。

2. 河北上市公司各板块总资金回报率

整体来看，河北上市公司不同板块的固定资产周转率平均值在2018~

2022年总体呈波动趋势。其中，沪市A股的总资金回报率平均值在8%上下波动；深市A股的总资金回报率平均值在2018~2022年波动较大，2021年甚至下降至-24.25%；中小企业板的总资金回报率平均值在2019年、2021年呈现上升趋势，在2020年、2022年呈现下降趋势；北交所的总资金回报率平均值在2022年呈现下降趋势。总体来说，河北上市公司各板块的总资金回报率平均值在2018~2022年有不同程度的波动，不同板块之间的总资金回报率平均值差异较大（见图10）。

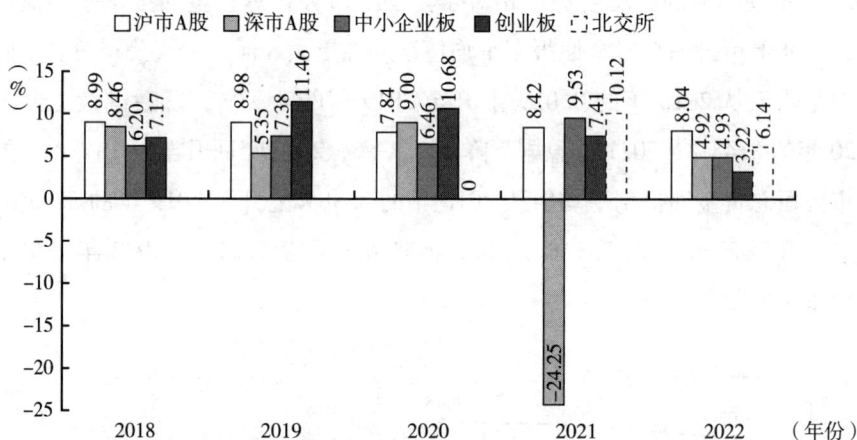

图10　2018~2022年河北上市公司各板块总资金回报率平均值

资料来源：国泰安数据库和上市公司年报。

3. 河北上市公司总资金回报率

表5对2018~2022年河北上市公司总资金回报率的具体情况进行了列示。

表5　2018~2022年河北上市公司总资金回报率

单位：%

所属板块	证券代码	证券简称	2018年	2019年	2020年	2021年	2022年
沪市A股	600135	乐凯胶片	2.09	4.45	2.28	2.61	1.95
	600149	廊坊发展	4.10	11.04	18.41	5.54	-3.03
	600230	沧州大化	33.95	-0.11	0.47	4.09	9.31
	600340	华夏幸福	9.94	10.18	5.58	-12.07	7.87

所属板块	证券代码	证券简称	2018 年	2019 年	2020 年	2021 年	2022 年
沪市 A 股	600409	三友化工	12.90	6.97	6.32	12.95	9.69
	600480	凌云股份	9.29	3.65	6.18	8.34	7.07
	600482	中国动力	5.20	3.44	2.10	2.16	1.14
	600550	保变电气	−13.17	5.10	5.26	5.15	4.80
	600559	老白干酒	13.88	13.62	11.67	13.33	21.43
	600722	金牛化工	9.81	5.23	1.72	8.57	8.69
	600803	新奥股份	13.76	11.27	16.34	18.45	20.30
	600812	华北制药	4.88	5.50	4.07	3.94	0.10
	600906	财达证券	—	—	—	5.36	2.15
	600956	新天绿能	—	—	6.79	7.38	7.13
	600965	福成股份	10.64	9.95	5.83	8.48	5.80
	600997	开滦股份	12.75	10.14	9.05	13.96	12.77
	601000	唐山港	10.93	11.84	12.54	13.57	11.48
	601258	庞大集团	−20.38	12.05	5.75	7.80	−5.51
	601326	秦港股份	6.20	6.55	6.85	6.53	7.69
	601633	长城汽车	10.52	8.56	9.62	9.52	7.95
	603050	科林电气	9.67	8.22	7.97	6.08	6.61
	603156	养元饮品	29.76	27.15	16.76	22.39	16.21
	603176	汇通集团	—	—	—	7.77	5.62
	603385	惠达卫浴	8.87	11.99	9.91	7.39	3.36
	603938	三孚股份	12.29	10.66	8.83	22.05	31.31
	605196	华通线缆	—	—	—	7.58	7.17
深市 A 股	000158	常山北明	5.28	3.91	3.61	3.63	0.15
	000401	冀东水泥	11.03	16.74	16.88	12.06	4.94
	001301	尚太科技	—	—	—	—	23.82
	000413	东旭光电	7.38	0.48	−3.98	−3.24	−2.39
	000600	建投能源	5.52	6.48	7.47	−8.27	3.35
	000709	河钢股份	7.69	6.35	4.98	6.24	4.42
	000778	新兴铸管	10.33	7.21	8.96	8.87	6.51
	000848	承德露露	28.06	30.42	26.14	31.45	28.42
	000856	冀东装备	4.90	5.88	3.26	9.93	10.72
	000889	中嘉博创	7.35	−41.61	3.88	−401.25	−16.92
	000923	河钢资源	3.50	11.87	21.53	26.82	11.10
	000937	冀中能源	6.05	6.95	6.07	14.33	19.99
	000958	电投产融	4.44	9.53	9.16	8.43	6.50

续表

所属板块	证券代码	证券简称	2018 年	2019 年	2020 年	2021 年	2022 年
中小企业板	002049	紫光国微	9.23	10.07	16.29	25.30	25.40
	002108	沧州明珠	10.34	7.21	10.26	10.12	6.27
	002146	荣盛发展	12.07	13.05	10.04	-1.99	-22.86
	002282	博深股份	4.48	4.47	5.80	7.96	3.55
	002342	巨力索具	2.33	2.80	3.20	2.57	1.73
	002442	龙星化工	11.15	3.76	7.48	11.42	4.57
	002459	晶澳科技	-0.03	13.05	12.45	12.70	17.29
	002494	华斯股份	0.95	1.26	-23.51	1.75	-24.48
	002603	以岭药业	9.28	8.93	15.61	15.78	23.87
	002691	冀凯股份	2.24	2.54	-1.59	2.23	1.81
	002960	青鸟消防	—	13.99	14.98	15.59	10.61
	003031	中瓷电子	—	—	—	10.98	11.33
创业板	300107	建新股份	47.89	21.15	3.61	0.98	3.94
	300137	先河环保	15.66	14.78	7.97	5.35	-7.14
	300138	晨光生物	6.50	6.94	9.72	8.80	9.12
	300152	新动力	-48.44	2.27	2.81	-44.91	-19.68
	300255	常山药业	6.20	8.75	8.90	7.01	2.08
	300368	汇金股份	3.30	7.94	12.46	11.06	-10.62
	300371	汇中股份	15.41	17.91	18.08	19.09	12.55
	300428	立中集团	10.21	9.79	8.52	6.71	4.94
	300446	乐凯新材	19.21	17.66	-2.69	0.83	0.60
	300491	通合科技	-4.24	5.17	6.73	3.35	4.05
	300765	新诺威	—	13.73	14.36	13.34	20.15
	300847	中船汉光	—	—	10.21	11.12	9.18
	300869	康泰医学	—	—	39.91	13.38	7.24
	300922	天秦装备	—	—	8.92	10.63	3.57
	300981	中红医疗	—	—	—	42.87	0.30
	300990	同飞股份	—	—	—	8.91	8.23
	301197	工大科雅	—	—	—	—	3.15
	301298	东利机械	—	—	—	—	6.24
北交所	838163	方大新材	—	—	—	12.18	9.62
	836247	华密新材	—	—	—	—	11.66
	835985	海泰新能	—	—	—	—	9.99
	832171	志晟信息	—	—	—	9.86	-7.05
	830964	润农节水	—	—	—	8.33	6.46

注："—"代表该公司在当年未上市。

资料来源：国泰安数据库和上市公司年报。

（六）河北上市公司总资金周转率情况

总资金周转率是指营业收入与总资金平均余额的比值。其中，总资金是指总资产扣除营业性负债的金额。总资金周转率代表企业总资金周转速度，总资金周转率高表明企业占用较少的资金获取较多的收入。

1. 河北上市公司和全国上市公司总资金周转率

整体来看，河北上市公司和全国上市公司的总资金周转率平均值在2018~2022年呈现波动趋势。2018~2020年，河北上市公司与全国上市公司的总资金周转率平均值均呈缓慢下降趋势，且河北上市公司总资金周转率平均值低于全国平均水平。河北上市公司总资金周转率平均值从2018年的0.80次逐年下降至2020年的0.75次，2021年上升至0.87次，2022年上升至0.89次。全国上市公司总资金周转率平均值从2018年的0.88次下降至2020年的0.84次，2021年上升至0.91次，2022年下降至0.85次（见图11）。

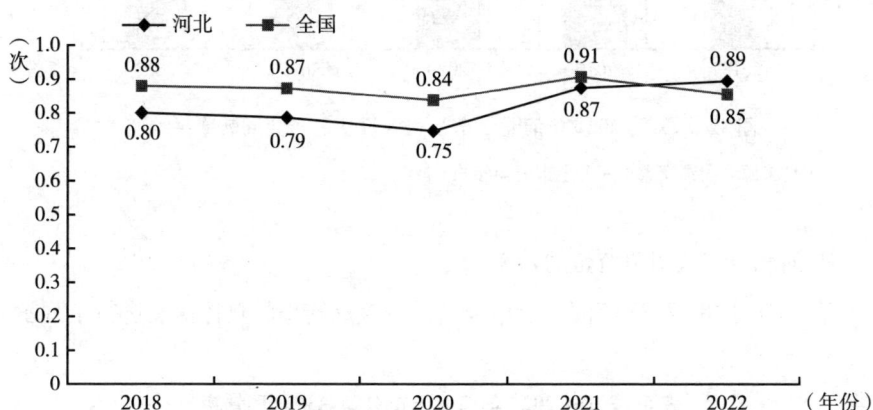

图 11　2018~2022 年河北上市公司和全国上市公司总资金周转率平均值

资料来源：国泰安数据库和上市公司年报。

2. 河北上市公司各板块总资金周转率

整体来看，河北上市公司和全国上市公司的总资金周转率平均值在2018~2022年呈现波动变化趋势。其中，沪市 A 股上市公司总资金周转率平均值波动趋势较为平缓，从 2018 年的 0.90 次波动下降至 2022 年的 0.83 次；深市 A 股上市公司总资金周转率平均值在 2018~2020 年的波动趋势较为平缓，2020~2022 年波动较大，由 2020 年的 0.90 次上升至 2021 年的 1.42 次，2022 年与 2021 年相差不大，为 1.41 次；中小企业板上市公司总资金周转率平均值呈现波动上升趋势；创业板上市公司总资金周转率平均值呈现波动下降趋势；北交所上市公司总资金周转率平均值在 2021~2022 年变化较大（见图 12）。

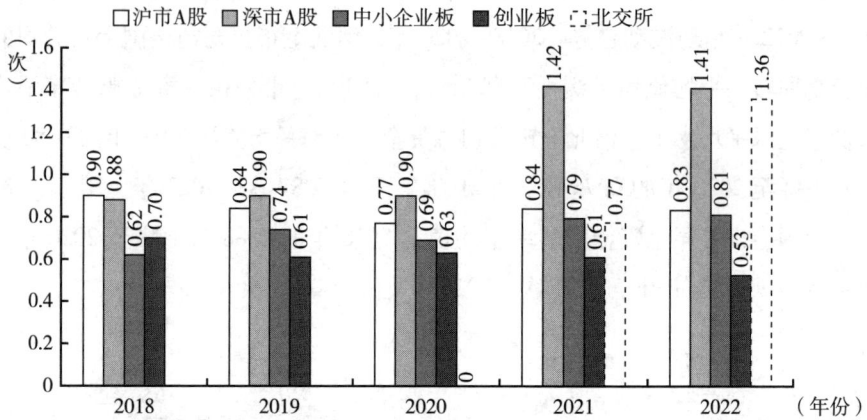

图 12　2018~2022 年河北上市公司各板块总资金周转率平均值

资料来源：国泰安数据库和上市公司年报。

3. 河北上市公司总资金周转率

表 6 对 2018~2022 年河北上市公司总资金周转率的具体情况进行了列示。

表 6　2018~2022 年河北上市公司总资金周转率

单位：次

所属板块	证券代码	证券简称	2018 年	2019 年	2020 年	2021 年	2022 年
沪市 A 股	600135	乐凯胶片	0.94	0.86	0.76	0.80	0.73
	600149	廊坊发展	0.28	0.62	0.68	0.67	0.64
	600230	沧州大化	1.10	0.48	0.32	0.44	0.90
	600340	华夏幸福	0.44	0.42	0.36	0.19	0.14
	600409	三友化工	1.02	1.03	0.93	1.15	1.10

所属板块	证券代码	证券简称	2018 年	2019 年	2020 年	2021 年	2022 年
沪市 A 股	600480	凌云股份	1.31	1.19	1.25	1.49	1.45
	600482	中国动力	0.71	0.73	0.64	0.66	0.71
	600550	保变电气	0.70	0.91	1.28	1.36	1.13
	600559	老白干酒	1.14	1.06	0.93	1.02	1.06
	600722	金牛化工	0.84	0.71	0.36	0.47	0.53
	600803	新奥股份	0.78	0.72	1.31	1.51	1.76
	600812	华北制药	0.70	0.76	0.58	0.51	0.62
	600906	财达证券	—	—	—	0.00	0.00
	600956	新天绿能	—	—	0.26	0.27	0.29
	600965	福成股份	0.64	0.62	0.50	0.54	0.49
	600997	开滦股份	1.09	1.01	0.83	1.00	1.27
	601000	唐山港	0.54	0.56	0.40	0.31	0.27
	601258	庞大集团	2.12	1.28	1.62	1.63	1.56
	601326	秦港股份	0.31	0.30	0.28	0.27	0.28
	601633	长城汽车	1.44	1.59	1.34	1.64	1.45
	603050	科林电气	1.16	1.11	1.13	1.09	1.02
	603156	养元饮品	0.68	0.60	0.37	0.55	0.50
	603176	汇通集团	—	—	—	1.15	0.91
	603385	惠达卫浴	0.83	0.89	0.79	0.84	0.74
	603938	三孚股份	1.04	0.99	0.76	0.90	0.97
	605196	华通线缆	—	—	—	1.27	1.15
深市 A 股	000158	常山北明	0.94	0.91	0.94	1.00	0.86
	000401	冀东水泥	0.71	0.76	0.77	0.71	0.66
	001301	尚太科技	—	—	—	—	0.67
	000413	东旭光电	0.52	0.34	0.14	0.12	0.13
	000600	建投能源	0.52	0.53	0.50	0.47	0.60
	000709	河钢股份	0.91	0.90	0.68	0.91	0.81
	000778	新兴铸管	1.11	1.10	1.12	1.32	1.11
	000848	承德露露	1.08	1.11	0.83	1.05	0.96
	000856	冀东装备	2.53	2.64	3.55	5.88	6.48
	000889	中嘉博创	0.72	1.13	0.98	3.95	4.53
	000923	河钢资源	0.54	0.59	0.58	0.61	0.42
	000937	冀中能源	0.58	0.59	0.52	0.81	0.94
	000958	电投产融	0.37	0.23	0.24	0.17	0.13

续表

所属板块	证券代码	证券简称	2018 年	2019 年	2020 年	2021 年	2022 年
中小企业板	002049	紫光国微	0.60	0.71	0.57	0.61	0.61
	002108	沧州明珠	0.77	0.72	0.65	0.61	0.46
	002146	荣盛发展	0.57	0.64	0.59	0.47	0.48
	002282	博深股份	0.44	0.47	0.43	0.45	0.41
	002342	巨力索具	0.51	0.64	0.70	0.76	0.63
	002442	龙星化工	1.62	1.55	1.20	1.63	1.77
	002459	晶澳科技	0.28	1.25	1.25	1.54	2.05
	002494	华斯股份	0.24	0.22	0.21	0.27	0.24
	002603	以岭药业	0.64	0.73	0.96	1.00	1.06
	002691	冀凯股份	0.48	0.41	0.26	0.37	0.33
	002960	青鸟消防	—	0.75	0.74	0.92	0.69
	003031	中瓷电子	—	—	—	0.90	1.04
创业板	300107	建新股份	0.90	0.52	0.37	0.42	0.51
	300137	先河环保	0.69	0.65	0.59	0.52	0.52
	300138	晨光生物	1.01	0.83	0.95	0.93	1.04
	300152	新动力	0.52	0.46	0.59	0.31	0.44
	300255	常山药业	0.48	0.59	0.57	0.62	0.42
	300368	汇金股份	0.77	0.67	0.73	0.96	0.33
	300371	汇中股份	0.45	0.50	0.52	0.56	0.51
	300428	立中集团	1.32	1.14	1.49	1.56	1.47
	300446	乐凯新材	0.43	0.40	0.18	0.21	0.23
	300491	通合科技	0.39	0.38	0.42	0.40	0.57
	300765	新诺威	—	0.52	0.49	0.48	0.66
	300847	中船汉光	—	—	0.81	0.85	0.85
	300869	康泰医学	—	—	0.76	0.35	0.20
	300922	天秦装备	—	—	0.28	0.27	0.17
	300981	中红医疗	—	—	—	0.75	0.25
	300990	同飞股份	—	—	—	0.53	0.62
	301197	工大科雅	—	—	—	—	0.24
	301298	东利机械	—	—	—	—	0.56
北交所	838163	方大新材	—	—	—	0.96	0.91
	836247	华密新材	—	—	—	—	0.80
	835985	海泰新能	—	—	—	—	3.71
	832171	志晟信息	—	—	—	0.66	0.64
	830964	润农节水	—	—	—	0.70	0.75

注："—"代表该公司在当年未上市。

资料来源：国泰安数据库和上市公司年报。

三　河北上市公司资本效率方面存在的问题

（一）流动资产周转率波动较大

流动资产管理主要包括应收账款管理和存货管理。河北上市公司的流动资产周转率水平差距较大，部分企业的流动资产周转率较低。应收账款周转率波动较大的原因可能是应收账款收款制度不完善，存在部分客户拖欠账款问题。存货周转率波动较大的原因可能是市场需求分析出现误差，导致供需不平衡；也可能是存货管理不到位，存在存货损失或浪费现象。

（二）固定资产周转率有待提高

通过对比河北上市公司固定资产周转率平均值与全国上市公司平均值，发现河北上市公司的固定资产周转率平均值低于全国平均水平，表明整体上河北上市公司对固定资产的管理不到位，未能合理配置固定资产。通过分析河北各个上市公司固定资产周转率情况，可知由于行业特征不同，上市公司固定资产周转率存在较大差异。固定资产周转率低的原因可能在于：第一，固定资产与生产规模不匹配；第二，技术人员未能高效利用固定资产；第三，固定资产的管理人员职责不明晰。

（三）总资金回报率不稳定

通过对比河北上市公司总资金回报率平均值与全国平均水平，发现河北上市公司总资金回报率在 2021 年发生急剧下降，随后在 2022 年发生显著上升。这表明河北上市公司总资金回报率波动性较大。通过分析河北上市公司各板块总资金回报率，发现 2018～2022 年不同板块呈现不同程度的波动，且不同板块之间的总资金回报率差异较大。不管是与全国平均水平相比，还是各板块平均水平之间相比，河北上市公司总资金回报率均表现出较大的不稳定性，这不利于公司的长期稳定发展。对于河北上市公司，资金周转速度慢、资金管理和运作效率低下等问题亟待解决。总资金回报率不稳定，可能有以下几个原因：一是财务管理不到位；二是供应链衔接环节不畅通；三是产品无法按照预期进行销售。

四　关于河北上市公司资本效率的对策及建议

（一）完善流动资产管理

提高流动资产收益，降低流动资产成本。提高流动资产的收益，要求公司加快现金、应收账款以及存货的周转速度，提高回报率。对于流动资产而言，其成本主要是指持有成本和短缺成本之和。因此，企业需要在持有成本和短缺成本之间进行权衡，使持有成本与短缺成本总和最小。首先，为提高企业应收账款周转率，企业应建立强有力的应收账款管理机制。在应收账款发生前根据客户的生产规模、经营状况、偿债能力、资金周转等情况对客户进行严格的信用评级，对于不同信用评级的客户设置不同的信用管理标准和信用额度，尽量降低期限过长、数额过大的应收账款额度。同时经常对客户信息进行调查并更新，有效避免坏账的发生，保证资金的流动性。此外，企业可以通过制定回款绩效考核制度，明确销售人员对应收账款的收回职责，以此缩短应收账款的回款期，提高应收账款周转率。其次，为提高存货周转率，企业需要完善库存管理。企业应该时刻关注市场的行情变化，分析预测市场对公司产品的需求，由此确定生产规模，把企业的存货数量严格控制在存货预警线之下，减轻企业的资金占用压力，从而提高企业的资金周转率。此外，企业可以通过销售策略降低库存，加速存货的周转。比如，企业可以降低售价，采取薄利多销的方法，加速存货的周转。

（二）强化固定资产管理

企业的生产经营离不开优质的固定资产，且固定资产在总资产中占有较大比重。因此，企业应该高度重视固定资产管理，充分调动全体员工的积极性，采取现代化手段，畅通监督渠道，强化固定资产管理。第一，加强对固定资产的全面管理，包括固定资产的采购、使用、维护、保养以及处置等。首先，建立完善的固定资产采购制度，规范固定资产的采购流程，避免盲目采购和重复采购。其次，建立固定资产的保养和维护制度，定期对固定资产进行检查和维护，确保固定资产的正常运转。同时，企业需要根据经营情况和市场需求，合理配置固定资产。当企业需要扩大生产规模时，及时增加固定资产投资；当企业需要缩减生产规模时，及时对固定资产进行管理和控制。此外，加大对闲置资产的关注，通过定期盘点的方法，及时清理闲置的固定资产，提高资产利用效率。第二，加强固定资产的信息化管理和监督管理。积极建立固定资产信息共享系统，以便管理人员实时掌握固定资产相关信息，及时处理相关问题，提高固定资产利用效率。与此同时，建立固定资产监督机制，明确相关人员对固定资产的管理职责。第三，提高固定资产的利用率。企业可以通过优化生产流程、提高设备利用率、加强人员培训等方式来提高固定资产的利用率。同时，企业可以通过引进新技术、新设备等方式来提高固定资产的利用率。

（三）强化全流程资产管理

资金周转率是指企业在一定时间内完成资金的流动和使用的次数。提高资金周转率需要优化全流程资产管理，包括财务管理、存货管理、销售管理，以及各个阶段之间的衔接管理。首先，加强财务管理。加强对应收账款和应付账款的管理，及时催收和支付，避免资金占用时间过长。对资金实行集中管理，合理统筹安排，严格控制结算资金的占用，及时清理拖欠费用，要求企业尽快偿付客户债务，以防止坏账的发生。其次，库存是企业资金的重要组成部分。要提高资金周转率，就要优化库存管理。根据市场需要和销售情况，合理安排采购和生产计划，避免库存积压和滞销。同时，加强库存管理，做好库存清点和盘点工作，避免库存损失和浪费。此外，供应链管理是企业资金周转管理的重要环节。要与供应商建立长期稳定的合作关系，优化采购流程，降低采购成本。同时，加强对供应商的管理，确保供应商的质量和交货期，避免由供应商原因导致资金周转不畅。最后，加强销售管理。根据市场需求和客户需求，制定合理的销售计划和销售策略，提高销售额和销售利润。同时，加强对客户的管理，及时催收账款，避免由客户原因导致资金周转不畅。

河北上市公司创新能力
研究报告（2023）

许　龙*

摘　要： 抓创新就是抓发展，谋创新就是谋未来。企业只有增强自主创新能力，掌握关键核心技术，才能具备核心竞争力。本报告基于创新扩散理论、资源基础理论以及制度理论，从河北上市公司创新能力状况出发，结合上市公司创新能力研究的理论发展，从专利申请数量、研发投入以及研发投入占营业收入比重三个角度分析河北上市公司创新能力在企业竞争中的重要作用。研究发现，2018~2022年，河北上市公司的专利申请数量平均值仅在2018年略低于全国平均水平，而后的四年均高于全国平均水平；相对全国平均水平，河北上市公司研发投入金额平均值相对较高，但研发投入占营业收入比重与全国平均水平仍存在差距。本报告据此提出河北上市公司要加大研发投入力度、提升研发投入效率以及提高研发质量等建议，帮助河北上市公司不断释放创新活力，为经济社会发展持续注入新动能。

关键词： 上市公司　创新能力　河北

　　创新是一个企业突破自身枷锁、优化核心竞争力的关键驱动力。党的二十大报告中指出："必须坚持科技是第一生产力、人才是第一资源、创新是

---

* 许龙，博士，河北经贸大学工商管理学院副教授，硕士研究生导师，主要研究领域为企业创新与数字化转型。

第一动力，深入实施科教兴国战略、人才强国战略、创新驱动发展战略，开辟发展新领域新赛道，不断塑造发展新动能新优势。"在创新驱动发展上升为国家战略的背景下，如何增强自身创新能力焕发新光彩成为企业亟须关注的问题。鉴于此，本报告依据学术界以往关于企业创新能力的研究，结合 2018~2022 年河北上市公司年报和国泰安数据库中的数据，从普遍认可的专利申请数量、研发投入以及研发投入占营业收入比重三个角度来分析河北上市公司创新能力情况，进一步分析其中存在的问题并提出对策建议。

一 上市公司创新历史沿革与理论基础

创新作为一种理论，可追溯到 1912 年美国哈佛大学教授熊彼特的《经济发展概论》。熊彼特在其著作中提出，创新是指把一种新的生产要素和生产条件的"新结合"引入生产体系，自此，创新一词开始进入大众视野。20 世纪 60 年代，新技术革命迅猛发展。美国经济学家华尔特·罗斯托提出了"起飞"六阶段理论，将"创新"的概念发展为"技术创新"，把"技术创新"提高到"创新"的主导地位，此后，人们开始注意到创新在企业竞争中的重要作用。2006 年，《国家中长期科学和技术发展规划纲要（2006—2020 年）》正式提出"自主创新，重点跨越，支撑发展，引领未来"的科技工作指导方针，并通过制定一系列配套政策，努力营造激励自主创新的环境，推动企业成为技术创新的主体。2012 年，《中共中央 国务院关于深化科技体制改革加快国家创新体系建设的意见》明确提出，确立企业在技术创新中的主体地位，明显提高企业研发投入，普遍增强创新能力，行业领军企业逐步实现研发投入占主营业务收入的比例与国际同类先进企业相当，形成更多具有自主知识产权的核心技术，充分发挥大型企业的技术创新骨干作用，培育若干综合竞争力居世界前列的创新型企业和科技型中小企业创新集群。此后，企业创新成为我国学术界讨论的热点话题。

（一）关于企业创新前因研究的探讨

经济全球化的趋势对于我国企业来说既是机遇，又是挑战，只有牢牢把握住契机，紧跟世界经济发展的潮流，并且通过自主创新，推动自身企业发展，才能在优胜劣汰的经济市场竞争中立于不败之地。学术界紧跟实际需要，探索企业创新的前因助力企业审视自身的有利因素和不利条件，提高创新能力。

1. 技术因素

技术因素分为技术来源和技术特征两个维度。现有研究表明不同技术来源（自主创新、技术改造和技术引进[①]）影响组织对技术可靠性的判断，进而对企业创新行为产生影响。[②] 技术特征作为最能体现创新技术与企业需求相匹配的因素，是重要的前因变量，企业可以通过创新扩散理论的兼容性、复杂性、相对优势、可观察性和可试验性来判断是否接受新技术。

2. 组织因素

组织因素可分为高管激励、资源禀赋和价值网络三个维度。具体而言，对 CEO 的薪酬激励、股权激励计划作为企业的高管激励维度能促进企业进行创新，而股权制衡度高的企业创新效率更高。[③] 此外，组织具备的资源禀赋对实现创新采用至关重要，组织就绪度、组织专用性互补资产和基础设施作为企业自身资源对创新采用实施都具有直接影响。价值网络方面，基于生态理论，价值网络构成可分为网络活动、网络位置与网络关系，并对企业创新产

---

① 李武威：《技术创新资源投入对高技术企业产品创新绩效影响的实证研究》，《工业技术经济》2013 年第 7 期，第 75~82 页。

② M. A. Hameed, S. Counsell, S. Swift, "A Meta—Analysis of Relationships between Organizational Characteristics and IT Innovation Adoption in Organizations," *Information & Management* 49（2012）: 218-232.

③ 李春涛、宋敏：《中国制造业企业的创新活动：所有制和 CEO 激励的作用》，《经济研究》2010 年第 5 期，第 55~67 页；田轩、孟清扬：《股权激励计划能促进企业创新吗》，《南开管理评论》2018 年第 3 期，第 176~190 页；朱德胜、周晓珮：《股权制衡、高管持股与企业创新效率》，《南开管理评论》2016 年第 3 期，第 136~144 页。

生影响，位于网络中心并占有丰富结构洞的企业在创新方面将更具优势。[①]

3. 环境因素

环境因素包括市场压力和政府支持。具体而言，一定程度的市场竞争有利于促进企业创新，[②] 企业间的激烈竞争促使企业密切关注对方动向，这种竞争压力一直被认为对企业创新具有积极影响。此外，制度理论认为企业创新与组织所处的制度环境相关，制度环境越有利于企业变革，企业越愿意进行创新活动。比如，政府支持可以促进企业创新的意愿和行为，特别是对于中小企业创新，政府支持至关重要。要推动政府职能从研发管理向创新服务支持转变，主要包括政策支持、制度支持、监管支持与补贴支持。[③]

（二）关于企业创新后效研究的探讨

创新是一个企业发展和生存的动力，也是企业适应社会发展状态的重要方法，是企业发展中不可缺少的一部分。习近平总书记强调，"自主创新是企业的生命，是企业爬坡过坎、发展壮大的根本"。[④] 在当前国内外环境发生深刻变化的大背景下，提高企业创新能力是改善企业生产经营、增强企业市场竞争力的重要手段，所以学者对其后效的研究也相当重视。

从现有文献来看，有关企业创新后效的探讨主要集中在四个方面：企业绩效、产品创新、竞争优势与价值创造。第一，既有研究普遍证实了企业创新对企业绩效的积极作用，如质量绩效和经济绩效等。基于资源基础观与创

[①] 钱锡红、杨永福、徐万里：《企业网络位置、吸收能力与创新绩效——一个交互效应模型》，《管理世界》2010年第5期，第118~129页。

[②] 聂辉华、谭松涛、王宇锋：《创新、企业规模和市场竞争：基于中国企业层面的面板数据分析》，《世界经济》2008年第7期，第57~66页。

[③] 顾夏铭、陈勇民、潘士远：《经济政策不确定性与创新——基于我国上市公司的实证分析》，《经济研究》2018年第2期，第109~123页；李健、张金林、董小凡：《数字经济如何影响企业创新能力：内在机制与经验证据》，《经济管理》2022年第8期，第5~22页；党力、杨瑞龙、杨继东：《反腐败与企业创新：基于政治关联的解释》，《中国工业经济》2015年第7期，第146~160页；杨洋、魏江、罗来军：《谁在利用政府补贴进行创新？——所有制和要素市场扭曲的联合调节效应》，《管理世界》2015年第1期，第75~86、98、188页。

[④] 《创新发展，第一动力劲头足（总书记擘画高质量发展）》，"人民网"百家号，2020年12月17日，https：//baijiahao. baidu. com/s？id=1686274969810745531&wfr=spider&for=pc。

新扩散理论，研究发现在数字化情境下，创新开放深度能够显著提升新创企业成长绩效。[①] 第二，企业创新采用有利于实现产品创新。企业创新可以为组织提供学习新技术和管理技能的途径，以往研究显示，创新程度高的企业更有可能进行产品创新。[②] 第三，企业创新对竞争优势构建有显著的正向影响。如数字技术水平较高的公司，更有可能充分地利用技术潜力，实现产品与服务创新，提高创新绩效，进而增强竞争优势。[③] 第四，企业创新有利于实现价值创造。在技术—组织—环境框架的指导下，大数据分析技术采用对企业价值创造存在显著的积极影响。具体而言，大数据分析技术使组织有机会制定更明智的商业决策，精准掌握市场需求的变化，根据对用户潜在需求的精准分析，推出新产品，同时通过推动企业人力资本升级、改善公司治理来促进企业创新，[④] 帮助企业实现可持续发展目标，进而实现价值创造。

创新对于一个国家而言，是发展进步的不竭动力，对于一个企业而言就是寻找生机和出路的必然条件。在如今市场经济飞速发展和竞争激烈的环境下，需要企业与时俱进，使企业发展目标和方向符合市场经济的需求和社会发展的要求。企业的创新能力是衡量一个企业能否在多变的市场环境中生存下去的重要依据，也是一个企业社会竞争力的重要体现。

二　河北上市公司创新能力状况

（一）专利申请数量

1985 年施行《中华人民共和国专利法》后，中国的专利制度从无到有，

① 郭海、韩佳平：《数字化情境下开放式创新对新创企业成长的影响：商业模式创新的中介作用》，《管理评论》2019 年第 6 期，第 186~198 页。

② H. Li，K. Atuahene-Gima，"The Adoption of Agency Business Activity，Product Innovation，and Performance in Chinese Technology Ventures," *Strategic Management Journal* 23（2002）：469-490.

③ 黄节根、吉祥熙、李元旭：《数字化水平对企业创新绩效的影响研究——来自沪深 A 股上市公司的经验证据》，《江西社会科学》2021 年第 5 期，第 61~72、254~255 页。

④ 肖土盛、吴雨珊、亓文韬：《数字化的翅膀能否助力企业高质量发展——来自企业创新的经验证据》，《经济管理》2022 年第 5 期，第 41~62 页。

专利数量由少到多。自 2011 年起，中国在受理发明专利申请数量上超过了美国，自 2015 年起，又在发明专利授权量上超越美国，成为全球发明专利申请数量和授权量的第一大国。中国仅用 30 年的时间就从零开始成为世界第一专利大国，堪称专利事业发展的奇迹。近年来，中国通过世界知识产权组织《专利合作条约》（PCT）申请的专利在申请数量和授权率上都显著增长。2007~2017 年，十年左右的时间里，中国从世界五大知识产权局中 PCT 专利申请量最少的位置起步，由申请量只有美国的 1/9，迅速迎头赶上，到 2018 年已经与多年来保持申请量第一位的美国持平。通过 PCT 申请的专利代表了申请人赋予其国际化的期待，与仅在国内申请的专利相比，其质量往往更高、创新性更强。所以，中国 PCT 专利申请量的增长，不仅体现了中国专利总体质量的提升，也体现了中国企业创新能力的增强。基于此，本报告主要针对上市公司专利申请数量指标进行分析。

1. 全国与河北上市公司专利申请数量对比

就已有数据来看，全国上市公司专利申请数量平均值仅在 2018 年高于河北上市公司专利申请数量平均值，2018 年是 5 年内差值最小的年份，差值为 11.43 件。2019~2022 年河北上市公司专利申请数量平均值均高于全国平均水平，并逐年拉开差距，分别高出 27.14%、150.21%、128.62%、220.10%，2022 年达到最大差值，为 365.32 件。全国上市公司专利申请数量平均值和河北上市公司专利申请数量平均值总体均呈先下降后上升趋势，均在 2019 年达到最小值。全国上市公司专利申请数量平均值在 2019 年达到最低值（125.15件），随后逐年增加，但 2022 年仍未达到 2018 年的最高值（200.43 件）。河北上市公司专利申请数量平均值在 2019 年轻微下降达到最小值（159.11 件）后，随后 3 年稳步增加，2022 年达到最大值，为 531.30 件（见图 1）。

2. 河北上市公司各板块专利申请数量对比

沪市 A 股专利申请数量平均值在 2018~2022 年呈 V 字形，2019 年达到最小值，为 50.80 件，2022 年达到峰值，为 744.14 件；深市 A 股在 2018~2020 年专利申请数量平均值呈波动态势，2018 年达到最大值，为 888.00件，也是 2018~2022 年所有板块中专利申请数量平均值的最大值。2019 年

图 1 中数据点：

河北：
- 2018: 189.00
- 2019: 159.11
- 2020: 315.67
- 2021: 372.45
- 2022: 531.30

全国：
- 2018: 200.43
- 2019: 125.15
- 2020: 126.16
- 2021: 162.91
- 2022: 165.98

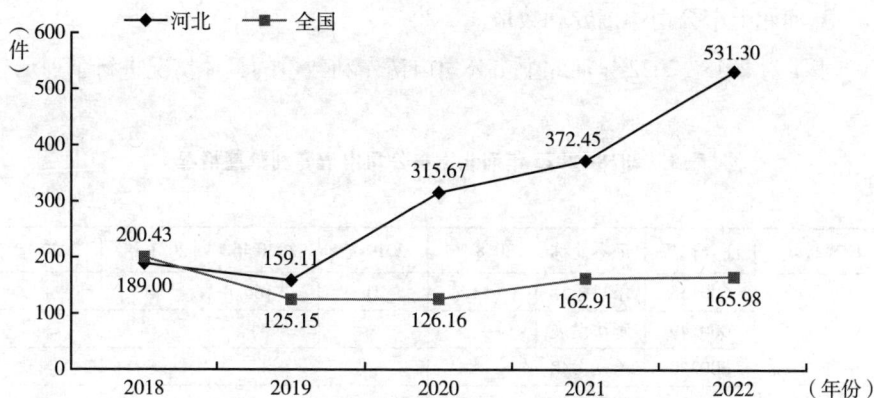

图 1　2018~2022 年河北上市公司和全国上市公司申请专利数量平均值变化趋势

资料来源：国泰安数据库和上市公司年报。

达到 2018~2020 年的最小值，为 496.00 件。中小企业板在 2018~2019 年专利申请数量平均值呈稳定增长态势，增长了 21.31%；创业板是 5 个板块中波动相对较小的板块，年波动率在-24.56%~40.79%区间，整体呈倒 U 字形，2021 年达到最大值，为 57.00 件；北交所由 2021 年的 6.00 件增加为 2022 年的 18.00 件，呈增长态势（见图 2）。

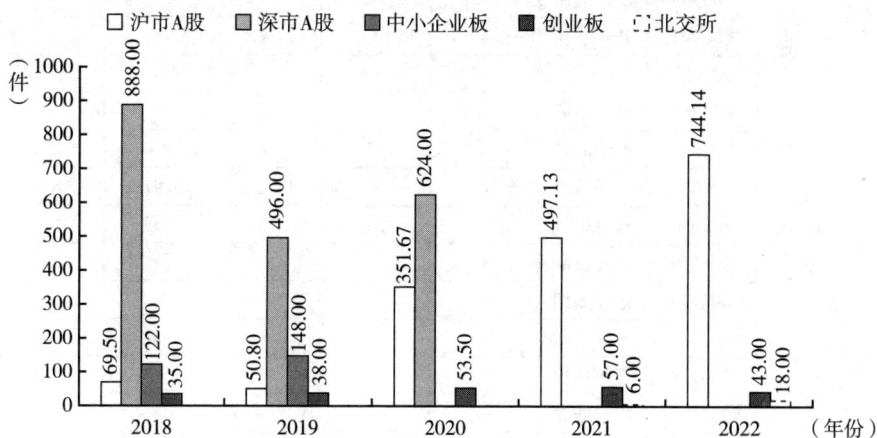

图 2 中数据：

2018：沪市A股 69.50，深市A股 888.00，中小企业板 122.00，创业板 35.00
2019：沪市A股 50.80，深市A股 496.00，中小企业板 148.00，创业板 38.00
2020：沪市A股 351.67，深市A股 624.00，创业板 53.50
2021：沪市A股 497.13，创业板 57.00，北交所 6.00
2022：沪市A股 744.14，创业板 43.00，北交所 18.00

图 2　2018~2022 年河北上市公司各板块专利申请数量平均值对比

说明：深市 A 股 2021~2022 年相关数据未披露，中小企业板 2020~2022 年相关数据未披露。
资料来源：国泰安数据库和上市公司年报。

3. 河北上市公司申请专利数量

表 1 对 2018~2022 年河北上市公司申请专利数量的具体情况进行了列示。

表 1　2018~2022 年河北上市公司申请专利数量情况

单位：件

所属板块	证券代码	证券简称	2018 年	2019 年	2020 年	2021 年	2022 年
沪市 A 股	600135	乐凯胶片	13	21	16	*	*
	600149	廊坊发展	*	4	*	*	*
	600230	沧州大化	*	*	*	*	*
	600340	华夏幸福	*	*	*	*	*
	600409	三友化工	*	*	*	*	*
	600480	凌云股份	218	172	200	239	216
	600482	中国动力	*	*	*	*	*
	600550	保变电气	*	*	*	237	243
	600559	老白干酒	*	*	*	*	*
	600722	金牛化工	*	*	*	*	*
	600803	新奥股份	*	*	*	*	*
	600812	华北制药	31	*	37	41	52
	600906	财达证券	—	—	—	*	*
	600956	新天绿能	—	—	*	*	*
	600965	福成股份	*	*	*	*	*
	600997	开滦股份	*	*	*	*	*
	601000	唐山港	*	*	*	*	*
	601258	庞大集团	*	*	*	*	*
	601326	秦港股份	*	*	*	6	10
	601633	长城汽车	*	*	1815	3091	4463
	603050	科林电气	*	34	29	53	*
	603156	养元饮品	*	*	*	*	*
	603176	汇通集团	—	—	—	*	*
	603385	惠达卫浴	*	*	*	282	205
	603938	三孚股份	16	23	13	28	20
	605196	华通线缆	—	—	—	*	*
深市 A 股	000158	常山北明	*	*	*	*	*
	000401	冀东水泥	*	*	*	*	*
	000413	东旭光电	*	*	*	*	*

续表

所属板块	证券代码	证券简称	2018 年	2019 年	2020 年	2021 年	2022 年
深市 A 股	000600	建投能源	*	*	*	*	*
	000709	河钢股份	888	986	624	*	*
	000778	新兴铸管	*	*	*	*	*
	000848	承德露露	*	*	*	*	*
	000856	冀东装备	*	*	*	*	*
	000889	中嘉博创	*	*	*	*	*
	000923	河钢资源	*	*	*	*	*
	000937	冀中能源	*	*	*	*	*
	000958	电投产融	*	6	*	*	*
	001301	尚太科技	—	—	—	—	*
中小企业板	002049	紫光国微	122	148	*	*	*
	002108	沧州明珠	*	*	*	*	*
	002146	荣盛发展	*	*	*	*	*
	002282	博深股份	*	*	*	*	*
	002342	巨力索具	*	*	*	*	*
	002442	龙星化工	*	*	*	*	*
	002459	晶澳科技	*	*	*	*	*
	002494	华斯股份	*	*	*	*	*
	002603	以岭药业	*	*	*	*	*
	002691	冀凯股份	*	*	*	*	*
	002960	青鸟消防	—	*	*	*	*
	003031	中瓷电子	—	—	—	*	*
创业板	300107	建新股份	*	*	*	*	*
	300137	先河环保	*	*	*	*	*
	300138	晨光生物	35	38	54	70	65
	300152	新动力	*	*	*	*	*
	300255	常山药业	*	*	*	*	*
	300368	汇金股份	*	*	*	*	21
	300371	汇中股份	*	*	*	*	*
	300428	立中集团	*	*	53	44	*
	300446	乐凯新材	*	*	*	*	*
	300491	通合科技	*	*	*	*	*

所属板块	证券代码	证券简称	2018 年	2019 年	2020 年	2021 年	2022 年
创业板	300765	新诺威	—	*	*	*	*
	300847	中船汉光	—	—	*	*	*
	300869	康泰医学	—	—	*	*	*
	300922	天秦装备	—	—	*	*	*
	300981	中红医疗	—	—	—	*	*
	300990	同飞股份	—	—	—	*	*
	301197	工大科雅	—	—	—	—	*
	301298	东利机械	—	—	—	—	*
北交所	830964	润农节水	—	—	—	*	*
	832171	志晟信息	—	—	—	6	18
	835985	海泰新能	—	—	—	—	*
	836247	华密新材	—	—	—	—	*
	838163	方大新材	—	—	—	*	*

注："—"代表该公司在当前年份尚未上市，"＊"代表该公司在当前年份未披露相关数据。

资料来源：国泰安数据库和上市公司年报。

（二）研发投入

初步测算，2022 年我国研发经费投入达 30870 亿元，首次突破 3 万亿元大关，比上年增长 10.4%，自"十三五"以来已连续 7 年保持两位数增长。按不变价格计算，研发经费增长 8.0%，高于"十四五"规划"全社会研发经费投入年均增长 7% 以上"的目标，为我国企业原始创新能力不断提升发挥了积极作用，有效激发了市场主体创新活力，拉动全社会研发投入总量迈上新台阶。基于此，本报告主要针对研发投入金额指标进行分析。

1. 全国与河北上市公司研发投入对比

2018~2022 年，全国上市公司研发投入金额平均值呈上升趋势，上涨幅度为 80.58%。河北上市公司研发投入金额平均值呈现上升趋势，2018 年为最低值，为 264.48 百万元，随后稳步增加。整体来看，河北研发投入金额平均值均高于全国水平，差额最低的是 2018 年，为 81.43 百万元，差额最高的是 2022 年，为 162.48 百万元（见图 3）。2022 年，河北上市公司研发投入金额平均值比全国上市公司研发投入金额平均值高 49.15%。

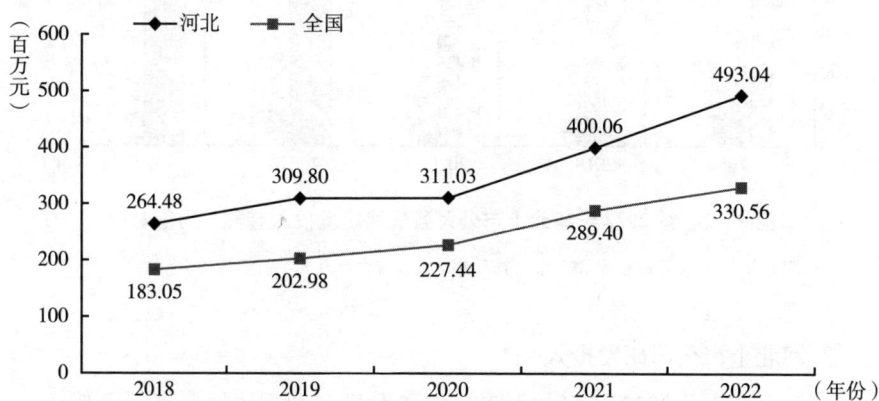

图 3 2018~2022 年河北上市公司和全国上市公司研发投入金额平均值变化趋势

资料来源：国泰安数据库和上市公司年报。

2. 河北上市公司各板块研发投入对比

沪市 A 股研发投入金额平均值在 2018~2022 年呈上升态势，2022 年上升幅度最大，为 36.74%，2022 年达到 5 年内 5 个板块研发投入金额平均值的最大值，为 770.06 百万元。深市 A 股研发投入金额平均值总体上呈 M 字形，2020 年达到最小值，为 405.09 百万元。中小企业板研发投入金额平均值 5 年来呈稳步上升状态，增长幅度达 437.71%。创业板研发投入金额平均值在 2018~2022 年呈波动态势，但波动幅度较小，2020 年达到最小值，为 76.85 百万元；2021 年有所回升，达到创业板研发投入金额平均值 5 年内的最大值，为 91.59 百万元；2022 年有所下降，但仍比 2018 年研发投入金额平均值高 7.69%。北交所研发投入金额平均值在 2021~2022 年呈增长态势，增长率为 270.69%（见图 4）。

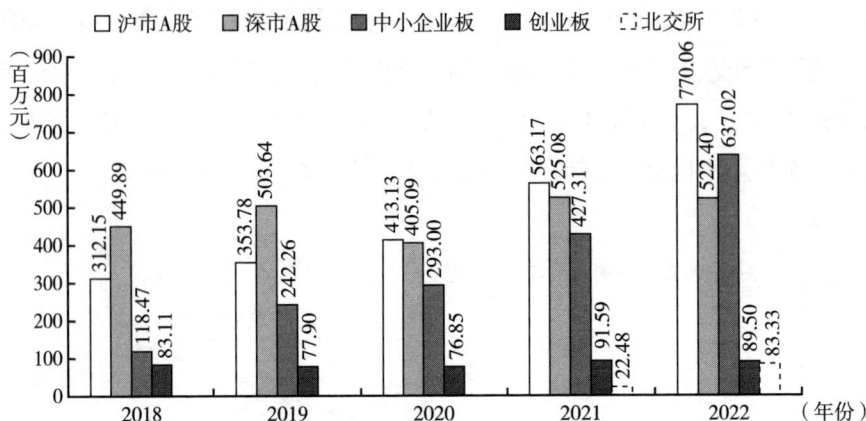

图4 2018~2022 年河北上市公司各板块研发投入金额平均值对比

资料来源：国泰安数据库和上市公司年报。

3. 河北上市公司研发投入

表2 对 2018~2022 年河北上市公司研发投入的具体情况进行了列示。

表2 2018~2022 年河北上市公司研发投入情况

单位：百万元

所属板块	证券代码	证券简称	2018 年	2019 年	2020 年	2021 年	2022 年
沪市 A 股	600135	乐凯胶片	61.66	87.40	75.31	113.61	105.68
	600149	廊坊发展	0.00	0.00	0.00	0.91	0.82
	600230	沧州大化	14.24	37.41	20.04	22.44	81.84
	600340	华夏幸福	13.57	10.46	19.95	12.04	11.53
	600409	三友化工	498.59	480.43	191.65	220.11	328.98
	600480	凌云股份	467.65	486.25	511.35	543.22	622.30
	600482	中国动力	773.35	1104.95	1475.84	1613.18	2546.27
	600550	保变电气	181.35	166.22	209.07	231.23	228.93
	600559	老白干酒	7.81	12.11	12.54	15.77	14.42
	600722	金牛化工	0.00	0.00	1.89	4.08	8.51
	600803	新奥股份	287.50	273.96	684.97	1162.40	1709.47
	600812	华北制药	332.70	366.46	468.86	504.68	609.09
	600906	财达证券	—	—	—	28.09	27.67
	600956	新天绿能	—	—	48.84	86.82	432.89

续表

所属板块	证券代码	证券简称	2018 年	2019 年	2020 年	2021 年	2022 年
沪市 A 股	600965	福成股份	0.00	32.10	29.56	16.44	2.94
	600997	开滦股份	29.00	80.49	148.70	192.55	300.05
	601000	唐山港	7.86	16.35	24.72	55.55	43.88
	601258	庞大集团	0.00	52.06	87.67	124.12	0.00
	601326	秦港股份	11.57	12.40	11.47	53.88	143.99
	601633	长城汽车	3958.90	4248.44	5150.14	9066.94	12180.70
	603050	科林电气	72.87	87.59	92.53	116.92	128.44
	603156	养元饮品	21.46	56.60	59.20	62.20	28.92
	603176	汇通集团	—	—	—	0.00	0.60
	603385	惠达卫浴	88.82	123.69	134.67	166.87	141.65
	603938	三孚股份	38.34	47.83	43.11	70.13	109.69
	605196	华通线缆	—	—	—	158.12	212.38
深市 A 股	000158	常山北明	142.78	255.69	254.15	341.58	390.71
	000401	冀东水泥	44.95	71.88	97.19	99.68	112.93
	000413	东旭光电	596.04	1225.38	302.60	199.21	174.95
	000600	建投能源	7.16	51.47	9.51	265.02	616.29
	000709	河钢股份	3348.67	3286.89	2820.73	3700.74	3062.95
	000778	新兴铸管	977.88	827.75	1017.93	1246.48	1427.76
	000848	承德露露	11.36	13.69	10.98	18.82	22.82
	000856	冀东装备	22.85	25.97	22.16	29.40	40.97
	000889	中嘉博创	104.59	89.58	79.57	66.39	60.09
	000923	河钢资源	14.64	15.66	0.00	0.00	0.00
	000937	冀中能源	127.79	175.32	243.12	325.31	759.47
	000958	电投产融	0.00	4.45	3.17	8.37	16.0
	001301	尚太科技	—	—	—	—	106.22
中小企业板	002049	紫光国微	491.90	575.47	603.67	865.76	1249.47
	002108	沧州明珠	38.20	41.75	31.00	42.83	33.09
	002146	荣盛发展	14.58	19.17	0.00	0.00	0.00
	002282	博深股份	33.46	38.77	48.36	63.09	55.36
	002342	巨力索具	77.56	89.31	89.57	92.45	132.59
	002442	龙星化工	117.46	112.12	94.01	143.64	207.62
	002459	晶澳科技	20.59	1117.67	1452.86	2717.56	4608.26
	002494	华斯股份	13.70	13.92	11.92	11.86	10.88
	002603	以岭药业	356.80	515.02	736.94	837.93	895.47

续表

所属板块	证券代码	证券简称	2018 年	2019 年	2020 年	2021 年	2022 年
中小企业板	002691	冀凯股份	20.40	25.58	16.79	22.26	17.56
	002960	青鸟消防	—	116.11	137.84	189.29	254.16
	003031	中瓷电子	—	—	—	141.06	179.81
创业板	300107	建新股份	49.49	37.66	24.82	28.27	31.81
	300137	先河环保	55.98	61.08	64.25	76.52	82.65
	300138	晨光生物	152.18	184.72	221.29	94.79	129.03
	300152	新动力	31.51	16.23	11.25	6.63	7.54
	300255	常山药业	119.07	163.35	169.63	219.52	210.08
	300368	汇金股份	72.10	27.31	28.32	29.64	22.12
	300371	汇中股份	13.01	16.05	27.20	33.55	33.67
	300428	立中集团	284.45	267.54	339.79	551.65	666.00
	300446	乐凯新材	28.61	33.66	39.51	31.89	23.80
	300491	通合科技	24.67	36.21	38.94	44.79	56.86
	300765	新诺威	—	13.05	14.05	20.40	46.30
	300847	中船汉光	—	—	37.48	44.29	50.36
	300869	康泰医学	—	—	48.74	66.06	93.25
	300922	天秦装备	—	—	10.65	10.22	9.95
	300981	中红医疗	—	—	—	177.76	42.72
	300990	同飞股份	—	—	—	29.45	49.78
	301197	工大科雅	—	—	—	—	30.97
	301298	东利机械	—	—	—	—	24.16
北交所	830964	润农节水	—	—	—	31.86	45.37
	832171	志晟信息	—	—	—	21.44	45.64
	835985	海泰新能	—	—	—	—	275.52
	836247	华密新材	—	—	—	—	19.24
	838163	方大新材	—	—	—	14.15	30.88

注："—"代表该公司在当前年份尚未上市。

资料来源：国泰安数据库和上市公司年报。

（三）研发投入占营业收入比重

可以从研发投入占营业收入比重中看到企业真实的研发能力，比重大说明企业主要在自主研发，创造属于自己的核心竞争力，同时能在企业申报中脱颖而出，并让企业创新能力得到更快的发展。基于此，本报告主要针对研发投入占营业收入比重这个指标进行分析。

1. 全国与河北上市公司研发投入占营业收入比重对比

2018~2022 年，全国上市公司和河北上市公司研发投入占营业收入比重平均值均呈波动态势，呈 N 字形，全国上市公司研发投入占营业收入比重平均值波动更大，其在 2018~2020 年稳步上升，但在 2021 年迅速下降到最低值，为 9.08%，而 2022 年迅速回升，达到 5 年内平均值的最大值，为 35.79%。河北上市公司研发投入占营业收入比重平均值波动相对较小，2018~2019 年河北上市公司研发投入占营业收入比重平均值小幅度上升后，2020 年有所下降，而后小幅上升。2021 年河北上市公司研发投入占营业收入比重平均值与全国上市公司研发投入占营业收入比重平均值差距最小，相差 5.17 个百分点，但 2022 年全国上市公司研发投入占营业收入比重平均值远超河北 31.57 个百分点，差距达到最大（见图 5）。

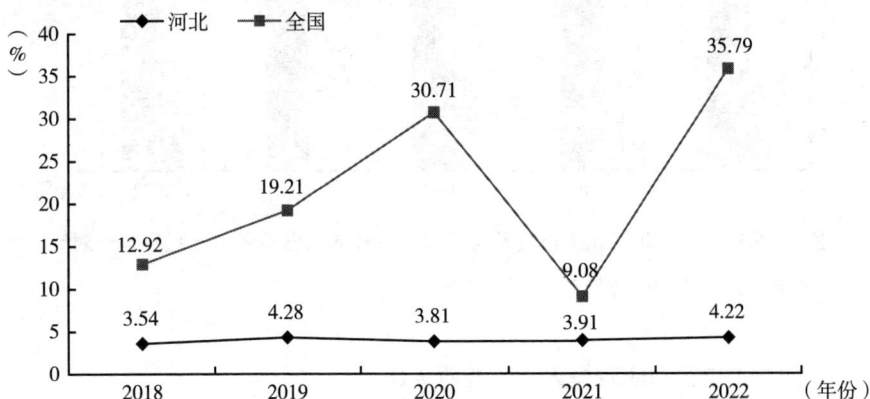

图 5　2018~2022 年河北上市公司和全国上市公司研发投入占营业收入比重平均值变化趋势

资料来源：国泰安数据库和上市公司年报。

2.河北上市公司各板块研发投入占营业收入比重对比

沪市 A 股研发投入占营业收入比重平均值在 2018～2022 年呈小幅稳定上升状态，2018 年为最低值（1.88%），2022 年为最高值（2.71%），增加了 0.83 个百分点。深市 A 股研发投入占营业收入比重平均值与其他 4 个板块相比始终处在较低水平，总体呈 N 字形，研发投入占营业收入比重平均值最大值与最小值相差 0.79 个百分点。中小企业板相对其他 4 个板块来说，波动幅度较大，在 2019 年达到 5 年内的最大值（9.29%）后，2020 年一定程度的下降，达到 5 年内的最小值，为 5.58%，随后有所回弹。创业板是研发投入占营业收入比重平均值波动较大，呈现一年减少一年增加的态势，较不稳定，总体呈 W 字形。2021～2022 年北交所研发投入占营业收入比重平均值呈下降态势，但下降幅度很小，仅下降 0.03 个百分点（见图 6）。

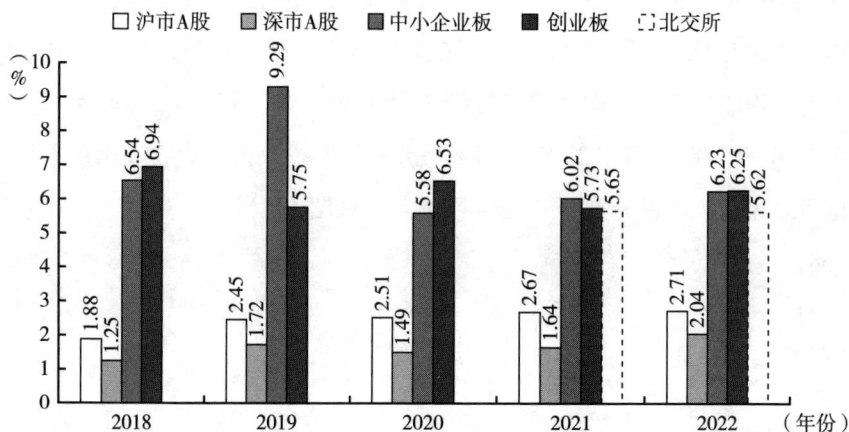

图 6　2018～2022 年河北上市公司各板块研发投入占营业收入比重平均值对比

资料来源：国泰安数据库和上市公司年报。

3.河北上市公司研发投入占营业收入比重

表 3 对 2018～2022 年河北上市公司研发投入占营业收入比重的具体情况进行了列示。

表3　2018~2022年河北上市公司研发投入占营业收入比重情况

单位：%

所属板块	证券代码	证券简称	2018年	2019年	2020年	2021年	2022年
沪市A股	600135	乐凯胶片	3.31	4.09	3.67	5.08	5.11
	600149	廊坊发展	0.00	0.00	0.00	0.41	0.38
	600230	沧州大化	0.32	1.78	1.21	0.94	1.67
	600340	华夏幸福	0.02	0.01	0.02	0.03	0.04
	600409	三友化工	2.47	2.34	1.08	0.95	1.39
	600480	凌云股份	3.82	4.13	3.78	3.45	3.73
	600482	中国动力	2.61	3.72	5.46	5.72	6.65
	600550	保变电气	5.69	4.73	5.12	5.59	6.64
	600559	老白干酒	0.22	0.30	0.35	0.39	0.31
	600722	金牛化工	0.00	0.00	0.47	0.72	1.29
	600803	新奥股份	2.11	2.02	0.78	1.00	1.11
	600812	华北制药	3.61	3.37	4.08	4.86	5.80
	600906	财达证券	—	—	—	3.20	3.20
	600956	新天绿能	—	—	0.39	0.54	2.33
	600965	福成股份	0.00	2.22	2.72	1.30	0.27
	600997	开滦股份	0.14	0.40	0.82	0.86	1.15
	601000	唐山港	0.08	0.15	0.32	0.91	0.78
	601258	庞大集团	0.00	5.02	7.18	7.16	0.00
	601326	秦港股份	0.17	0.18	0.18	0.82	2.08
	601633	长城汽车	4.05	4.47	4.99	6.65	8.87
	603050	科林电气	5.97	6.14	5.28	5.73	4.90
	603156	养元饮品	0.26	0.76	1.34	0.90	0.49
	603176	汇通集团	—	—	—	0.00	0.02
	603385	惠达卫浴	3.06	3.85	4.19	4.29	4.14
	603938	三孚股份	3.47	4.14	4.28	4.39	4.14
	605196	华通线缆	—	—	—	3.60	4.09
深市A股	000158	常山北明	1.48	2.71	2.57	3.14	4.04
	000401	冀东水泥	0.15	0.21	0.27	0.27	0.33
	000413	东旭光电	2.11	6.99	4.29	3.54	2.97
	000600	建投能源	0.05	0.37	0.07	1.76	3.37
	000709	河钢股份	2.77	2.71	2.62	2.47	2.13
	000778	新兴铸管	2.41	2.02	2.37	2.34	2.99
	000848	承德露露	0.54	0.61	0.59	0.75	0.85

续表

所属板块	证券代码	证券简称	2018 年	2019 年	2020 年	2021 年	2022 年
深市 A 股	000856	冀东装备	1.12	1.02	0.84	0.85	1.28
	000889	中嘉博创	3.45	2.83	3.09	3.40	3.96
	000923	河钢资源	0.29	0.27	0.00	0.00	0.00
	000937	冀中能源	0.60	0.81	1.18	1.04	2.11
	000958	电投产融	0.00	0.05	0.03	0.09	0.26
	001301	尚太科技	—	—	—	—	2.22
中小企业板	002049	紫光国微	20.01	16.78	18.46	16.21	17.55
	002108	沧州明珠	1.15	1.39	1.12	1.48	1.17
	002146	荣盛发展	11.81	43.46	0.00	0.00	0.00
	002282	博深股份	3.17	3.32	3.74	3.98	3.81
	002342	巨力索具	4.60	4.54	4.04	3.75	6.10
	002442	龙星化工	3.81	4.00	4.09	4.18	4.55
	002459	晶澳科技	5.82	5.28	5.62	6.58	6.31
	002494	华斯股份	2.73	2.92	3.53	2.86	3.42
	002603	以岭药业	7.41	8.84	8.39	8.28	7.15
	002691	冀凯股份	4.90	6.54	6.97	6.10	5.34
	002960	青鸟消防	—	5.11	5.46	4.90	5.52
	003031	中瓷电子	—	—	—	13.91	13.78
创业板	300107	建新股份	3.49	4.07	4.40	4.50	4.28
	300137	先河环保	4.07	4.44	5.15	6.89	8.20
	300138	晨光生物	4.97	5.66	5.66	1.95	2.05
	300152	新动力	5.99	3.16	2.18	3.76	4.04
	300255	常山药业	7.20	7.89	7.18	7.40	8.99
	300368	汇金股份	8.72	3.23	2.08	1.86	3.83
	300371	汇中股份	4.65	4.46	6.40	6.41	6.64
	300428	立中集团	4.21	4.16	2.54	2.96	3.12
	300446	乐凯新材	10.82	12.08	30.15	20.83	14.02
	300491	通合科技	15.23	13.09	12.15	10.64	8.90
	300765	新诺威	—	1.04	1.07	1.42	1.76
	300847	中船汉光	—	—	4.29	4.40	4.64
	300869	康泰医学	—	—	3.48	7.27	13.10
	300922	天秦装备	—	—	4.63	4.24	6.73
	300981	中红医疗	—	—	—	3.62	2.72
	300990	同飞股份	—	—	—	3.55	4.94
	301197	工大科雅	—	—	—	—	9.91
	301298	东利机械	—	—	—	—	4.67

所属板块	证券代码	证券简称	2018 年	2019 年	2020 年	2021 年	2022 年
	830964	润农节水	—	—	—	5.41	5.26
	832171	志晟信息	—	—	—	7.64	8.97
北交所	835985	海泰新能	—	—	—	—	4.13
	836247	华密新材	—	—	—	—	5.73
	838163	方大新材	—	—	—	3.90	4.02

注："—"代表该公司在当前年份尚未上市。

资料来源：国泰安数据库和上市公司年报。

三 河北上市公司创新存在的问题

（一）研发投入力度有待进一步加大

由 2018~2022 年河北上市公司各板块研发投入金额平均值对比可知，河北上市公司创业板和北交所研发投入与其他 3 个板块存在较大差距，导致河北上市公司整体创新水平不高。虽然 2018~2022 年 5 年内河北省研发投入金额平均值一直高于全国平均水平，但是可以看出河北部分板块研发投入严重偏少，对创新的投入力度不够。这必将导致河北各上市公司创新水平参差不齐，导致创新能力强的公司研发投入更多，创新能力弱的公司研发投入更少，而创新能力的强弱将决定竞争能力的大小，长此以往河北许多创新能力不强的企业将会被迫关停，退出市场舞台。

（二）研发效率有待进一步提升

从 2018~2022 年全国和河北上市公司研发投入占营业收入比重来看，除了 2021 年全国研发投入占营业收入比重平均值急剧下降使河北上市公司研发投入占营业收入比重平均值与其差距相对缩小以外，其他年份河北上市公司研发投入占营业收入比重平均值远低于全国平均水平，2022 年低于全国平均水平 31.57 个百分点，甚至有差距拉大的趋势。对比研发投入金额，虽然 2018~2022 年河北上市公司研发投入金额平均值普遍高于全国平均水平，但河北上市公司整体研发效率低于全国平均水平，表现为河北上市公司研发投入占营业收入比重平均值远低于全国平均水平。河北上市公司创新研发后劲不足，企业的研发效率低，自主创新能力不强，最终影响河北企业长期竞争力。

（三）研发质量有待进一步增强

基于 2018~2022 年全国及河北上市公司专利申请数量指标分析可以发现，河北自 2019 年起专利申请数量平均值就高于全国平均水平，但在《2022 年中国区域创新能力评价报告》中，河北仍未挤入前 10 名。河北创新能力在全国排名靠后与研发质量不高有关。首先，创新成本过高、缺乏稳定的资金来源是河北省企业研发质量提升的阻力。企业创新需要长期、稳定的投入，过高的创新成本不仅削弱创新动力，更不利于研发质量的提升。在直接引进核心技术变得困难的同时，内部研发周期长、不确定性大，而银行信贷、政府补贴、引导基金等外部来源十分有限，资金成本居高不下。其次，高质量的研发需要高水平的研发人员，高水平的研发人员不足，导致一些技术难题无法解决，产品无法开发成功或达到预期效果，重大突破少，研发质量不高。

四 关于河北上市公司创新能力的对策建议

（一）加大研发投入力度，促进河北企业创新发展

研发投入是促进技术进步、实现创新驱动、推动高质量发展的必然要求。就 2018~2022 年河北省上市公司各板块研发投入来看，创业板和北交所与沪市 A 股、深市 A 股和中小企业板对创新的投入力度仍有较大差距，由此看出河北省上市公司存在部分板块经费投入不均衡、创新能力不强的

现象。

针对河北上市公司出现的这种现象，河北省相关部门应通过财政资金投入和税收优惠等方式，加大对企业创新活动的支持力度。一是提供财政资金纾困帮扶、融资支持，缓解创新成本上涨压力，力求帮助企业增强研发投入能力。二是对于那些有创新能力但没有研发投入能力的公司要重点帮扶，推动河北创业板和北交所的企业加强技术研发机构的建设，大力支持相关企业增加对创新研发的投入，提升研发投入能力。三是紧盯河北上市公司高质量发展长期目标，从技术创新、工业设计等方面，支持河北省企业创新发展、转型升级，提升企业竞争力。

河北上市公司自身更应该制定相关政策加大研发投入力度，激发创新活力。比如在政府研发资金的支持下，积极与其他公司合作，加强上中下游协作，融通创新，或争取投资，秉承"业务协作、资源共享和系统集成"的理念共同加大研发投入力度，促进企业创新发展，转型升级。

（二）提升研发投入效率，打造高创新水平企业

2018~2022 年河北上市公司研发投入金额平均值逐年增加，在研发投入金额快速增长的同时，要注意防止忽略创新效率、"为投入而投入"的现象。具体而言，可以从政府和企业自身两方面入手。

首先，针对河北上市公司研发投入占营业收入比重远低于全国平均水平、企业的研发效率低、研发能力不足、自主创新能力不强的现象，河北省相关部门一要引导河北上市公司优化和调整经费投入结构，科学运用无偿资助、后补助、奖励、政府采购、税收减免、风险补偿、股权投资等多种直接和间接投入方式激发河北企业创新投入积极性，建立健全创新风险投资体系。二要提高拨付效率，减轻科研人员报销负担。例如全面配备科研财务助理，让专业的人做专业的事，改进财务报销管理方式，切实解决科研人员"找票""贴票"等问题，推动科研经费报销数字化、无纸化等。

其次，河北上市公司自身也要注重研发效率的提升，可以将利润按比例投入研发，以此提高研发投入占营业收入比重，提高基础研究和应用基础研

究的投入，加强对重大科学问题的研究，完善基础研究体制机制，增加创新驱动源头供给。同时河北上市公司要改变"短平快"的考核标准，加快建立一种长效科学的评价机制。可以建立针对不同类别研发投入的绩效考核评估与奖惩机制，叫停那些投入产出效率不高以及"伪投入"的项目，促进研发投入向实质性创新能力转化。

（三）引导规范创新成果第三方评价，提升研发质量

专利申请数量是衡量一个企业创新产出数量的指标，企业创新产出的质量更为重要。国家知识产权局 2019 年 6 月发布的《推动知识产权高质量发展年度工作指引（2019）》提出要"形成推动知识产权高质量发展的核心指标。按照质量第一、效益优先的要求，形成若干表征高质量发展的知识产权核心指标"。具体而言，针对河北上市公司研发质量不高的问题，"表征高质量发展的知识产权核心指标"要发挥河北省行业协会、学会、研究会、专业化评估机构等在创新成果评价中的作用，制定创新成果评价通用准则，细化具体领域评价技术标准和规范，健全利益关联回避制度，促进市场评价活动规范发展。在第三方评价机构发挥作用的同时，要求河北省政府对其进行监督，河北省政府相关部门要建立健全创新成果第三方评价机构行业标准，明确资质、专业水平等，完善相关管理制度、标准规范及质量控制体系，形成并推广成果创新性、成熟度评价指标和方法。河北上市公司自身也要严格按照河北省政府相关部门和第三方评价机构的标准规范要求，加强专利申请前的技术评估以及质量控制。河北省政府、第三方评价机构、河北上市公司三方协同合作，在保证专利申请数量的同时保证高质量创新产出，从而推动河北上市公司的创新发展和竞争力提升。

B.10
河北上市公司数字化转型
研究报告（2023）

许 龙*

摘　要： 目前，伴随数字经济的蓬勃发展与数字技术的日新月异，以人工智能、区块链、云计算、大数据等前沿技术为核心的数字化转型不断赋能企业实现组织结构、经营模式、营销渠道等方面的系统性变革，进而实现企业整体的飞跃式发展。本报告结合数字化转型的理论基础与历史沿革，从人工智能、区块链、云计算、大数据四个维度对河北上市公司开展数字化转型的状况进行描述，分析其中存在的问题并提出针对性建议。目前存在河北上市公司数字技术应用水平低于全国平均水平、河北上市公司行业间数字化转型水平差距较大、河北上市公司数字技术运用不均衡等问题。基于此，本报告提出政府应重视数字化转型战略的实施，上市公司应根据行业特点妥善安排数字化转型计划、增加数字化转型投入，均衡提升数字技术的应用水平等建议，期待为河北上市公司提升数字化转型水平提供助力。

关键词： 上市公司　数字化转型　河北

---

* 许龙，博士，河北经贸大学工商管理学院副教授，硕士研究生导师，主要研究领域为企业创新与数字化转型。

随着以人工智能、区块链、云计算、大数据（ABCD）为代表的数字技术的逐步应用，数字经济成为全国经济发展新的增长点。根据《中国数字经济发展报告（2022 年）》，2021 年我国数字经济规模达 45.5 万亿元，占 GDP 的 39.8%。在数字时代的浪潮下，公司作为社会经济的主体，应紧跟时代浪潮，发展好、利用好、维护好数字化转型工作。数字化转型是指企业应用数字技术实现企业组织结构、经营模式等方面的系统变革。目前学者主要基于资源基础理论、动态能力理论、非连续性技术进步理论等探讨数字化转型对企业治理的影响。目前已证实，企业数字化转型能显著提升资源配置效率、生产效率，促进技术创新，降低营运成本，提升可持续发展能力。综上，数字化转型将成为数字时代企业发展的新引擎，为企业发展注入动力。鉴于此，本报告将探讨河北省数字化转型的发展情况，及时发现河北上市公司数字化转型中存在的问题，并结合实际情况提出合理建议。本报告将依据国泰安数据库以及河北上市公司 2018~2022 年年报内容，运用文本分析法统计人工智能、区块链、云计算、大数据等关键词在公司年报中的词频，以此衡量河北上市公司数字化转型状况。

在此基础上，本报告对数据的分析将分为两步。第一，本报告将探讨河北上市公司总体数字化转型水平。一是本报告将依据上述方法收集河北上市公司数字化转型数据以衡量河北上市公司数字化转型水平，再以相同方法分析全国上市公司数字化转型水平，将河北上市公司数字化转型水平与全国平均水平进行比对并加以分析。二是本报告将统计分析河北不同行业上市公司的数字化转型水平，探究河北省在数字化转型中存在的问题。第二，本报告将分别探讨河北上市公司对人工智能、区块链、云计算、大数据技术的应用情况，具体的分析过程同上。综上，本报告将从整体到细分维度对河北上市公司数字化转型水平进行剖析，分析现状，提出问题并提出合理建议。

一　数字化转型研究理论发展

数字化转型依托数字技术，自 1946 年第一台电子计算机发明出来至今，数字技术经历了多个阶段的发展。而今以人工智能、区块链、云计算、大数据为代表的数字技术日渐成熟，逐渐成为企业发展的新引擎。在时代洪流下，学界高度关注数字化转型领域。数字化转型战略的实施必定会受到企业内外部环境的影响，为顺利实施数字化转型，必须对数字化转型战略的前因进行充分研究，明了企业内外部因素如何影响企业数字化转型，为有意向开展数字化转型的企业提供参考。

目前在数字化转型的前因研究方面，学界基于增长期权理论认为，在经济政策不确定性较高的情况下，数字化转型能够弥补企业供应链短板，增强企业抵抗经济不确定风险的能力。[①] 数字化转型作为一项长期战略需要大量要素投入，其必然会导致企业产出效率在一定阶段下降进而影响数字化转型战略的实施。现有研究表明，数字基础设施政策能够为企业数字化转型提供一定数量的资金支持。同时，数字基础设施政策能够体现政府对数字化转型的态度，能增强企业数字化转型战略的信心。[②] 根据最优契约理论，管理层激励、股权激励均对企业数字化转型存在正向影响。[③] 管理层与股东在物质利益得到满足之后，个人利益与企业利益之间的矛盾得到了有效协调，能够有效减少管理层短视行为及委托代理问题，进而推动数字化转型战略的实施。

在后效研究方面，学界基于动态能力理论、资源基础理论、代理理论等从企业内部角度探究数字化转型在公司治理中的影响，为企业提供切实有效的指导性意见。基于动态能力理论，企业要在市场竞争中保持领先地位，需要对外部市场保持敏锐感知并能依据外部市场适时调整企业经营策略，而数字化转型能够强化企业创新、吸收、适应能力，整合内外部资源，依据市场

---

① 王超、余典范、龙睿：《经济政策不确定性与企业数字化——垫脚石还是绊脚石?》，《经济管理》2023年第6期，第79~100页。

② 王海、闫卓毓、郭冠宇等：《数字基础设施政策与企业数字化转型："赋能"还是"负能"?》，《数量经济技术经济研究》2023年第5期，第1~21页。

③ 李瑞茜：《管理层激励对企业数字化转型的影响研究》，《技术经济与管理研究》2023年第5期，第47~52页；徐宁、白英杰、张迪：《股权激励如何助力企业数字化转型?——基于上市公司年报的文本挖掘分析》，《财经论丛》2023年第7期，第89~101页。

需求采取创新行为进而提升创新绩效。① 基于资源基础论，价值性、稀缺性、不可模仿性、不可替代性的资源是企业能够在竞争中保持优势地位的基础。企业数字化转型过程中的数字技术能力满足核心资源的定义，能够为企业带来竞争能力的提升。② 基于创新和内生增长理论，技术进步是经济增长的内生因素。数字技术被认为是汇聚创新要素最多的领域，因此数字化转型能够依靠信息优势，极大地降低企业搜索成本、复制成本、传递成本、跟踪成本与验证成本，最终提高企业整体绩效，实现企业的高质量发展。③ 除此之外，学界研究也探讨了数字化转型对企业可持续发展绩效、技术创新、全要素生产率、绿色创新能力、人力资本结构、融资效率的影响。④

在数字化转型赋能企业治理的过程中，学界探讨了资源配置、动态能力、数字能力等在数字化转型赋能企业治理中发挥的中介作用以及调节作用。⑤ 然而数字化转型赋能企业治理的机制黑箱仍需进一步打开，使企业对数字化转型拥有更精准的理解，进而做好数字化转型的前期准备以及后期维护，实事求是地根据自身情况运用好数字化转型这一引擎，实现企业价值的提升。

---

① 乔鹏程、张岩松：《企业数字化转型、动态能力与创新绩效》，《财会月刊》2023年第5期，第145～152页。

② 孙新波、孙浩博：《数字时代商业生态系统何以共创价值——基于动态能力与资源行动视角的单案例研究》，《技术经济》2022年第11期，第152～164页。

③ 黄勃、李海彤、刘俊岐等：《数字技术创新与中国企业高质量发展——来自企业数字专利的证据》，《经济研究》2023年第3期，第97～115页。

④ 王博、康琦：《数字化转型与企业可持续发展绩效》，《经济管理》2023年第6期，第161～176页；白福萍、董凯云、刘东慧：《数字化转型如何影响企业技术创新——基于融资约束与代理问题视角的实证分析》，《会计之友》2023年第10期，第124～133页；杨天山、袁功林、武可栋：《数字化转型、劳动力技能结构与企业全要素生产率》，《统计与决策》2023年第15期，第161～166页；方文龙、聂婉妮、赖丹：《企业数字化转型、资源配置与绿色创新能力》，《财会月刊》2023年第13期，第139～145页；肖土盛、孙瑞琦、袁淳等：《企业数字化转型、人力资本结构调整与劳动收入份额》，《管理世界》2022年第12期，第220～237页；马欣欣、尹伟伟：《数字化转型对流通企业融资效率的影响——基于供应链集成视角》，《商业经济研究》2022年第19期，第25～28页。

⑤ S. Khin, T. C. Ho, "Digital Technology, Digital Capability and Organizational Performance: A Mediating Role of Digital Innovation," *International Journal of Innovation Science* 2 (2019): 177-195.

综上，企业数字化转型已被证实对于企业加强内部控制、提高创新效率、融资效率与生产效率等方面存在正向影响。随着学界对企业数字化转型的持续关注，数字化转型赋能企业的机制黑箱必将逐步打开。

二 河北上市公司数字化转型状况

（一）数字化转型

基于河北上市公司年报内容以及国泰安数据库，参考目前学界对企业数字化转型水平的衡量方式，本报告依据河北上市公司年报中的数字化转型四个维度的专用词语的词频对企业数字化转型水平进行衡量，四个维度的专用词语分别是人工智能、区块链、云计算、大数据。本报告对河北上市公司与全国上市公司的数字化转型水平进行对比，并对河北上市公司不同行业的数字化转型水平进行描述，查验现状、突出问题并追溯问题产生的根源，为现阶段河北上市公司的数字化转型提供有益的参考建议。

表 1 对 2018~2022 年河北上市公司年报数字化转型词频进行了列示。

表 1 2018~2022 年河北上市公司年报数字化转型词频

单位：次

所属板块	证券代码	证券简称	2018 年	2019 年	2020 年	2021 年	2022 年
沪市 A 股	600135	乐凯胶片	0	0	0	0	0
	600149	廊坊发展	0	0	0	0	0
	600230	沧州大化	1	1	0	0	0
	600340	华夏幸福	27	25	10	5	8
	600409	三友化工	0	0	0	0	0
	600480	凌云股份	0	0	2	0	2
	600482	中国动力	2	1	3	3	2
	600550	保变电气	3	2	0	1	0
	600559	老白干酒	0	2	1	0	3
	600722	金牛化工	0	0	0	0	0
	600803	新奥股份	3	4	3	9	4

续表

所属板块	证券代码	证券简称	2018 年	2019 年	2020 年	2021 年	2022 年
沪市 A 股	600812	华北制药	0	0	0	1	0
	600906	财达证券	—	—	—	3	5
	600956	新天绿能	—	—	5	7	7
	600965	福成股份	0	0	0	0	0
	600997	开滦股份	0	0	0	0	0
	601000	唐山港	0	8	6	15	9
	601258	庞大集团	0	3	0	0	0
	601326	秦港股份	0	7	3	3	3
	601633	长城汽车	11	12	11	15	2
	603050	科林电气	4	16	18	9	23
	603156	养元饮品	1	1	1	0	2
	603176	汇通集团	—	—	—	0	0
	603385	惠达卫浴	11	7	4	1	0
	603938	三孚股份	5	1	1	2	1
	605196	华通线缆	—	—	—	0	1
深市 A 股	000158	常山北明	109	163	118	70	108
	001301	尚太科技	—	—	—	—	0
	000401	冀东水泥	0	0	1	1	3
	000413	东旭光电	3	2	3	4	2
	000600	建投能源	6	4	2	9	8
	000709	河钢股份	0	1	0	0	1
	000778	新兴铸管	2	2	0	1	2
	000848	承德露露	4	4	1	1	0
	000856	冀东装备	0	0	0	1	1
	000889	中嘉博创	25	23	27	34	34
	000923	河钢资源	0	0	0	0	0
	000937	冀中能源	1	3	1	1	1
	000958	电投产融	2	3	4	5	0
中小企业板	002049	紫光国微	18	19	23	16	6
	002108	沧州明珠	3	4	0	2	0
	002146	荣盛发展	2	1	1	3	0
	002282	博深股份	0	0	0	0	2
	002342	巨力索具	3	1	0	0	0
	002442	龙星化工	0	0	1	2	2

所属板块	证券代码	证券简称	2018 年	2019 年	2020 年	2021 年	2022 年
中小企业板	002459	晶澳科技	2	0	0	0	5
	002494	华斯股份	1	1	0	0	0
	002603	以岭药业	0	1	0	2	1
	002691	冀凯股份	1	4	4	5	2
	002960	青鸟消防	—	32	34	56	38
	003031	中瓷电子	—	—	—	6	8
创业板	300107	建新股份	2	2	3	3	2
	300137	先河环保	17	20	42	33	39
	300138	晨光生物	2	0	0	1	0
	300152	新动力	0	0	0	2	2
	300255	常山药业	0	0	0	1	1
	300368	汇金股份	22	10	13	13	20
	300371	汇中股份	36	66	72	55	42
	300428	立中集团	0	0	0	2	1
	300446	乐凯新材	0	0	0	0	0
	300491	通合科技	0	3	3	4	3
	300765	新诺威	—	0	0	0	0
	300847	中船汉光	—	—	0	0	0
	300869	康泰医学	—	—	10	22	8
	300922	天秦装备	—	—	0	0	0
	300981	中红医疗	—	—	—	0	0
	300990	同飞股份	—	—	—	4	4
	301197	工大科雅	—	—	—	—	38
	301298	东利机械	—	—	—	—	0
北交所	838163	方大新材	—	—	—	1	2
	836247	华密新材	—	—	—	—	2
	835985	海泰新能	—	—	—	—	0
	832171	志晟信息	—	—	—	0	65
	830964	润农节水	—	—	—	6	15

资料来源：国泰安数据库和上市公司年报。

2018～2022 年河北上市公司数字化转型水平低于全国平均水平。其间河北上市公司数字化转型水平呈波动式上升的发展趋势，2018～2019 年呈上升趋势,但在 2019~2021 年呈下降趋势,2022 年呈上升趋势。河北上市公司数字化转型词频均值于 2019 年达到最高点,为 8.20 次。河北上市公司数字化转型词频均值在 5 年间整体呈上升趋势,从 2018 年的 6.09 次增长为 2022 年的 7.30 次(见图 1)。

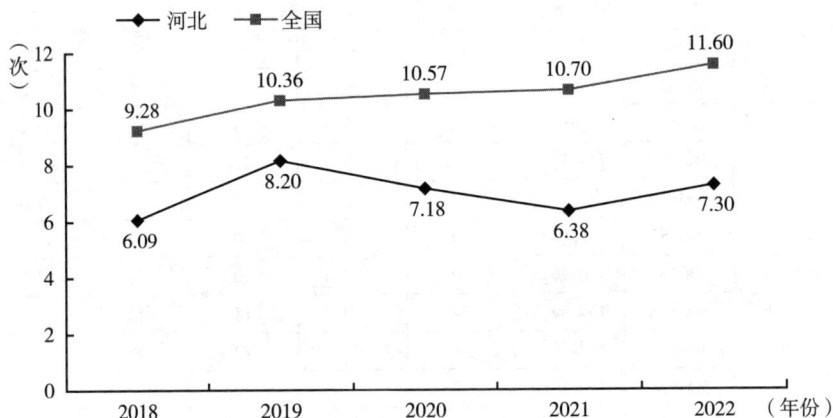

图 1　2018~2022 年全国与河北上市公司数字化转型词频均值

资料来源:国泰安数据库和上市公司年报。

河北上市公司中信息传输、软件和信息技术服务业数字化转型处于较高水平,房地产业,制造业,电力、热力、燃气及水生产和供应业,交通运输、仓储和邮政业,采矿业,金融业次之,建筑业,批发和零售业,水利、环境和公共设施管理业则处于较低水平(见表 2)。

表 2　2018~2022 年河北各行业上市公司数量与年报数字化转型词频

单位:家,次

行业	2018 年		2019 年		2020 年		2021 年		2022 年	
	数量	均值	数量	均值	数量	均值	数量	均值	数量	均值
采矿业	2	0.50	2	1.50	2	0.50	2	0.50	2	0.50
制造业	40	3.85	42	5.12	45	5.58	51	5.37	55	4.51
电力、热力、燃气及水生产和供应业	3	3.00	3	2.67	4	2.50	4	6.25	4	4.75

行业	2018 年		2019 年		2020 年		2021 年		2022 年	
	数量	均值	数量	均值	数量	均值	数量	均值	数量	均值
建筑业	0	—	0	—	0	—	1	0.00	1	0.00
批发和零售业	1	0.00	1	3.00	1	0.00	1	0.00	1	0.00
交通运输、仓储和邮政业	2	0.00	2	7.50	2	4.50	2	9.00	2	6.00
信息传输、软件和信息技术服务业	2	67.00	2	93.00	2	72.50	3	34.67	4	61.25
金融业	1	2.00	1	3.00	1	4.00	1	4.00	2	2.50
房地产业	2	14.50	2	13.00	2	5.50	2	4.00	2	4.00
水利、环境和公共设施管理业	1	0.00	1	0.00	1	0.00	1	2.00	1	2.00

资料来源：国泰安数据库和上市公司年报。

（二）人工智能

人工智能技术能提升企业信息处理效率，为企业决策提供参考。在制造业中，人工智能技术能够赋能企业智能制造，对制造业企业生产效率提升具有重大意义。在政策方面，我国出台的《关于加快场景创新以人工智能高水平应用促进经济高质量发展的指导意见》指出，人工智能应坚持企业主导、创新引领、开放融合、协同治理等原则，着力打造人工智能重大场景，提高人工智能场景创新能力，加强人工智能场景创新要素供给。本报告将统计人工智能相关词语在河北上市公司年报中的词频，将其均值与全国上市公司均值进行对比，并对河北上市公司各行业进行对比，寻找河北上市公司与全国平均水平的差距以及河北上市公司各行业现存的问题。

1. 河北上市公司人工智能技术应用现状

表 3 对 2018~2022 年河北上市公司年报中与人工智能技术相关的词频进行了列示。

表3 2018～2022 年河北上市公司年报人工智能词频

单位：次

所属板块	证券代码	证券简称	2018 年	2019 年	2020 年	2021 年	2022 年
沪市 A 股	600135	乐凯胶片	0	0	0	0	0
	600149	廊坊发展	0	0	0	0	0
	600230	沧州大化	0	0	0	0	0
	600340	华夏幸福	9	9	5	3	2
	600409	三友化工	0	0	0	0	0
	600480	凌云股份	0	0	2	0	2
	600482	中国动力	0	0	2	1	0
	600550	保变电气	1	0	0	0	0
	600559	老白干酒	0	2	1	0	3
	600722	金牛化工	0	0	0	0	0
	600803	新奥股份	1	1	1	2	1
	600812	华北制药	0	0	0	0	0
	600906	财达证券	—	—	—	1	2
	600956	新天绿能	—	—	3	2	2
	600965	福成股份	0	0	0	0	0
	600997	开滦股份	0	0	0	0	0
	601000	唐山港	0	0	0	1	0
	601258	庞大集团	0	3	0	0	0
	601326	秦港股份	0	1	1	0	0
	601633	长城汽车	8	9	8	7	2
	603050	科林电气	0	2	0	0	0
	603156	养元饮品	0	0	0	0	1
	603176	汇通集团	—	—	—	0	0
	603385	惠达卫浴	2	2	1	0	0
	603938	三孚股份	1	0	0	0	0
	605196	华通线缆	—	—	—	0	0
深市 A 股	000158	常山北明	26	46	30	11	38
	001301	尚太科技	—	—	—	—	0
	000401	冀东水泥	0	0	0	0	0
	000413	东旭光电	2	2	3	4	1
	000600	建投能源	0	0	0	5	2
	000709	河钢股份	0	0	0	0	0
	000778	新兴铸管	1	1	0	0	0

所属板块	证券代码	证券简称	2018年	2019年	2020年	2021年	2022年
深市A股	000848	承德露露	1	0	0	0	0
	000856	冀东装备	0	0	0	0	1
	000889	中嘉博创	12	9	8	11	12
	000923	河钢资源	0	0	0	0	0
	000937	冀中能源	0	1	0	0	0
	000958	电投产融	0	1	2	3	0
中小企业板	002049	紫光国微	4	4	1	2	1
	002108	沧州明珠	0	0	0	0	0
	002146	荣盛发展	1	0	0	1	0
	002282	博深股份	0	0	0	0	2
	002342	巨力索具	0	0	0	0	0
	002442	龙星化工	0	0	0	0	0
	002459	晶澳科技	0	0	0	0	2
	002494	华斯股份	0	0	0	0	0
	002603	以岭药业	0	0	0	0	0
	002691	冀凯股份	0	1	1	3	2
	002960	青鸟消防	—	5	6	11	6
	003031	中瓷电子	—	—	—	1	3
创业板	300107	建新股份	0	0	0	0	0
	300137	先河环保	0	3	6	2	3
	300138	晨光生物	0	0	0	0	0
	300152	新动力	0	0	0	2	2
	300255	常山药业	0	0	0	0	0
	300368	汇金股份	5	4	6	4	6
	300371	汇中股份	0	1	0	2	1
	300428	立中集团	0	0	0	2	0
	300446	乐凯新材	0	0	0	0	0
	300491	通合科技	0	1	1	1	1
	300765	新诺威	—	0	0	0	0
	300847	中船汉光	—	—	0	0	0
	300869	康泰医学	—	—	0	0	0
	300922	天秦装备	—	—	0	0	0
	300981	中红医疗	—	—	—	0	0
	300990	同飞股份	—	—	—	1	1

续表

所属板块	证券代码	证券简称	2018 年	2019 年	2020 年	2021 年	2022 年
创业板	301197	工大科雅	—	—	—	—	1
	301298	东利机械	—	—	—	—	0
北交所	838163	方大新材	—	—	—	0	0
	836247	华密新材	—	—	—	—	0
	835985	海泰新能	—	—	—	—	0
	832171	志晟信息	—	—	—	0	12
	830964	润农节水	—	—	—	0	1

资料来源：国泰安数据库和上市公司年报。

2. 河北上市公司与全国上市公司人工智能技术应用水平对比

2018~2022 年，河北上市公司人工智能技术应用水平均未超过全国平均水平。5 年间全国上市公司人工智能技术应用水平呈平稳上升态势，2022 年达到最高，全国上市公司年报人工智能词频均值达到 3.60 次。河北上市公司人工智能技术应用水平呈波动态势，2018~2019 年呈上升态势，2019~2021 年则呈逐渐下降趋势，峰值出现在 2019 年，词频均值为 1.93 次，2022年呈上升态势，词频均值达到 1.53 次。总体上，河北上市公司人工智能技术应用水平落后于全国平均水平（见图 2）。

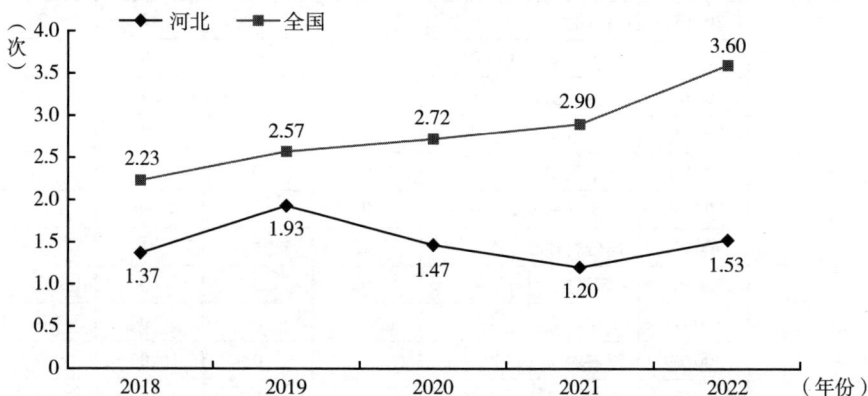

图 2　2018~2022 年全国与河北上市公司年报人工智能词频均值

资料来源：国泰安数据库和上市公司年报。

3.河北上市公司各行业人工智能技术应用水平

河北上市公司大多属于制造业，然而该行业 2018~2022 年年报中人工智能词频均值均大于 0，意味着存在一定数量的企业应用了人工智能技术。整体来看，信息传输、软件和信息技术服务业以及房地产业词频均值较高，其他行业除了电力、热力、燃气及水生产和供应业，金融业之外人工智能词频均值并不理想（见表 4）。

表 4　2018~2022 年河北各行业上市公司数量与年报人工智能词频均值

单位：家，次

行业	2018 年		2019 年		2020 年		2021 年		2022 年	
	数量	均值	数量	均值	数量	均值	数量	均值	数量	均值
采矿业	2	0.00	2	0.50	2	0.00	2	0.00	2	0.00
制造业	40	0.63	42	0.88	45	0.84	51	0.80	55	0.71
电力、热力、燃气及水生产和供应业	3	0.33	3	0.33	4	1.00	4	2.25	4	1.25
建筑业	0	—	0	—	—	—	1	0.00	1	0.00
批发和零售业	1	0.00	1	3.00	1	0.00	1	0.00	1	0.00
交通运输、仓储和邮政业	2	0.00	2	0.50	2	0.50	2	0.50	2	0.00
信息传输、软件和信息技术服务业	2	19.00	2	27.50	2	19.00	3	7.33	4	15.75
金融业	1	0.00	1	1.00	1	2.00	2	2.00	2	1.00
房地产业	2	5.00	2	4.50	2	2.50	2	2.00	2	1.00
水利、环境和公共设施管理业	1	0.00	1	0.00	1	0.00	1	2.00	1	2.00

资料来源：国泰安数据库和上市公司年报。

（三）区块链

区块链技术在信息传递、保证信息质量方面具有优越性，有利于提升企业信息透明度。以此为基础，区块链技术能够抑制企业中存在的委托代理导致的非道德行为，并能够缓解企业融资压力进而带来利好。

《关于加快推动区块链技术应用和产业发展的指导意见》指出，区块链技术的发展应以应用牵引、创新驱动、生态培育、多方协同、安全有序为原则，区块链技术应当担负起赋能实体经济、提升公共服务、夯实产业基础、打造现代产业链、促进融通发展的重要任务。为此，本报告将对区块链相关词语在河北上市公司年报中的词频均值与全国上市公司均值进行对比，并分析河北上市公司各行业现状，找出河北上市公司与全国平均水平的差距及河北上市公司各行业现存的问题。

1. 河北上市公司区块链技术应用现状

表 5 对 2018~2022 年河北上市公司年报中与区块链技术相关的词频进行了列示。

表5　2018~2022 年河北上市公司年报区块链词频

单位：次

所属板块	证券代码	证券简称	2018 年	2019 年	2020 年	2021 年	2022 年
沪市 A 股	600135	乐凯胶片	0	0	0	0	0
	600149	廊坊发展	0	0	0	0	0
	600230	沧州大化	0	0	0	0	0
	600340	华夏幸福	0	0	0	0	0
	600409	三友化工	0	0	0	0	0
	600480	凌云股份	0	0	0	0	0
	600482	中国动力	0	0	0	0	0
	600550	保变电气	0	0	0	0	0
	600559	老白干酒	0	0	0	0	0
	600722	金牛化工	0	0	0	0	0
	600803	新奥股份	0	0	0	0	0
	600812	华北制药	0	0	0	0	0
	600906	财达证券	—	—	—	0	0
	600956	新天绿能	—	—	0	0	0
	600965	福成股份	0	0	0	0	0
	600997	开滦股份	0	0	0	0	0
	601000	唐山港	0	0	0	0	0
	601258	庞大集团	0	0	0	0	0
	601326	秦港股份	0	0	0	0	0
	601633	长城汽车	0	0	0	0	0
	603050	科林电气	0	0	0	0	0
	603156	养元饮品	0	0	0	0	0

所属板块	证券代码	证券简称	2018 年	2019 年	2020 年	2021 年	2022 年
沪市 A 股	603176	汇通集团	—	—	—	0	0
	603385	惠达卫浴	0	0	0	0	0
	603938	三孚股份	0	0	0	0	0
	605196	华通线缆	—	—	—	0	0
深市 A 股	000158	常山北明	1	1	1	1	0
	001301	尚太科技	—	—	—	—	0
	000401	冀东水泥	0	0	0	0	0
	000413	东旭光电	0	0	0	0	0
	000600	建投能源	0	0	0	0	0
	000709	河钢股份	0	1	0	0	0
	000778	新兴铸管	0	0	0	0	0
	000848	承德露露	0	0	0	0	0
	000856	冀东装备	0	0	0	0	0
	000889	中嘉博创	0	0	3	0	0
	000923	河钢资源	0	0	0	0	0
	000937	冀中能源	0	0	0	0	0
	000958	电投产融	0	0	0	0	0
中小企业板	002049	紫光国微	0	1	2	2	0
	002108	沧州明珠	0	0	0	0	0
	002146	荣盛发展	0	0	0	0	0
	002282	博深股份	0	0	0	0	0
	002342	巨力索具	0	0	0	0	0
	002442	龙星化工	0	0	0	0	0
	002459	晶澳科技	0	0	0	0	0
	002494	华斯股份	0	0	0	0	0
	002603	以岭药业	0	0	0	0	0
	002691	冀凯股份	0	0	0	0	0
	002960	青鸟消防	—	0	0	0	0
	003031	中瓷电子	—	—	—	0	0
创业板	300107	建新股份	0	0	0	0	0
	300137	先河环保	0	0	0	0	0
	300138	晨光生物	0	0	0	0	0
	300152	新动力	0	0	0	0	0
	300255	常山药业	0	0	0	0	0

续表

所属板块	证券代码	证券简称	2018 年	2019 年	2020 年	2021 年	2022 年
创业板	300368	汇金股份	1	0	0	0	0
	300371	汇中股份	0	0	0	0	0
	300428	立中集团	0	0	0	0	0
	300446	乐凯新材	0	0	0	0	0
	300491	通合科技	0	0	0	0	0
	300765	新诺威	—	0	0	0	0
	300847	中船汉光	—	—	0	0	0
	300869	康泰医学	—	—	0	0	0
	300922	天秦装备	—	—	0	0	0
	300981	中红医疗	—	—	—	0	0
	300990	同飞股份	—	—	—	0	0
	301197	工大科雅	—	—	—	—	0
	301298	东利机械	—	—	—	—	0
北交所	838163	方大新材	—	—	—	0	1
	836247	华密新材	—	—	—	—	2
	835985	海泰新能	—	—	—	—	0
	832171	志晟信息	—	—	—	0	0
	830964	润农节水	—	—	—	0	0

资料来源：国泰安数据库和上市公司年报。

2. 河北上市公司与全国上市公司区块链技术应用水平对比

2018～2022 年全国上市公司区块链技术应用水平呈波动态势。从趋势来看，河北上市公司区块链技术应用水平与全国平均水平相仿，2018～2022 年整体呈上升态势，峰值出现在 2020 年，全国上市公司年报区块链词频均值为 0.12 次，河北为 0.10 次。2018～2022 年，2018 年河北上市公司区块链技术应用水平高于全国平均水平，其余年份始终低于全国平均水平。2020～2022 年，其下降幅度大于全国平均水平，进一步拉大了河北与全国的差距。从词频数量角度考察，河北上市公司区块链技术应用水平虽落后于全国平均水平，但词频总量相差不大，均为较低水平（见图 3）。

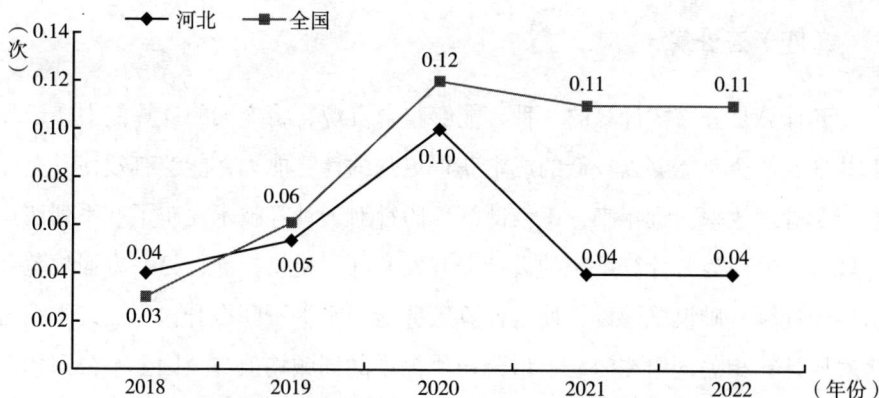

图 3　2018~2022 年全国与河北上市公司年报区块链词频均值

资料来源：国泰安数据库和上市公司年报。

3. 河北上市公司各行业区块链技术应用水平

2018~2022 年河北上市公司不同行业区块链技术应用水平均较低。2018~2022 年除信息传输、软件和信息技术服务业及制造业，其他各行业的年报中区块链词频数量均为 0。制造业 2022 年的词频均值略有波动，但整体并不理想（见表 6）。

表 6　2018~2022 年河北各行业上市公司数量与年报区块链词频均值

单位：家，次

行业	2018 年		2019 年		2020 年		2021 年		2022 年	
	数量	均值	数量	均值	数量	均值	数量	均值	数量	均值
采矿业	2	0.00	2	0.00	2	0.00	2	0.00	2	0.00
制造业	40	0.03	42	0.05	45	0.04	51	0.04	55	0.05
电力、热力、燃气及水生产和供应业	3	0.00	3	0.00	4	0.00	4	0.00	4	0.00
建筑业	0	—	0	—	0	—	1	0.00	1	0.00
批发和零售业	1	0.00	1	0.00	1	0.00	1	0.00	1	0.00
交通运输、仓储和邮政业	2	0.00	2	0.00	2	0.00	2	0.00	2	0.00
信息传输、软件和信息技术服务业	2	0.50	2	0.50	2	2.00	3	0.33	4	0.00
金融业	1	0.00	1	0.00	1	0.00	2	0.00	2	0.00
房地产业	2	0.00	2	0.00	2	0.00	2	0.00	2	0.00
水利、环境和公共设施管理业	1	0.00	1	0.00	1	0.00	1	0.00	1	0.00

资料来源：国泰安数据库和上市公司年报。

（四）云计算

云计算是分布式计算的一种，能够整合资源，将庞大的计算能力在云端上共享，使企业能够以较低的成本获得更强的计算能力，能够有效提升企业生产及管理效率。近年来，工信部等部门针对云计算技术发布了一系列法律法规，一方面为云计算系统的设计、开发和部署提供指导，另一方面规范和引导云计算基础设施建设，使云计算服务能力水平不断提升。为此，本报告将对云计算相关词语在河北上市公司年报中的词频均值与全国上市公司均值进行对比并对河北上市公司各行业云计算技术应用状况进行分析。

1.河北上市公司云计算技术应用现状

表7对2018~2022年河北上市公司年报中与云计算技术相关的词频进行了列示。

表7 2018~2022年河北上市公司年报云计算词频

单位：次

所属板块	证券代码	证券简称	2018年	2019年	2020年	2021年	2022年
沪市A股	600135	乐凯胶片	0	0	0	0	0
	600149	廊坊发展	0	0	0	0	0
	600230	沧州大化	0	0	0	0	0
	600340	华夏幸福	11	9	2	0	1
	600409	三友化工	0	0	0	0	0
	600480	凌云股份	0	0	0	0	0
	600482	中国动力	2	1	1	2	1
	600550	保变电气	1	2	0	1	0
	600559	老白干酒	0	0	0	0	0
	600722	金牛化工	0	0	0	0	0
	600803	新奥股份	0	1	0	4	1
	600812	华北制药	0	0	0	0	0
	600906	财达证券	—	—	—	0	1
	600956	新天绿能	—	—	1	1	3
	600965	福成股份	0	0	0	0	0
	600997	开滦股份	0	0	0	0	0

所属板块	证券代码	证券简称	2018 年	2019 年	2020 年	2021 年	2022 年
沪市 A 股	601000	唐山港	0	1	2	4	4
	601258	庞大集团	0	0	0	0	0
	601326	秦港股份	0	4	2	2	2
	601633	长城汽车	0	2	1	6	0
	603050	科林电气	3	13	18	9	23
	603156	养元饮品	0	0	0	0	0
	603176	汇通集团	—	—	—	0	0
	603385	惠达卫浴	2	2	1	0	0
	603938	三孚股份	2	0	0	2	1
	605196	华通线缆	—	—	—	0	0
深市 A 股	000158	常山北明	22	33	29	14	23
	001301	尚太科技	—	—	—	—	0
	000401	冀东水泥	0	0	0	0	1
	000413	东旭光电	1	0	0	0	1
	000600	建投能源	0	0	0	0	1
	000709	河钢股份	0	0	0	0	0
	000778	新兴铸管	0	0	0	0	0
	000848	承德露露	0	1	0	0	0
	000856	冀东装备	0	0	0	1	0
	000889	中嘉博创	0	1	3	8	6
	000923	河钢资源	0	0	0	0	0
	000937	冀中能源	0	0	0	0	1
	000958	电投产融	1	1	1	1	0
中小企业板	002049	紫光国微	13	12	19	12	5
	002108	沧州明珠	3	4	0	1	0
	002146	荣盛发展	0	0	1	2	0
	002282	博深股份	0	0	0	0	0
	002342	巨力索具	1	0	0	0	0
	002442	龙星化工	0	0	0	1	1
	002459	晶澳科技	0	0	0	0	1
	002494	华斯股份	0	0	0	0	0
	002603	以岭药业	0	0	0	1	0
	002691	冀凯股份	1	2	2	2	0
	002960	青鸟消防	—	22	26	38	27
	003031	中瓷电子	—	—	—	3	4

续表

所属板块	证券代码	证券简称	2018 年	2019 年	2020 年	2021 年	2022 年
创业板	300107	建新股份	2	2	2	2	1
	300137	先河环保	6	4	16	11	12
	300138	晨光生物	0	0	0	0	0
	300152	新动力	0	0	0	0	0
	300255	常山药业	0	0	0	1	1
	300368	汇金股份	5	4	5	7	8
	300371	汇中股份	24	45	44	36	25
	300428	立中集团	0	0	0	0	0
	300446	乐凯新材	0	0	0	0	0
	300491	通合科技	0	2	2	2	2
	300765	新诺威	—	0	0	0	0
	300847	中船汉光	—	—	0	0	0
	300869	康泰医学	—	—	8	18	7
	300922	天秦装备	—	—	0	0	0
	300981	中红医疗	—	—	—	0	0
	300990	同飞股份	—	—	—	2	2
	301197	工大科雅	—	—	—	—	22
	301298	东利机械	—	—	—	—	0
北交所	838163	方大新材	—	—	—	0	0
	836247	华密新材	—	—	—	—	0
	835985	海泰新能	—	—	—	—	0
	832171	志晟信息	—	—	—	0	26
	830964	润农节水	—	—	—	6	12

资料来源：国泰安数据库和上市公司年报。

2. 河北上市公司与全国上市公司云计算技术应用水平对比

2018~2022 年全国上市公司云计算技术应用水平态势平稳，自 2018 年开始河北上市公司云计算技术应用水平始终落后于全国平均水平，但二者发展趋势相仿，均整体呈上升趋势。从词频均值分析，全国上市公司云计算词频均值从 3.51 次攀升至 4.36 次且在 2019~2022 年始终保持在 4 次以上。河北上市公司云计算词频均值从 1.85 次发展至 3.05 次。2018~2019 年增速最快，2019 年后增速逐渐趋于稳定（见图 4）。

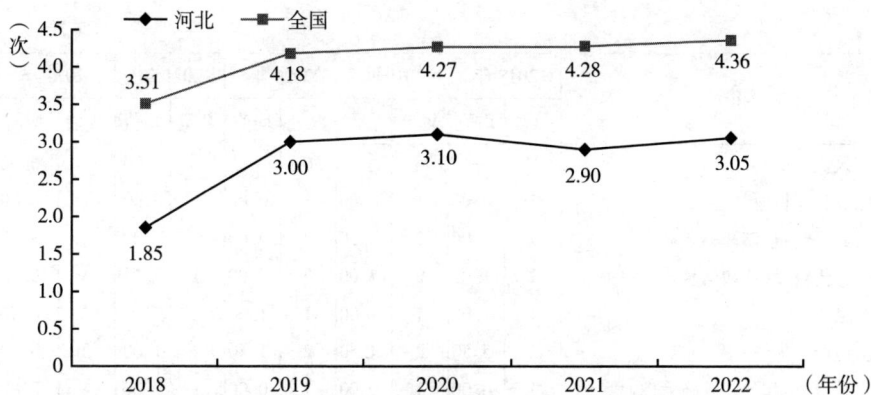

图4　2018~2022年全国与河北上市公司云计算词频均值

资料来源：国泰安数据库和上市公司年报。

3. 河北上市公司各行业云计算技术应用水平

依据2018~2022年年报中云计算词频统计分析可得河北各行业中金融业与交通运输、仓储和邮政业云计算技术应用水平较为稳定，房地产业云计算技术应用水平逐年下降，建筑业，批发和零售业，水利、环境和公共设施管理业相较其他行业云计算技术应用水平较低。整体来看，信息传输、软件和信息技术服务业云计算技术应用水平最好，制造业次之且两个行业的云计算技术应用水平总体呈上升态势，交通运输、仓储和邮政业，电力、热力、燃气及水生产和供应业在2018年并未应用云计算技术，在后期发展中云计算技术应用水平逐渐提升，采矿业直到2022年才开始应用云计算技术（见表8）。

表8　2018~2022年河北各行业上市公司数量与年报云计算词频

单位：家，次

行业	2018年		2019年		2020年		2021年		2022年	
	数量	均值	数量	均值	数量	均值	数量	均值	数量	均值
采矿业	2	0.00	2	0.00	2	0.00	2	0.00	2	0.50
制造业	40	1.65	42	2.81	45	3.22	51	3.22	55	2.45
电力、热力、燃气及水生产和供应业	3	0.00	3	0.33	4	0.25	4	1.25	4	1.25

续表

行业	2018 年		2019 年		2020 年		2021 年		2022 年	
	数量	均值	数量	均值	数量	均值	数量	均值	数量	均值
建筑业	0	—	0	—	0	—	1	0.00	1	0.00
批发和零售业	1	0.00	1	0.00	1	0.00	1	0.00	1	0.00
交通运输、仓储和邮政业	2	0.00	2	2.50	2	2.00	2	3.00	2	3.00
信息传输、软件和信息技术服务业	2	11.00	2	17.00	2	16.00	3	7.33	4	19.25
金融业	1	1.00	1	1.00	1	1.00	2	0.50	2	0.50
房地产业	2	5.50	2	4.50	2	1.50	2	1.00	2	0.50
水利、环境和公共设施管理业	1	0.00	1	0.00	1	0.00	1	0.00	1	0.00

资料来源：国泰安数据库和上市公司年报。

（五）大数据

大数据技术能够显著提升企业对市场需求的感知能力，在市场泥沙俱下的信息中找到具有高价值的信息，从而调整生产计划，安排技术创新，生产出响应市场需求的产品，保证市场地位并谋求进一步的发展。大数据分析技术能够使企业对内部生产流程有更强的掌控，开展生产流程改造，提高生产效率。

综上，大数据将对企业发展产生巨大助力，国家已出台政策保障并引导大数据技术持续发展。《"十四五"大数据产业发展规划》指出，目前任务是加快培育数据要素市场、发挥大数据特性优势、夯实产业发展基础、构建稳定高效产业链、打造繁荣有序产业生态、筑牢数据安全保障防线。为此，本报告将对大数据相关词语在河北上市公司年报中的词频均值与全国上市公司均值进行对比并对河北上市公司各行业大数据技术应用状况进行分析。

1. 河北上市公司大数据技术应用现状

表 9 对 2018~2022 年河北上市公司年报中与大数据技术相关的词频进行了列示。

表 9　2018~2022 年河北上市公司年报大数据词频

单位：次

所属板块	证券代码	证券简称	2018 年	2019 年	2020 年	2021 年	2022 年
沪市 A 股	600135	乐凯胶片	0	0	0	0	0
	600149	廊坊发展	0	0	0	0	0
	600230	沧州大化	1	1	0	0	0
	600340	华夏幸福	7	7	3	2	5
	600409	三友化工	0	0	0	0	0
	600480	凌云股份	0	0	0	0	0
	600482	中国动力	0	0	0	0	1
	600550	保变电气	1	0	0	0	0
	600559	老白干酒	0	0	0	0	0
	600722	金牛化工	0	0	0	0	0
	600803	新奥股份	2	2	2	3	2
	600812	华北制药	0	0	0	1	0
	600906	财达证券	—	—	—	2	2
	600956	新天绿能	—	—	1	4	2
	600965	福成股份	0	0	0	0	0
	600997	开滦股份	0	0	0	0	0
	601000	唐山港	0	7	4	10	5
	601258	庞大集团	0	0	0	0	0
	601326	秦港股份	0	2	0	1	1
	601633	长城汽车	3	1	2	2	0
	603050	科林电气	1	1	0	0	0
	603156	养元饮品	1	1	1	0	1
	603176	汇通集团	—	—	—	0	0
	603385	惠达卫浴	7	3	2	1	0
	603938	三孚股份	2	1	1	0	0
	605196	华通线缆	—	—	—	0	1
深市 A 股	000158	常山北明	60	83	58	44	47
	001301	尚太科技	—	—	—	—	0
	000401	冀东水泥	0	0	1	1	2
	000413	东旭光电	0	0	0	0	0
	000600	建投能源	6	4	2	4	5
	000709	河钢股份	0	0	0	0	1
	000778	新兴铸管	1	1	0	1	2

续表

所属板块	证券代码	证券简称	2018 年	2019 年	2020 年	2021 年	2022 年
深市 A 股	000848	承德露露	3	3	1	1	0
	000856	冀东装备	0	0	0	0	0
	000889	中嘉博创	13	13	13	15	16
	000923	河钢资源	0	0	0	0	0
	000937	冀中能源	1	2	1	1	0
	000958	电投产融	1	1	1	1	0
中小企业板	002049	紫光国微	1	2	1	0	0
	002108	沧州明珠	0	0	0	1	0
	002146	荣盛发展	1	1	0	0	0
	002282	博深股份	0	0	0	0	0
	002342	巨力索具	2	1	0	0	0
	002442	龙星化工	0	0	1	1	1
	002459	晶澳科技	2	0	0	0	2
	002494	华斯股份	1	1	0	0	0
	002603	以岭药业	0	1	0	1	1
	002691	冀凯股份	0	1	1	0	0
	002960	青鸟消防	—	5	2	7	5
	003031	中瓷电子	—	—	—	2	1
创业板	300107	建新股份	0	0	1	1	1
	300137	先河环保	11	13	20	20	24
	300138	晨光生物	2	0	0	1	0
	300152	新动力	0	0	0	0	0
	300255	常山药业	0	0	0	0	0
	300368	汇金股份	11	2	2	2	6
	300371	汇中股份	12	20	28	17	16
	300428	立中集团	0	0	0	0	1
	300446	乐凯新材	0	0	0	0	0
	300491	通合科技	0	0	0	1	0
	300765	新诺威	—	0	0	0	0
	300847	中船汉光	—	—	0	0	0
	300869	康泰医学	—	—	2	4	1
	300922	天秦装备	—	—	0	0	0
	300981	中红医疗	—	—	—	0	0
	300990	同飞股份	—	—	—	1	1

续表

所属板块	证券代码	证券简称	2018 年	2019 年	2020 年	2021 年	2022 年
创业板	301197	工大科雅	—	—	—	—	15
	301298	东利机械	—	—	—	—	0
北交所	838163	方大新材	—	—	—	1	1
	836247	华密新材	—	—	—	—	0
	835985	海泰新能	—	—	—	—	0
	832171	志晟信息	—	—	—	0	27
	830964	润农节水	—	—	—	0	2

资料来源：国泰安数据库和上市公司年报。

2. 河北上市公司与全国上市公司大数据技术应用水平对比

2018~2022 年，全国上市公司大数据技术应用水平平稳，河北上市公司大数据技术应用水平始终落后于全国平均水平，2019 年出现峰值，年报数据中大数据词频均值为 3.21 次。2019~2021 年呈下降趋势，2021 年达到最低点，为 2.23 次，2022 年呈上升趋势，达到 2.68 次（见图 5）。

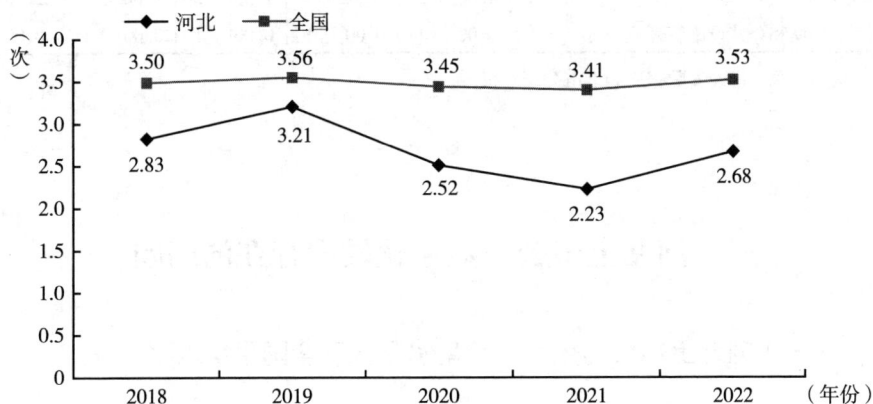

图 5　2018~2022 年全国与河北上市公司大数据词频均值

资料来源：国泰安数据库和上市公司年报。

3. 河北上市公司各行业大数据技术应用水平

依据 2018~2022 年年报中大数据词频统计分析可得信息传输、软件和信息技术服务业大数据技术应用水平远超其他行业。采矿业，制造业，电力、热力、燃气及水生产和供应业，交通运输、仓储和邮政业，房地产业，金融业处于第二梯队。建筑业，批发和零售业，水利、环境和公共设施管理业大数据技术应用水平与其他行业相比较差，具体如表10所示。

表10　2018~2022年河北各行业上市公司数量与年报大数据词频

单位：家，次

行业	2018年		2019年		2020年		2021年		2022年	
	数量	均值	数量	均值	数量	均值	数量	均值	数量	均值
采矿业	2	0.50	2	1.00	2	0.50	2	0.50	2	0.00
制造业	40	1.55	42	1.38	45	1.47	51	1.31	55	1.29
电力、热力、燃气及水生产和供应业	3	2.67	3	2.00	4	1.25	4	2.75	4	2.25
建筑业	0	—	0	—	0	—	1	0.00	1	0.00
批发和零售业	1	0.00	1	0.00	1	0.00	1	0.00	1	0.00
交通运输、仓储和邮政业	2	0.00	2	4.50	2	2.00	2	5.50	2	3.00
信息传输、软件和信息技术服务业	2	36.50	2	48.00	2	35.50	3	19.67	4	26.25
金融业	1	1.00	1	1.00	1	1.00	2	1.50	2	1.00
房地产业	2	4.00	2	4.00	2	1.50	2	1.00	2	2.50
水利、环境和公共设施管理业	1	0.00	1	0.00	1	0.00	1	0.00	1	0.00

资料来源：国泰安数据库和上市公司年报。

三　河北上市公司数字化转型存在的问题

（一）河北上市公司数字化转型水平低于全国平均水平

本报告首先从数字化转型整体水平方面对河北上市公司与全国上市公司进行对比，发现河北上市公司数字化转型水平始终低于全国平均水平。继而分别从人工智能、区块链、云计算、大数据四个维度来探讨河北上市公司的数字化转型水平。与全国上市公司相比，河北上市公司数字技术应用水平始终较低，人工智能、云计算、大数据的词频与全国平均水平仍存在不小的差距，区块链技术应用方面，河北上市公司与全国平均水平相差最小，然而从量化水平观察发现区块链相关词语在 2018～2022 年河北上市公司年报中词频均值不足 1，值得重视。

（二）河北上市公司行业间数字化转型水平差距较大

本报告依据《国民经济行业分类》具体分析了河北上市公司不同行业数字化转型四个技术维度的发展状态。从行业角度考虑，2022 年河北省内共有 74 家上市公司，其中制造企业共 55 家，占比为 74%，然而 2022 年其公司年报中人工智能词频均值为 0.71 次，区块链词频均值为 0.05 次，云计算词频均值为 2.45 次，大数据词频均值为 1.29 次。以河北省内数字化转型水平最高的行业进行比对，信息传输、软件和信息技术服务业的人工智能词频均值为 15.75 次，区块链词频均值为 0 次，云计算词频均值为 19.25 次，大数据词频均值为 26.25 次。相较而言，河北制造业上市公司的数字化转型虽已有起色，但相较于信息传输、软件和信息技术服务业仍有较大发展空间。其他诸如金融业、房地产业、建筑业等，同样数字化转型已有起色但无法比及信息传输、软件和信息技术服务业，其中纵然有行业特性的因素，但这些行业数字化转型水平低的问题确实存在。况且，考虑到河北制造业上市公司在河北上市公司中的数量占比，可分析得知河北上市公司数字化转型行业间存在不均衡的状况，数字化转型任务繁重。

（三）河北上市公司数字技术运用不均衡

2018～2022 年，河北上市公司数字化转型水平虽一直低于全国平均水平，但其发展态势较好，总体呈增长态势，2022 年数字化转型词频均值达到最高，为 7.30 次。然而究其四个维度技术的应用水平，可发现问题。首先，2022 年数字化转型的四个技术维度词频均低于全国平均水平，从量化的角度观察四个技术维度的词频，发现人工智能、云计算词频总体呈增长态势，2022 年分别为 1.53 次、3.05 次。大数据词频总体呈下降态势，2022年为 2.68 次。区块链词频则呈波动状态，在数量上变化并不明显，峰值出现于 2020 年，为 0.10 次，2022 年区块链词频较 2018 年没有明显提升。从量化的角度观察，人工智能、云计算、大数据三个技术维度词频均大于 1次，而区块链词频始终未超过 0.1 次，这意味着河北上市公司数字技术应用不均衡，或许将影响到整体数字化转型质量。

四 关于河北上市公司数字化转型的对策建议

（一）政府应重视数字化转型战略的实施

技术的突破将带来经济的突破式发展，作为经济发展主体的企业更应顺从时代的浪潮。然而现实情况是，河北上市公司整体数字化转型水平与全国平均水平存在一定差距。对此，政府应当出台相关政策，引导企业脱离"不敢转、不想转、不会转"的困境，使积极运用数字技术成为企业提升价值的新的立足点。目前数字基础设施政策已被证实对企业数字化转型存在正向影响，基于此，政府应当深刻认识到政策能够向企业传达未来发展趋势的信号，能够增强企业数字化转型的信心，进而激发更多企业开展数字化转型。河北省行业结构特殊，制造业占较大比重，政府应当充分认识河北省的特殊性，为制造业企业提供较多的引导与帮助，同时为其他行业提供便利，实现数字化转型在河北的均衡发展，提高河北上市公司数字化转型的整体水平。

（二）根据行业特点妥善安排数字化转型计划

目前形势下，数字化转型已成为企业发展的新引擎，能够为企业发展提供充足的动力，引导企业内部的系统变革以适应日新月异的外部市场，实现企业价值与市场地位的提升。然而河北上市公司构成较为复杂，以制造业为主，兼有采矿业、金融业、房地产业等。根据本报告收集的数据，目前各行业数字化转型各技术维度发展存在显著差异。信息传输、软件和信息技术服务业由于行业特性数字化转型水平较高，而其他行业数字化转型水平欠佳。因此，各行业应当实事求是、依据自身发展的实际需求制订数字化转型计划。从顶层的数字化转型战略到底层的数字技术融入，企业应当制订完善且稳定的计划，并制定一系列预案，为数字化转型的实现保驾护航。

（三）增加数字化转型投入及均衡提升数字化转型水平

据本报告数据分析可知，河北上市公司数字技术应用水平存在显著的不均衡现象，区块链技术应用水平远低于其他三个维度，这或许将影响河北上市公司数字化转型整体水平。河北上市公司有必要加大数字化能力培养方面的资金、人力、技术等资源投入力度，尤其应注重区块链技术的投入，尽量使数字化转型四个维度的技术应用水平达到均衡状态。目前数字化转型已逐渐得到政府的关注，并且政府出台了一系列政策为企业提供指导，企业应增强数字化转型的信心，在筹措好内部资源的前提下，逐步加大数字化转型的投入力度，将数字技术嵌入企业经营流程，结合数字技术的特性改变生产流程、组织结构等企业内部环境，以数字技术引领企业实现数字时代飞跃式的发展。

参考文献

白福萍、董凯云、刘东慧：《数字化转型如何影响企业技术创新——基于融资约束与代理问题视角的实证分析》，《会计之友》2023年第10期。

曹欣羊：《论企业中的委托代理关系》，《现代商贸工业》2009年第2期。

陈宏辉、贾生华：《企业社会责任观的演进与发展：基于综合性社会契约的理解》，《中国工业经济》2003年第12期。

陈健、刘益平、邱强：《股权激励与高管离职——基于上市公司的经验数据》，《现代财经》2017年第3期。

陈文哲、石宁、梁琪等：《股权激励模式选择之谜——基于股东与激励对象之间的博弈分析》，《南开管理评论》2022年第1期。

代飞、钟运标、徐凤菊：《财务宽裕能提高实体经济资本效率吗——基于营业活动重分类视角》，《财会月刊》2023年第13期。

戴璐、宋迪：《高管股权激励合约业绩目标的强制设计对公司管理绩效的影响》，《中国工业经济》2018年第4期。

党力、杨瑞龙、杨继东：《反腐败与企业创新：基于政治关联的解释》，《中国工业经济》2015年第7期。

董竹、马鹏飞：《高管持股："堑壕防御"还是"利益趋同"——基于内部控制的决定作用》，《西安交通大学学报》（社会科学版）2019年第3期。

范合君、王乐欢、张勃：《独立董事委婉履职行为研究——基于清洁意见中文字情感分析视角》，《经济管理》2017年第11期。

方文龙、聂婉妮、赖丹：《企业数字化转型、资源配置与绿色创新能力》，《财会月刊》2023年第13期。

高明华、郭传孜：《混合所有制发展、董事会有效性与企业绩效》，《经济与管理研究》2019年第9期。

顾夏铭、陈勇民、潘士远：《经济政策不确定性与创新——基于我国上市公司的实证分析》，《经济研究》2018年第2期。

郭海、韩佳平：《数字化情境下开放式创新对新创企业成长的影响：商业模式创新的中介作用》，《管理评论》2019年第6期。

韩燕、崔鑫、成宇星：《上市公司信息数量对股价波动的影响研究》，《管理评论》2020年第12期。

胡茜茜、朱永祥、杜勇：《网络环境下中小股东的治理效应研究——基于代理成本视角》，《财经研究》2018年第5期。

黄勃、李海彤、刘俊岐等：《数字技术创新与中国企业高质量发展——来自企业数字专利的证据》，《经济研究》2023年第3期。

黄节根、吉祥熙、李元旭：《数字化水平对企业创新绩效的影响研究——来自沪深A股上市公司的经验证据》，《江西社会科学》2021年第5期。

黄泽悦、罗进辉、李向昕：《中小股东"人多势众"的治理效应——基于年度股东大会出席人数的考察》，《管理世界》2022年第4期。

姜涛、王怀明：《高管激励对高新技术企业R&D投入的影响——基于实际控制人类型视角》，《研究与发展管理》2012年第4期。

李春涛、宋敏：《中国制造业企业的创新活动：所有制和CEO激励的作用》，《经济研究》2010年第5期。

李健、张金林、董小凡：《数字经济如何影响企业创新能力：内在机制与经验证据》，《经济管理》2022年第8期。

李瑞茜：《管理层激励对企业数字化转型的影响研究》，《技术经济与管理研究》2023年第5期。

李睿：《A股公司亚太治理排名提升》，《董事会》2021年第7期。

李维安、张耀伟:《中国上市公司董事会治理评价实证研究》,《当代经济科学》2005 年第 1 期。

李武威:《技术创新资源投入对高技术企业产品创新绩效影响的实证研究》,《工业技术经济》2013 年第 7 期。

李晓庆、李萌菡:《国企混改、高管薪酬激励与全要素生产率》,《技术经济》2022 年第 9 期。

梁平、周春兰:《企业核心员工流失的影响、原因及对策》,《重庆工学院学报》(社会科学版)2009 年第 8 期。

刘冠辰、李元祯、李萌:《私募股权投资、高管激励与企业创新绩效——基于专利异质性视角的考察》,《经济管理》2022 年第 8 期。

刘剑、李映萍:《董事会会议频率与公司绩效——一项基于深圳股票市场的实证研究》,《商业经济》2009 年第 4 期。

刘井建、纪丹宁、王健:《高管股权激励计划、合约特征与公司现金持有》,《南开管理评论》2017 年第 1 期。

龙小宁、王俊:《中国专利激增的动因及其质量效应》,《世界经济》2015 年第 6 期。

鲁阳、石芷华、杨敏:《"三会一层"中的董监高》,《经理人》2022 年第 9 期。

罗丹:《论公司法对中小股东权益的保护》,《现代企业》2020 年第 3 期。

罗宏、曾永良、宛玲羽:《薪酬攀比、盈余管理与高管薪酬操纵》,《南开管理评论》2016 年第 2 期。

吕长江、郑慧莲、严明珠等:《上市公司股权激励制度设计:是激励还是福利?》,《管理世界》2009 年第 9 期。

马连福、石晓飞:《董事会会议"形"与"实"的权衡——来自中国上市公司的证据》,《中国工业经济》2014 年第 1 期。

马欣欣、尹伟伟:《数字化转型对流通企业融资效率的影响——基于供应链集成视角》,《商业经济研究》2022 年第 19 期。

聂辉华、谭松涛、王宇锋：《创新、企业规模和市场竞争：基于中国企业层面的面板数据分析》，《世界经济》2008年第7期。

钱锡红、杨永福、徐万里：《企业网络位置、吸收能力与创新绩效——一个交互效应模型》，《管理世界》2010年第5期。

乔鹏程、张岩松：《企业数字化转型、动态能力与创新绩效》，《财会月刊》2023年第5期。

全怡、郭卿：《"追名"还是"逐利"：独立董事履职动机之探究》，《管理科学》2017年第4期。

任广乾、冯瑞瑞、甄彩霞：《国有控股、高管激励与企业创新效率》，《经济体制改革》2022年第2期。

申慧慧、吴联生：《股权性质、环境不确定性与会计信息的治理效应》，《会计研究》2012年第8期。

沈艺峰、沈洪涛：《论公司社会责任与相关利益者理论的全面结合趋势》，《中国经济问题》2003年第2期。

石先进、赵惠：《地方政府规模对工业企业资本效率的影响研究——基于空间面板模型回归的结果》，《宏观经济研究》2017年第7期。

孙凤娥：《累积投票制强制执行能否保护中小股东利益？——基于断点回归的实证检验》，《南京审计大学学报》2023年第2期。

孙新波、孙浩博：《数字时代商业生态系统何以共创价值——基于动态能力与资源行动视角的单案例研究》，《技术经济》2022年第11期。

孙莹、张仙、宋秋华：《轻资产运营、股权性质与资本效率——以我国制造业上市公司为例的实证研究》，《商业研究》2020年第12期。

覃予、傅元略、杨隽萍：《高管薪酬激励是否应兼顾分配公平?》，《财经研究》2013年第8期。

唐清泉、罗党论：《董事会效能、效率的实证分析——以深圳市场为例》，《经济管理》2005年第2期。

田轩、孟清扬：《股权激励计划能促进企业创新吗》，《南开管理评论》2018年第3期。

万里霜：《上市公司股权激励、代理成本与企业绩效关系的实证研究》，《预测》2021 年第 2 期。

王博、康琦：《数字化转型与企业可持续发展绩效》，《经济管理》2023 年第 6 期。

王超、余典范、龙睿：《经济政策不确定性与企业数字化——垫脚石还是绊脚石？》，《经济管理》2023 年第 6 期。

王海、闫卓毓、郭冠宇等：《数字基础设施政策与企业数字化转型："赋能"还是"负能"？》，《数量经济技术经济研究》2023 年第 5 期。

王佳希：《环境不确定性、风险承担与企业创新》，《商业研究》2023 年第 2 期。

王军生、贠欣屹、薛勇：《企业金融化、高管薪酬激励与企业创新》，《管理现代化》2022 年第 6 期。

王淑慧、童宁、周昭：《我国上市公司监事会治理评价实证研究》，《河北大学学报》（哲学社会科学版）2009 年第 4 期。

王竹泉、孙文君、王苑琢：《资本效率信息扭曲、信息使用者决策与资本错配》，《财会通讯》2021 年第 15 期。

魏红梅：《我国金融上市公司高管薪酬激励与公司经营绩效实证研究》，《现代经济信息》2009 年第 14 期。

肖淑芳、刘颖、刘洋：《股票期权实施中经理人盈余管理行为研究——行权业绩考核指标设置角度》，《会计研究》2013 年第 12 期。

肖曙光、杨洁：《高管股权激励促进企业升级了吗——来自中国上市公司的经验证据》，《南开管理评论》2018 年第 3 期。

肖土盛、孙瑞琦、袁淳等：《企业数字化转型、人力资本结构调整与劳动收入份额》，《管理世界》2022 年第 12 期。

肖星、陈婵：《激励水平、约束机制与上市公司股权激励计划》，《南开管理评论》2013 年第 1 期。

肖作平：《公司治理影响审计质量吗？——来自中国资本市场的经验证据》，《管理世界》2006 年第 7 期。

谢海洋、曹少鹏、孟欣：《混合所有制改革实践与企业绩效——基于非国有股东派任董监高的中介效应》，《华东经济管理》2018 年第 9 期。

谢诗蕾、许永斌、胡舟丽：《繁忙董事、声誉激励与独立董事监督行为》，《厦门大学学报》（哲学社会科学版）2016 年第 5 期。

谢永珍、张雅萌、吴龙吟等：《董事地位差异、决策行为强度对民营上市公司财务绩效的影响研究》，《管理学报》2017 年第 12 期。

徐宁、白英杰、张迪：《股权激励如何助力企业数字化转型？——基于上市公司年报的文本挖掘分析》，《财经论丛》2023 年第 7 期。

薛祖云、黄彤：《董事会、监事会制度特征与会计信息质量——来自中国资本市场的经验分析》，《财经理论与实践》2004 年第 4 期。

鄢波、王华、杜勇：《地方上市公司数量、产权影响与政府的扶持之手》，《经济管理》2014 年第 7 期。

杨丹：《董监高机构治理水平与深交所信息披露考核结果》，《商业会计》2017 年第 20 期。

杨瑞龙、刘诚、党力：《职工监事、经济民主与企业内收入分配——央企上市公司的经验证据》，《中国人民大学学报》2017 年第 4 期。

杨水利、田野：《非国有股东治理与企业资本运营效率——监管方式的调节作用》，《运筹与管理》2022 年第 10 期。

杨天山、袁功林、武可栋：《数字化转型、劳动力技能结构与企业全要素生产率》，《统计与决策》2023 年第 15 期。

杨洋、魏江、罗来军：《谁在利用政府补贴进行创新？——所有制和要素市场扭曲的联合调节效应》，《管理世界》2015 年第 1 期。

杨有红、黄志雄：《独立董事履职状况和客观环境研究》，《会计研究》2015 年第 4 期。

尹夏楠、明华、耿建芳：《高管薪酬激励对企业资源配置效率的影响研究——基于产权性质和行业异质性视角》，《中国软科学》2021 年第 A1 期。

詹雷、王瑶瑶：《管理层激励、过度投资与企业价值》，《南开管理评论》2013 年第 3 期。

张东旭、陈昕：《高管股权激励能推动企业承担社会责任吗?》，《南京审计大学学报》2023 年第 3 期。

张晶、陆承俊、纳夏：《高管激励、独立董事与企业创新质量》，《云南社会科学》2022 年第 3 期。

张天洋、杨文、张园园：《减税降费提高了实体企业的资本效率吗?——来自特锐德 2009—2019 年的样本数据》，《财会通讯》2022 年第 14 期。

张跃文：《股东大会何以成"股东小会"》，《中国金融》2015 年第 22 期。

张再生、赵丽华：《国内外关于就业稳定性研究评述》，《理论与现代化》2011 年第 6 期。

赵世芳、江旭、应千伟等：《股权激励能抑制高管的急功近利倾向吗——基于企业创新的视角》，《南开管理评论》2020 年第 6 期。

郑志刚、阚铄、黄继承：《独立董事兼职：是能者多劳还是疲于奔命》，《世界经济》2017 年第 2 期。

周蕾、杨佳：《上市公司监事会特征对股价崩盘风险的影响研究》，《大连海事大学学报》(社会科学版) 2022 年第 4 期。

朱德胜、周晓珮：《股权制衡、高管持股与企业创新效率》，《南开管理评论》2016 年第 3 期。

庄家炽：《金融化、股东价值导向与就业不稳定性——以中国 A 股上市公司为例》，《社会发展研究》2021 年第 3 期。

曾培芳：《公司社会责任背景下的职工参与权问题》，《江苏社会科学》2007 年第 5 期。

C. L. Ahmadjian, P. Robinson, "Safety in Numbers: Downsizing and the Deinstitutionalization of Permanent Employment in Japan," *Administrative Science Quarterly* 46 (2005): 622–654.

Artiono, R. D. Hidayat, "Inomial Approach for the Valuation of Employee Stock Option with Some Features: Vesting Period, Exit Rate, Reload, and

Reset," *B. E3S Web of Conferences* 328 (2021).

C. W. Smith, R. L. Watts, "Incentive and Tax Effects of Executive Compensation Plans," *Australian Journal of Management* 7 (1982): 139-157.

C. Chris, "What Makes Boards Effective? An Examination of the Relationships between Board Inputs, Structures, Processes and Effectiveness in Non-profit Organizations," *Corporate Covernance-An International Review* 9 (2001): 217 - 226.

M. Clarkson, "A Stakeholder Framework for Analyzing and Evaluating Corporate Social Performance," *Academy of Management Review* 20 (1995): 92-117.

Dang Jianwei, K. Motohashi, "Patent Statistics: A Good Indicator for Innovation in China? Patent Subsidy Program Impacts on Patent Quality," *China Economic Review* 35 (2015): 137-155.

E. Dimson, O. Karakas, X. Li, "Editor's Choice: Active Ownership," *Review of Financial Studies* 12 (2015): 3225-3268.

E. P. Lazear, S. Rosen, "Rank-order Tournaments as Optimum Labor Contracts," *Journal of Political Economy* 89 (1981): 841-864.

F. Fama Eugene, C. Jensen Michael, "Separation of Ownership and Control," *The Journal of Law and Economics* 2 (1983): 301-325.

C. Floros, M. Psillaki, E. Karpouzis, "Layoffs and Stock Market Performance during the COVID-19 Pandemic: Evidence from the US," *Journal of Economic Studies* (2021).

Hamdi Ben-Nasr, Hatem Ghouma, "Employee Welfare and Stock Price Crash Risk," *Journal of Corporate Finance* 48 (2018): 700-725.

M. A. Hameed, S. Counsell, S. Swift, "A Meta-analysis of Relationships between Organizational Characteristics and IT Innovation Adoption in Organizations," *Information & Management* 49 (2012): 218-232.

D. Hillier, "Employee Layoffs, Shareholder Wealth and Firm Performance: Evidence from the UK," *Journal of Business Finance & Accounting* 34 (2007):

467-494.

S. Khin, T. C. Ho, "Digital Technology, Digital Capability and Organizational Performance: A Mediating Role of Digital Innovation," *International Journal of Innovation Science* 2 (2019): 177-195.

H. Li, K. Atuahene-Gima, "The Adoption of Agency Business Activity, Product Innovation, and Performance in Chinese Technology Ventures," *Strategic Management Journal* 23 (2002): 469-490.

M. Liang, "Chinese Patent Quality: Running the Numbers and Possible Remedies," *The John Marshall Law School Review of Intellectual Property Law* 11 (2012): 480-509.

A. C. Schulz, S. Johann, "Downsizing and the Fragility of Corporate Reputation: An Analysis of the Impact of Contextual Factors," *Scandinavian Journal of Management* 34 (2018): 40-50.

C. S. Tuggle, K. Schnatterly, R. A. Johnson, "Attention Patterns in the Boardroom: How Board Composition and Processes Affect Discussion of Entrepreneurial Issues," *Academy of Management Journal* 53 (2010): 550-571.

V. Laux, "Stock Option Vesting Conditions, CEO Turnover, and Myopic Investment," *Journal of Financial Economics* 3 (2012): 513-526.

S. Velásquez, "Layoff Announcements and Intra-Day Market Reactions," *Review of Managerial Science* 12 (2018): 203-228.

后　记

　　《河北上市公司治理研究报告（2023）》是河北经贸大学公司治理与企业成长研究中心筹划的河北上市公司蓝皮书系列的第三本报告，由石晓飞、李桂荣、许龙和张静合作完成。本书通过对河北上市公司总体发展情况，股东大会、董事会和监事会的运行，高管薪酬，社会责任，员工变动，资本产出率，创新能力，数字化转型等方面的情况进行整理和研究，客观全面地呈现和分析了河北上市公司的治理情况。本书为河北经贸大学工商管理学院"最懂河北企业"系列丛书之一。

　　本书在撰写过程中得到了南开大学商学院、中国公司治理研究院副院长马连福教授，河北经贸大学会计学院院长李西文教授，首都经贸大学会计学院王元芳副教授，河北地质大学管理学院卞娜副教授，天津工业大学会计学院沈小秀博士等的参与和指导，河北经贸大学工商管理学院硕士研究生蔡雨晴、韩金龙、马欣、程家钰、陈慧雅、孟煜、闫颖、侯仰世、曹雪芬、杨宏博和鲍艳冬等同学进行了数据的收集和整理工作，在此一并表示感谢。

　　由于作者水平有限，加之上市公司治理发展情况涉及内容指标比较多，数据统计具有一定的复杂性，疏漏之处还望同行和读者批评指正。

石晓飞　李桂荣　许 龙　张 静

2023 年 8 月 18 日

社会科学文献出版社

皮 书

智库成果出版与传播平台

❖ 皮书定义 ❖

皮书是对中国与世界发展状况和热点问题进行年度监测，以专业的角度、专家的视野和实证研究方法，针对某一领域或区域现状与发展态势展开分析和预测，具备前沿性、原创性、实证性、连续性、时效性等特点的公开出版物，由一系列权威研究报告组成。

❖ 皮书作者 ❖

皮书系列报告作者以国内外一流研究机构、知名高校等重点智库的研究人员为主，多为相关领域一流专家学者，他们的观点代表了当下学界对中国与世界的现实和未来最高水平的解读与分析。

❖ 皮书荣誉 ❖

皮书作为中国社会科学院基础理论研究与应用对策研究融合发展的代表性成果，不仅是哲学社会科学工作者服务中国特色社会主义现代化建设的重要成果，更是助力中国特色新型智库建设、构建中国特色哲学社会科学"三大体系"的重要平台。皮书系列先后被列入"十二五""十三五""十四五"时期国家重点出版物出版专项规划项目；自2013年起，重点皮书被列入中国社会科学院国家哲学社会科学创新工程项目。

权威报告·连续出版·独家资源

皮书数据库
ANNUAL REPORT(YEARBOOK)
DATABASE

分析解读当下中国发展变迁的高端智库平台

所获荣誉

- 2022年，入选技术赋能"新闻+"推荐案例
- 2020年，入选全国新闻出版深度融合发展创新案例
- 2019年，入选国家新闻出版署数字出版精品遴选推荐计划
- 2016年，入选"十三五"国家重点电子出版物出版规划骨干工程
- 2013年，荣获"中国出版政府奖·网络出版物奖"提名奖

皮书数据库　　"社科数托邦"
微信公众号

成为用户

　　登录网址www.pishu.com.cn访问皮书数据库网站或下载皮书数据库APP，通过手机号码验证或邮箱验证即可成为皮书数据库用户。

用户福利

- 已注册用户购书后可免费获赠100元皮书数据库充值卡。刮开充值卡涂层获取充值密码，登录并进入"会员中心"—"在线充值"—"充值卡充值"，充值成功即可购买和查看数据库内容。
- 用户福利最终解释权归社会科学文献出版社所有。

数据库服务热线：010-59367265
数据库服务QQ：2475522410
数据库服务邮箱：database@ssap.cn
图书销售热线：010-59367070/7028
图书服务QQ：1265056568
图书服务邮箱：duzhe@ssap.cn

社会科学文献出版社　皮书系列
SOCIAL SCIENCES ACADEMIC PRESS (CHINA)
卡号：733411975476
密码：

S 基本子库
UB DATABASE

中国社会发展数据库（下设12个专题子库）

紧扣人口、政治、外交、法律、教育、医疗卫生、资源环境等12个社会发展领域的前沿和热点，全面整合专业著作、智库报告、学术资讯、调研数据等类型资源，帮助用户追踪中国社会发展动态、研究社会发展战略与政策、了解社会热点问题、分析社会发展趋势。

中国经济发展数据库（下设12专题子库）

内容涵盖宏观经济、产业经济、工业经济、农业经济、财政金融、房地产经济、城市经济、商业贸易等12个重点经济领域，为把握经济运行态势、洞察经济发展规律、研判经济发展趋势、进行经济调控决策提供参考和依据。

中国行业发展数据库（下设17个专题子库）

以中国国民经济行业分类为依据，覆盖金融业、旅游业、交通运输业、能源矿产业、制造业等100多个行业，跟踪分析国民经济相关行业市场运行状况和政策导向，汇集行业发展前沿资讯，为投资、从业及各种经济决策提供理论支撑和实践指导。

中国区域发展数据库（下设4个专题子库）

对中国特定区域内的经济、社会、文化等领域现状与发展情况进行深度分析和预测，涉及省级行政区、城市群、城市、农村等不同维度，研究层级至县及县以下行政区，为学者研究地方经济社会宏观态势、经验模式、发展案例提供支撑，为地方政府决策提供参考。

中国文化传媒数据库（下设18个专题子库）

内容覆盖文化产业、新闻传播、电影娱乐、文学艺术、群众文化、图书情报等18个重点研究领域，聚焦文化传媒领域发展前沿、热点话题、行业实践，服务用户的教学科研、文化投资、企业规划等需要。

世界经济与国际关系数据库（下设6个专题子库）

整合世界经济、国际政治、世界文化与科技、全球性问题、国际组织与国际法、区域研究6大领域研究成果，对世界经济形势、国际形势进行连续性深度分析，对年度热点问题进行专题解读，为研判全球发展趋势提供事实和数据支持。

法律声明

"皮书系列"（含蓝皮书、绿皮书、黄皮书）之品牌由社会科学文献出版社最早使用并持续至今，现已被中国图书行业所熟知。"皮书系列"的相关商标已在国家商标管理部门商标局注册，包括但不限于LOGO（　）、皮书、Pishu、经济蓝皮书、社会蓝皮书等。"皮书系列"图书的注册商标专用权及封面设计、版式设计的著作权均为社会科学文献出版社所有。未经社会科学文献出版社书面授权许可，任何使用与"皮书系列"图书注册商标、封面设计、版式设计相同或者近似的文字、图形或其组合的行为均系侵权行为。

经作者授权，本书的专有出版权及信息网络传播权等为社会科学文献出版社享有。未经社会科学文献出版社书面授权许可，任何就本书内容的复制、发行或以数字形式进行网络传播的行为均系侵权行为。

社会科学文献出版社将通过法律途径追究上述侵权行为的法律责任，维护自身合法权益。

欢迎社会各界人士对侵犯社会科学文献出版社上述权利的侵权行为进行举报。电话：010-59367121，电子邮箱：fawubu@ssap.cn。

社会科学文献出版社